U0931538

上海三联人文经典书库

116

论人的理智能力及其教育

[法]爱尔维修 著

汪功伟 译

A TREATISE ON MAN
HIS INTELLECTUAL FACULTIES AND HIS EDUCATION

上海三联书店

“十三五”国家重点图书出版规划项目
国家出版基金资助项目

本书的翻译出版得到了复旦大学人文社科创新团队项目
“西方近代哲学与现代性问题研究”和复旦大学原创科研个性化
支持项目“启蒙的技艺”的支持。

总　序

陈　恒

自百余年前中国学术开始现代转型以来，我国人文社会科学研究历经几代学者不懈努力已取得了可观成就。学术翻译在其中功不可没，严复的开创之功自不必多说，民国时期译介的西方学术著作更大大促进了汉语学术的发展，有助于我国学人开眼看世界，知外域除坚船利器外尚有学问典章可资引进。20 世纪 80 年代以来，中国学术界又开始了一轮至今势头不衰的引介国外学术著作之浪潮，这对中国知识界学术思想的积累和发展乃至对中国社会进步所起到的推动作用，可谓有目共睹。新一轮西学东渐的同时，中国学者在某些领域也进行了开创性研究，出版了不少重要的论著，发表了不少有价值的论文。借此如株苗之嫁接，已生成糅合东西学术精义的果实。我们有充分的理由企盼着，既有着自身深厚的民族传统为根基、呈现出鲜明的本土问题意识，又吸纳了国际学术界多方面成果的学术研究，将会日益滋长繁荣起来。

值得注意的是，20 世纪 80 年代以降，西方学术界自身的转型也越来越改变了其传统的学术形态和研究方法，学术史、科学史、考古史、宗教史、性别史、哲学史、艺术史、人类学、语言学、社会学、民俗学等学科的研究日益繁荣。研究方法、手段、内容日新月异，这些领域的变化在很大程度上改变了整个人文社会科学的面貌，也极大地影响了近年来中国学术界的学术取向。不同学科的学者出于深化各自专业研究的需要，对其他学科知识的渴求也越来越迫切，以求能开阔视野，迸发出学术灵感、思想火花。近年来，我们与国外学术界的交往日渐增强，合格的学术翻译队伍也日益扩大，同时我们也深信，学术垃圾的泛滥只是当今学术生产面相之一隅，高质量、原创作的学术著作也在当今的学术中坚和默坐书斋的读书种子中不断产生。然囿于种种原因，人文社会科学各学科的发展并不平衡，学术出版方面也有畸轻畸重的情形（比如国内还鲜有把国人在海外获得博士学位的优秀论文系统地引介到学术界）。

有鉴于此，我们计划组织出版“上海三联人文经典书库”，将从译介西学成果、推出原创精品、整理已有典籍三方面展开。译介西学成果拟从西方近现代经典（自文艺复兴以来，但以二战前后的西学著作为主）、西方古代经典（文艺复兴前的西方原典）两方面着手；原创精品取“汉语思想系列”为范畴，不断向学术界推出汉语世界精品力作；整理已有典籍则以民国时期的翻译著作为主。现阶段我们拟从历史、考古、宗教、哲学、艺术等领域着手，在上述三个方面对学术宝库进行挖掘，从而为人文社会科学的发展作出一些贡献，以求为21世纪中国的学术大厦添一砖一瓦。

目录

序　言

诱使我完成这部作品的，纯然只是对人类与真理的热爱。因为我坚信，为了获致美德与幸福，我们只需了解我们自己，并对道德怀有公正的观念。

我的设想几乎不会出错。若在有生之年将该书付梓，我十有八九会遭受迫害，而绝无获得私利的可能。

我仍然坚持我在《论知性》一文中提出的观点，因为在我看来，它们是关于该主题仅有的几条理性的原则，并且，从那时起，它们已经得到博学多才之士的普遍接受。

与上一本书相比，本书极大地扩展了这些原则，并对其做出了更加精细的考察。当我忙于著文时，我的反思带来了许多新的观念。那些与主题联系得不太紧密的想法被放在每一章末尾的注释里。那些被保留在正文中的注释，要么是解释性的，要么是用于消除反对意见的；然而，要想对这些意见做出直接的答复，就不得不大幅扩展篇幅、延缓工作进展。

第二章堆砌着最多的注释，因为它所囊括的原则尤其引人争议，所以需要依靠更多的证明。

当前我们可以正确地观察到，下述理由可以让一部作品在公众眼中变得面目可憎：譬如，作者或是没有竭尽全力去赢得赞许，或是能力不足，或是可以被指责为虚伪世故。在这些理由中，我不会因最后一项令自己蒙羞，对此我可以放心做出肯定。如今，只有遭到查禁的出版物才是寻找真理之地，而在其他出版物中，谎言清晰可辨；大多数作家在其著作中之所是，正如世人在其对话中之所是：他们牵挂于心的只是一味讨好，而如果能达到目的，他们根本不关心自己借助的是真理还是谎言。

一个作家，若贪心于大人物们的偏爱，以及时下那些短暂的喝彩，定然会暗中采纳流行于当代的原则，而从不试图去考察或质疑它们的权威；所以文学作品缺乏原创性成了一桩相当普遍的事情。拥有内在价值的书籍发掘出真正的天才，而这只是漫长的时代里极少数时期的现象；它们的显现宛如森林中的日光，仅仅使得居间的黑暗更加明显罢了。在人类知性的历史中，它们构成一个阶段，而科学在未来的进展，正是从这些书籍所囊括的原则中获得它们的起源。

由我来对这本书说出任何赞美之词，这将是不合适的。所以，有关本书的原则，我想说的只有：我只提出了那些经由本人的反思得出的观点，也只肯定了那些我相信其为真的命题。

在揭露一些偏见时，人们可能会认为，我实在是太不留情面了。在对待这些偏见时，我采用了一种不加矫饰的自由态度，亦即一个年轻人在面对一个他不想奉承也无意贬低的老妪时适合他采取的态度。在整个探究活动中，真理已然成为我首要的目标；我也期望这种考虑能够赋予该作品一些价值。对真理抱有真挚的热爱，这是最有利于发现真理的态度。

我一直致力于清晰地表述自己的观念，从未让任何观点屈服于流行的先入之见。因此，如果这本书没有价值，这应当被归咎于本人判断有误，而不是内心的腐化。我相信，很少有人能够公正地说出那么多对自己有利的话。

对一些读者而言，这部作品似乎是以莫大的胆量写就的。在每一个国家，总归会有一些时期，“审慎”与“卑劣”成了同义词，而作品也只是凭着自己以谄媚的姿态提出的观点而受到人们的追捧。

我曾经想以一个虚构的名字出版该书，这是在个人的安全与报效祖国的渴望之间进行调和的唯一手段。但是，当我忙于写作这部作品时，我的同胞公民的境遇和政府都发生了变化。我曾期望在某种程度上补救这种混乱，但它正变得无可救药：公共效用的前景已经消失了，我也推迟了该书的出版，直到作者已成故人。[①]

我的祖国最终还是受制于专制主义的束缚。它将不再产生任何非凡的作家。剿灭天资与美德，这正是专制权力的特征。

这个国家里的人民不愿再用法兰西之名指称自己：这个民族现在已经被贬低为整个欧洲的轻蔑对象。自此以后，没有什么侥幸的转折能够让它恢复自由身。它将在憔悴中凋零。只有征服才能够提供一种与其疾病的恶化程度相当的补救措施，即便如此，其是否有效也必须由机缘和境遇决定。

在所有的国家中都有某些时期，公民们对于应当采取何种措施拿不定主意，在一个好政府和坏政府之间悬而未决，故而他们极端渴望获得教导，也愿意接受教导。此时此刻，如果能有一部有价值的作品问世，那么这就有可能产生最好的结果：然而，一旦时机错过，对荣誉无动于衷的人民就会因政府的形态而不可抗拒地倾向于无知和卑劣。这样一来，他们的心灵就像炙热的土地：真理之水可能像雨点般落在它们之上，但却不能使之丰饶。这就是法国所处的状态。

从此，在法国人中，人们对于学识的评价将每况愈下，其效用也日益减少，因为它只能以一道更加刺眼的光芒显示出专制主义的不幸，而无法提供任何避免专制的手段。

据说，幸福与科学一样，在全世界范围内日益增进。它的航程现在被导向北方。在那里，伟大的君主珍视天资的星火，而天资向来与高度发达的公共福祉为伴。

没有什么能比当下欧洲北部和南部的状态更严重地彼此对立。迷信和亚洲专制主义的迷雾孕育出更加浓密的乌云，它在南方的上空久久盘桓。日复一日，北方的地平线变得越来越熠熠生辉。一位叶卡捷琳娜二世，一位腓特烈，两者均展现出对于全人类的珍

① 《论人的理智能力及其教育》是爱尔维修晚年作品，直到他去世后才在荷兰海牙得以出版。——中译者注

贵意义。[②] 他们于自己的心灵中笃信真理的价值，也鼓励在他人的心灵中培育这种价值，并且为每一份可能使得真理的价值得到进一步探索的努力提供资助。本书正是要献给这样的主权者：世界能够得到启蒙，这恰是由于他们富有希望的影响力。

南方曾经的光芒变得愈加黯淡，而北方的黎明则带着愈加耀眼的光亮照向远方。北方现在放射出的光线甚至渗透进了奥地利。在那儿，每一件事物都奔往一场非凡的改变。由那位皇帝投下的殷切目光关注于降低关税的重负、整饬军队的纪律，清楚地表明他渴望受到臣民的爱戴；他的愿望是让他们在国内幸福，并受到异族的尊重。他早年公开对普鲁士国王表示尊崇，这便预示了他日后的美德！尊崇总是意味着与尊崇的对象拥有相似的行为趋向。

---

② 叶卡捷琳娜二世（Catherine II, 1729 - 1796），俄罗斯帝国女沙皇，1762 年至 1796 年在位。她早年曾读过许多西欧启蒙思想家的作品，即位以后是一位施行“开明专制”的君主，与伏尔泰、狄德罗等启蒙思想家有密切的联系，同时兴办各类学校，提倡文学创作，叶卡捷琳娜二世在位时期治国有方、功绩显赫，使俄罗斯成为名副其实的欧洲最强大的国家。此处腓特烈指的应是腓特烈二世（Friedrich II, 1712 - 1786），史称腓特烈大帝，普鲁士国王，1740 年至 1786 年在位。腓特烈大帝是欧洲施行“开明专制”的代表人物，在政治、经济、哲学、法律、甚至音乐诸多方面都颇有建树，是启蒙运动中的一位重要人物。腓特烈大帝是一位政治家，还是一位军事奇才，普鲁士在其统治下国力迅速上升，在很短时间内便跃居欧洲列强之列。——中译者注

前言
论人的理智能力及其教育

第一节　论我们用以看待人类的不同视角；论教育的影响

就其最广泛的含义而言，关乎人的科学是浩瀚无垠的；这方面的研究历时久远而又耗费精力。人这位模特儿进入不同艺术家的视野；每个人都从某个侧面，但没有人从所有方面对它进行研究。

画家与音乐家也对人加以考量，但这只关乎颜色与声音在人的眼睛和耳朵上造成的效果。

高乃依、拉辛和伏尔泰也研究过人，但这只与那些崇高、温柔、怜悯、愤怒等等的行动在人身上激发出的印象有关。

莫里哀和拉·封丹也从其他视角思考过人。

哲学家对人做出研究，他的目标是人的幸福。这种幸福取决于人的生活所要遵循的法律，以及人所接受的教导。

这些法律与教导的完善以一种预备性知识为前提，这种知识涉及到人类的内心与心灵，以及它们多种多样的运作方式；总之，这也就是要了解那些影响道德科学、政治科学和教育科学进步的各种阻碍。

若没有这种知识，那还有什么办法能让人更美好、更幸福呢？因此，哲学家应当勾画出那个关于人类理智能力和人类激情的简单而有效的原则；这仅有的原则能够让这位哲学家明白法律与教育能够使人达到何种完善程度,该原则也向他表明针对人类的教育所具有的力量。

我将人类的知性、美德和天资视为教育的产物。《论知性》一文表明了上述观点。在我看来,这个观点是确定无疑的,但它或许没有得到充分的证明。教育诚然对人类的以及民族的天资和性格有着比想象中更多的影响,目前只有这个观点得到了我的认同。

对这个观点的考察将构成这部作品的第一部分。我们必须要了解人类易于接受的是何种教导和幸福,方可教育他们、滋养其心灵并给他们带来幸福。

在开始着手这一探寻之前,我要赘言几句:

1. 关于该问题的重要性。

2. 关于同样被冠以教育之名的那些虚假的科学。

3. 关于该主题的枯燥程度,以及处理起来的困难。

第二节　论该问题的重要性

一个民族的力量与幸福取决于他们的才能与美德,如果此言非虚,那么一切问题中最重要的问题即为:**就个人的才能与美德而言,其成因是他的机体组织,还是他所接受的教育**?

我认为是后者;在《论知性》中,我或许只是提出了这个观点,而在此我打算着手证明这一点。如果我能够论证人实际上只是教育的产物,那么我将毫无疑问地揭示出一个关于人类的至理。人们将懂得,实现崇高与福祉的工具就掌握在自己手中,而为获得幸福与力量所必需的,只是教育科学的完善而已。

但是,我们要通过何种方式去判断人到底是不是教育的产物呢?通过对这个问题做出彻底的讨论。即便从中找不到答案,我们仍然应该从事这项考察;它将迫使我们对自己加以研究,所以仍然是有用的。

统治人类的人往往对人类一无所知;然而,要想指挥傀儡的运动,就有必要了解操纵傀儡的提线。如果没有这种知识,傀儡的运动与立法机构所要求的运动屡屡相去甚远，这就一点也不稀奇了。

如果在一部处理人类题材的作品中渗透进某些谬误，它可能依然是一部有价值的作品。

关于人类的知识为政府的若干部门带来了多么大的启迪！马车夫的能力就在于，知道在管理牲口时应该做什么，大臣的能力就在于，知道在管理治下的人民时应该做什么。

关于人的科学构成了政府科学的一部分(1)。大臣应当将其与有关公共事务的科学联系起来(2)；在那时，他才会建立起公正的法律。

因此，让哲学家日益增进对人类内心之渊薮的洞察吧，让他们在那里搜寻到所有关于人类行动的本原吧，并且让大臣从这些发现中获益，并根据时间地点与具体境遇巧妙地应用它们吧。

如果对于立法机构而言，关于人类的知识被认为是绝对必要的，那么，对牵涉到这种知识的问题加以考察便是重中之重。

那些从私人角度并不关心这一问题的人，如果他们单从它与公共利益的联系去考虑，他们将会觉察到，教育完善化的最大阻碍就是那种把我们的才能和美德视为机体组织的产物的观点。这种观点最容易滋生教育者的懒散与疏忽。如果说，我们之所以成为我们现在所是的样子，这全然是由机体组织造成的，那么我们又为什么因学生的无知和愚蠢而责备教师呢？他会说，为什么你把自然的缺陷归咎于教育呢？你又会如何回答他呢？当你承认了一个原则，你又怎么能否认该原则的直接推论呢？

相反，如果我们证明才能和美德是后天习得的，那么我们将激发出教师的勤勉，并防止他的疏忽；我们将使他对恶习防微杜渐，并培养其学生的美德。

一位十分热衷于不断完善教育工具的天才，可能会在那些当下并没有得到认真对待的无数详实的文章中，觉察到日后将生发出我们的恶习与美德、才能与愚笨的神秘种子到底是什么；谁又能说清这位天才之后会对这些发现做出怎样的发挥呢(3)？可以肯定的是，我们仍然对教育的真正原则一无所知，如今，它几乎全然堕落成某种虚假的科学，而与之相比，我们宁愿选择无知。

第三节　论虚假的科学，或习得的无知

人人生来无知；他并不是自打出生起就是一个愚人；他被塑造成一个愚人，这甚至也是下了一番功夫的。要成为一个愚人、熄灭自己的自然之光[①]，就必须使用一定的技艺和方法；教导的过程必须在他身上堆积着一个接一个的谬误；他读得愈多，其所感染的偏见必定愈加不可胜数。

如果愚昧成了开化民族中人的常态，那要归咎于一种流毒甚广的教导方式，因为教育他们的是那些受到虚假科学蛊惑的人，他们读糊涂的书。书的陪伴和人的陪伴一样，有好坏之分。有价值的书几乎到处被禁(4)。健全的理智敦促它出版；冥顽不化的头脑则禁止它问世，因为后者想对这个世界发号施令，所以它醉心于宣扬愚行。它的目标是令世人盲目，让人们在虚假科学的迷宫中晕头转向。人的无知并不能让它满足，因为无知只是真知与妄知之间的中点。无知之人在多大程度上偏离了真正的科学，就在多大程度上超越了虚假的学问。迷信想要让世人变得愚蠢；它担心人们会受到启蒙。如今，它把将人塑造成一头野兽的重任托付给了谁呢？托付给了那些经院学者，因为在亚当的子民中间，他们愚昧不堪而又刚愎自用(5)。“据拉伯雷的说法，那个绝对神圣的学派在人类之中的地位，与某类动物在野兽中的地位不相上下，这种动物既不像牛那样辛勤劳作，也不像骡子那样驮着重物，亦不像狗那样冲着盗贼狺狺狂吠，而是像猿猴一样，四处撒野，咬伤路人，祸害众生。”

经院学者长于言辞而短于论证，因而他塑造了什么样的人呢？荒诞不经的学者，洋洋得意的蠢货(6)。谈及愚蠢，我已经说过它有两类，一类是自然的，另一类是习得的；一类是无知的结果，另一

① 近代哲学家用“自然之光”(natural lights)隐喻理性。——中译者注

类是教导的结果。现在,在这两种无知或愚笨中,哪一种更加不可救药呢?第二种。什么都不知道的人可以学习,所必需的只是激发他对知识的欲望。可是如果一个人学的是妄知,他觉得自己在改进理性的时候其实已经一步步地失去了它,如此一来,他就为自己的愚蠢付出了太高的代价,以致没法儿克服它了。[②] 他的心灵沉重地堆积着习得的无知,已经无力向真理攀升了;它丧失了本该使它运动起来的发条。他必须习得的知识与他必须遗忘的知识搅和在一起。为了在他的记忆中置放一定数量的真理,就必然要不断置换同样数量的谬误。现在,这种置换需要时间,而就算它最后终于完成了,人之塑造也为时已晚。

希腊人和罗马人成熟之早,令我们感到惊讶。他们在韶华之年展现出哪些多样的才能呢?在二十岁时,亚历山大已经是一个有识之士、一位伟大的将领,他发起了对东方的征服。在同样的年纪,西庇阿[③]和汉尼拔做出了最伟大的谋划,构筑了最艰难的事业。在进入熟年之前,欧亚非的征服者庞培已经让自己的荣誉遍及整个地球。现在要问,这些希腊人和罗马人是怎么同时成为有识之士、演说家、将领以及国之大臣的?他们那么年轻就当之无愧地肩负起共和国的每一项职务,将其付诸实际,乃至频频让贤,可在我们这个时代,却没有人能够在这样的年纪承担起这些职务:他们是如何做到这一点的呢?古代人与现代人不一样吗?他们的机体组织更加完美吗?当然不是。在科学,以及在航海术、物理学、机械学、数学等等领域中,我们知道现代人是优于古代人的。

因此,后者在道德、政治和立法诸领域中维持了如此之久的优势,这要被认为是由他们的教育导致的。彼时,对青年人的教导并

② 一位年轻的画家按照其老师拙劣的画法作了一幅画,他把它展示给拉斐尔,并询问拉斐尔的想法。"我认为,"拉斐尔说,"如果你什么事情都不知道,那么你很快就会知道一些事情。"

③ 西庇阿指的可能是非洲的征服者普布利乌斯·科尔内利乌斯·西庇阿(Publius Cornelius Scipio Africanus,公元前236—公元前183),罗马将军,后任执政官,曾在第二次布匿战争中大败迦太基统帅汉尼拔。——中译者注

没有被托付给经院学者，而是托付给了哲学家。他们的目标是塑造英雄和伟大的政治家。人们通过学生的事迹看到了他们的老师；这是对后者的回报。

教导者的目标不再一样了。他们在提升学生的心灵和灵魂上有什么兴趣呢？什么也没有。他的目标是什么？是令学生的自然能力退化，是让他们变得迷信；如果允许我用如下表达的话，是令其天资折翼；是在他们的心灵中阻遏所有真正的科学，在他们的内心里扼杀每一种爱国的美德(7)。

这些神圣学派的黄金时代是无知的时代，在路德和加尔文时代之前，其黑暗笼罩了地球。一位英国哲学家说，那时，迷信统治着所有的国度，"和尼布甲尼撒统治时一样，人类被改变了，成了一头头野兽，像骡子一样被套上笼头，装上马鞍，载着沉重的负担，他们在迷信的重担下苦苦呻吟。但最终，其中一些骡子开始踢腿，甩掉了他们的重负，以及那些骑在他们身上的人。"

只要教导计划被托付给经院学者，那么在该计划中也就不能指望任何改革。在这种导师的指导下，被教授的科学只会是充斥着谬误的科学；而古代人将会维持其在道德、政治和立法诸领域内对现代人的优势，这种优势并不源自他们的机体组织，而是正如我已经说过的那样，源自他们的教导方式。

至此，我已经表明了妄知的无用，也表明了这部作品的重要性。剩下的就是谈一谈这个主题有多枯燥。

第四节　论该主题的枯燥程度，以及处理起来的困难

我们需要通过精炼而深邃的探讨去考察这个我已经提出的问题，然而这类探讨是令人生厌的。

如果一个人与人道精神结下了真正的友谊，也习惯了注意力的劳顿，他在阅读本书时不会感到不适，对于这一点我不会觉得惊讶，他的赞许毫无疑问也会让我感到满足，更何况从一开始，为了

让这本书有用，我并未打算让它有趣。如今，什么样的花朵能被抛向一个如此严肃而又重要的问题呢？我想教导具有寻常能力的人，但几乎在每个国家，这种类型的人都因缺乏注意力而产生不适感；尤其是在法国，这类人是最常见的。

我在巴黎度过了十年时光；顽固与狂热的精神在当时尚未占据上风。如果我可以相信公共报道的话，那么如今，对反思性的作品越来越无动于衷，这成了上层阶级的风尚。除了荒诞不经的描写(8)，没什么可以打动他们；而这些描写在满足其恶意的同时，并不会妨碍到他们的傲慢。因此，我并不希望讨好他们。在如此枯燥而严肃的论题上，我无论付出多少努力也没法足够多地插科打诨。

然而，我已经观察到，如果通过法国人的作品来判断这个民族，要么法国人民并不像设想中的那样轻浮无聊(9)，要么那些有识之士的精神与民族的精神大相径庭。在我看来，那些有识之士的观念宏伟而高尚；因此，就让他们继续写下去吧，并让他们放心，尽管这个民族有其偏狭之处，他们还是到处都能找到对其价值加以公正评判的裁判者。我只想建议他们一件事，这就是：有时要敢于轻视某个民族的意见，并且记住，真正伟大的心灵所要关心的，只是那些吸引着整个人类关注的论题。

我在这里处理的论题就具有上述性质。我将仅仅重复在《论知性》一文中提出的原则，更加彻底地考察它们，在一个新的视角中展现它们，并从中得出新的推论。

在几何学中，每一个尚未得到充分解决的难题，都有可能激发人们提出新的论证。在道德和政治中同样如此。

因此，不要让任何人拒绝考察一个如此重要的问题，解决这个问题需要进一步展现出至今几乎不为人知的真理。

人类心灵的差异是由于他们不同的机体结构使然，还是其教育的结果？这是我所要探究的对象。

第一章 在不同的人中，教育必然是不同的，这或许是知性不平等的原因，而这种不平等至今仍被归诸人类器官完善程度的不平等

第一节　没有两个人受到一样的教育

我仍在学习；我受到的教导还没有完成——它什么时候会完成呢？当我不再有感觉的时候；在我死亡的时候。我的生命历程恰是一段接受教育的漫长历程。

如果两个个体要接受完全相同的教育，那什么是必需的呢？他们应当处在完全相同的地位和境况中。但这种假设是不可能的：因此很明显，没有两个人能够受到一样的教育。

但为什么要把我们的教育期限延长到整个生命周期呢？为什么不把它限制在那段特意留给教导的时间呢？也就是说，为什么不把它限制在幼儿和青年时期呢？

我完全乐于把它限制在这段时期。并且我将以类似的方式证明，两个人不可能习得完全相同的观念。

第二节　论教育开始的时刻

就在孩子接受运动和生命的那个瞬间，它也接受着最初的教

导：有时甚至是在怀着它的子宫内，它就学会了区分病痛与健康。母亲分娩了，孩子挣扎着，哭泣着；饥饿啃噬着它，它感受到需求，而这种需求让它张开嘴唇，使它去抓取，去贪婪地吮吸着滋养它的乳房。数月过去，它的视力变得敏锐，它的器官得到强化，它渐渐变得易于接受任何印象；之后，视觉、听觉、味觉、触觉和嗅觉，总之，通往心灵的所有入口都被打开了；之后，自然中的一切对象蜂拥而入，并在记忆中刻上无数的观念。[①] 在这些最初的时刻中，什么是幼儿时期真正的教导者呢？是它感受到的多种多样的感觉：它所接受的众多教导就是这些感觉。

如果两个孩子有同样的老师，如果老师教他们去区分字母，去阅读和重复自己的教义问答等等，人们就认为他们在接受相同的教育。哲学家的判断正好相反：根据哲学家的说法，一个孩子真正的老师是他周围的对象；他要将他几乎所有的观念归功于这些教导者，亦即这些对象。

第三节　论童年时期的教导者

一段关于人类幼年期的简史会让我们对这些教导者熟悉起来。当幼儿一见到光亮，就有一千种声音鼓噪着他的耳朵，但除了一团嘈杂的噪音以外，他什么也听不到；一千种物体将自己呈现在他的视线中，但只是呈现出一些轮廓暧昧的对象而已。正是在难以察觉的过程中，幼儿学会去听，去看，去感知，去用一种感官校正另一个感官的错误。[②]

同一些对象的出现使他受到相同感知过程的不断冲击，他因此对这些对象获得了更为完整的回忆，其程度则与这些对象对他产

---

① 参见布封先生就人这一话题所做的雄辩且可敬的论述。

② 感官从不欺骗我们；对象总是在我们身上形成它们应当形成的印象。如果一个正方形的塔楼在一定距离上看起来是圆的，这是因为以这一距离，从塔楼反射出的光线肯定被弄混淆了，这让它看起来好像就是这个样子；而且在某些例子中，物体的真实形状若没有得到若干感官的统一验证，是不能得以确定的。

生作用的重复次数成正比。我们应当视这种活动为其教育中最为可观的部分。

孩子同时也在成长；他走着，独自走着；无数次的摔倒让他学会保持身体的平衡，用腿稳稳地站着；一遍遍的跌倒越是让他感到痛苦，就越能证明自己对他的教导作用，他走得就更灵巧、更注意也更小心。

孩子在茁壮成长；他奔跑着，他已经能跃过那条横贯花园，为花园浇水的小沟渠了。就在那时，通过反复的尝试和跌倒，他学会把跳跃的距离调整得与沟渠的宽度相当的程度。

他看见一个石头掉进水里，沉到水底，而一片木头却漂浮在水面：从这个例子中，他获得了关于重力的最初观念。

如果他把石头和木头从水里打捞起来，而它们又偶然掉落在他的脚上，那么这种由它们的掉落偶然造成的疼痛，其程度并不相等，这在他的记忆中更有力地刻上了关于它们不相等的重量和硬度的观念。

如果他把这块石头随手丢在沟渠边的其中一个花盆上，他将会得知，一次敲击会把一些物体打碎，但另一些物体则能经受得起。

因此，一个拥有分辨能力的人，必然会在所有对象中见识到那么多负责对年幼的我们进行教育的导师。③

但是，对所有人来说，这些教导者难道不是相同的吗？不。偶然事件不会全然相同地发生在两个人身上。不过，让我们先假设两个人身上发生了相同的事件，假设两个孩子经历过的一次次摔倒使他们在行走、奔跑和跳跃时拥有敏捷的身手；那么我要说，既然他们摔倒的次数不可能完全相同，疼痛程度也不会相等，偶然性也就不能提供给他们一模一样的教导。

---

③ 如果我在这里只是草草描述了幼年期的若干状态，这是因为我不愿让读者感到厌烦。知道　个孩子何时经过这些不同的时期，这对读者有什么重要的呢？他们正在经历着，这就足够了。我的叙述决没有必要与一个人的幼年期同样的漫长。

把两个孩子带到平原上，树林间，剧场中，集会间或是商店里。由于他们自然而然占据的位置不同，他们不会以全然相同的方式被打动，因而也不会为相同的感知所影响。进而言之，每天发生的各种事情一刻不停地为这两个孩子目力所及之处带来的素材是多么不同啊！

两兄弟与他们的父母一起旅行，为了抵达家乡，他们必须穿越绵亘的山地。长兄跟着父亲走那条短而崎岖的路。他看见什么了呢？大自然表现出各种恐怖的形态；冰封的高山把山巅隐藏在云层里，巨大的石块悬吊在旅行者的脑袋上，深不可测的洞穴，咆哮的湍流从荒芜山丘的脊线上滚滚而来。弟弟跟着妈妈走那条最常走的路，一路上，大自然显露出它各种怡人的形态。他目睹了什么样的对象呢？到处都是种植着葡萄和果树的山丘，而在河谷里，觅食的牧群布满了被蜿蜒的溪流分割的草场。

在同样的旅程中，两兄弟见到的景色与接受的印象都大相径庭；许多与之类似的事情都会导致这样的结果。如此说来，我们的生活只是由类似的事件构成的漫长链条。所以决不要自诩可以给两个孩子提供全然相同的教育。

进而，那些存在于周围对象中的细微差别所导致的教导上的差别，会对心灵造成什么样的影响呢？谁会不知道，些许并不相同的观念，与两人已有的相同观念结合在一起，就使他们看待事物和做出判断的方式出现根本性的差别？

然而，假设偶然性会接连不断地为两个人提供相同的对象，那么，当它把这些对象呈现出来时，这两个人的心灵处在完全相同的状况之中吗？继而，这些对象会给他们留下相同的印象吗？

第四节　论对象给我们留下的不同印象

不同的对象造成不同的感知，这是自明之理。经验进一步教给我们，相同的对象根据其呈现的特殊时刻，亦可激发出不同的印象；或许主要是因这些不同的印象之故，我们便可解释，为何有些人在相同的国家里接受教育，有着相同的习惯举止，收入眼底的也是相同的对象，彼此却可体现出一种既多样又不平等的状态。

当心灵的表面没有被激情最微弱的喘息搅动时，在心灵中会有某些异常安宁的时刻。此时呈现的对象有时会吸引我们全部的注意力；我们更加从容地察看它们不同的外貌，它们在我们的记忆上产生的印象也更为完整，也更为持久。

这类情况是司空见惯了，特别是在我们年少之时。一个孩子犯了错，被独自关在房间里以示惩戒。他会做什么呢？他在窗户上看见一些长着花儿的坛坛罐罐，他摘了其中一些，他琢磨着它们的颜色，玩味着它们的深浅；他悠闲的处境似乎给他的视线增添了额外的洞察力。这对孩子是这样，对盲人也一样；如果后者通常比其他人拥有更为敏锐的听觉和触觉，这是因为他不会像其他人一样被光线对眼睛产生的作用搅扰，因为他更加专注，更集中于内心；最后，为了弥补他缺失的感官，他就如同狄德罗先生所评论的那样，对增强那些尚存的感觉更感兴趣。

对象使我们产生的印象主要取决于这些对象触动我们的时刻。在刚刚提及的例子里，这个孩子可以说是被迫把注意力投向那些曝露于视线中的仅有的对象，这种注意力使他在花儿的颜色和形态中发现了那些细致的区别，而三心二意地看一下或漫不经心地瞥一眼是不会让他观察到这些区别的。因而，一次惩罚或是类似的某个事件频频决定着一个年轻人的偏好，将他塑造成一位花卉画家；一开始让他知道花儿的美丽，之后再让他喜爱上那些再现它们的图画。这样一来，青年时期的教导要受到多少类似事件的影响呢？我们又怎么能去想象它们会同样发生在任何两个个体身上呢？无论这两个孩子是在家中还是在学院里，又有多少其他的原因阻碍他们接受同样的教育呢？

第五节　论学院教育

在同一所学院里培养出来的孩子按理说接受的是同样的教育。

但他们是在几岁的时候进入学院的呢？在七岁或八岁的时候。这样一来，处于这个年纪的他们已经在记忆里装满了各种观念，这些观念部分是偶然得之，部分则是在父母的居所中获得的，源于父母的状况、性格、时运和财富。既然孩子们进入学院时往往拥有迥然相异的各种观念，那他们对学习的热情程度有高有低，对某些科学门类的喜爱程度也不尽相同，这又有什么好大惊小怪的呢？而且，他们把已经获得的观念与他们在学校里共同接受的观念统一起来，这会在他们身上产生相当多的改变。从那些因此而被改变并且彼此又再度结合的观念中，肯定会屡屡产生无法预料的后果。于是便产生了心灵的不平等，也产生了我们在同一所学院的学生中所观察到的偏好上的多样性。④

那家庭教育是否也是如此呢？

第六节　论家庭教育

毫无疑问，这类教育更是千篇一律；它的相同之处更多。两个孩子由他们的父母抚养长大，有相同的教师，摆在他们眼前的几乎是相同的对象；读的书也相同。年龄不相等似乎是对教导造成影响的唯一差别；但你能让这个因素不起作用吗？那假设这两兄弟是双胞胎呢？但它们有相同的保姆吗？那又意味着什么？它意味着很多东西。我们怎么能怀疑保姆的处事风格对孩子的影响呢？至少在希腊，人们对此深信不疑。在拉西第梦⑤地区，保姆身负重责，此即为明证。

普鲁塔克说，事实上，如果斯巴达人甚至不会哭着喊着要吃

④ 我在其他地方已经观察到，我们把我们受到的教导中最大的一部分归因于偶然性，也就是说，归因于那些不是由老师教给我们的东西。如果一个孩子的知识仅限于在他从他的教师或导师那里学到的真理，以及那些在课堂上阅读的少量书本，那他毫无疑问将会是这个世界上最无知的孩子。

⑤ 拉西第梦(Lacedaemon)是希腊传说中古斯巴达人的国王与英雄，古斯巴达及其周围地区也因此被称作拉西第梦。——中译者注

奶；如果他对恐惧无动于衷，能够耐着性子忍受折磨，那么他要将这归功于他的保姆。和在希腊一样，在我所居住的法国，选择一位保姆不可能是一件无关紧要之事。

但是，假设由同一位保姆给这对双胞胎喂奶，她也用同样的方式照看他们，把他们抚养长大。在把他们归还给他们的父母时，可以想象父亲和母亲对这两个孩子的喜爱程度完全相同吗？不知不觉中给予其中一个孩子以偏爱，这难道不会对他的教育产生影响吗？

进而言之，假设父母不偏不倚地看待他们，家里的佣人也会这样吗？导师不会有所偏向吗？而他对其中一个孩子表露出的喜爱之情难道在很长一段时间内都不会被另一个孩子注意到吗？老师表现出不同程度的热情或者耐心，讲课风格或柔和或严厉，这些难道不会对孩子们产生影响吗？最后，这对双胞胎的健康状况也相同吗？

在艺术与科学的职业生涯中，假设他们迈着相同的步伐出发，可如果第一个孩子因身体不适而停下了脚步，眼睁睁地看着另一个孩子把他甩开一大截，尔后的学习便会让他感到反感。如果一个孩子对出人头地感到绝望，如果他必须在某种程度上承认有许多人领先于他，那他就会对努力上进感到无能为力，即便是对惩罚的惧怕也于事无补。这种恐惧导致一个孩子养成专注的习惯，让他学着去阅读，去做所有他被吩咐的事情；但它不会激发出他对学习的热情，而这种热情是对卓越成就的唯一保证。产生天资的正是力争上游的雄心，创造才能的正是飞黄腾达的欲望。我们要把一个人在理智能力上的进步追溯到对荣誉的热爱照亮其胸膛，并占据其身心的那一刻。我一直认为，教育科学不是别的，可能只是一种关于如何刺激人们去力争上游的知识，而它的点燃或熄灭或许只在一词之间。赞扬一个孩子在察看某个对象时细致认真的态度，以及他对其所做的精准描述，这有时候已经足以在他身上激发出那种注意力，而这日后将会成为他在知性上占据优势的缘由。因此，对两个个体而言，学院教育或家庭教育绝不会一模一样。

我们将从童年时期的教育进至青年时期的教育。不要认为这一考察可有可无。第二次教育最为重要：人类在那时有了其他的教导者，而恰当的做法是与它们熟络起来。

进而，我们的偏好和才能正是在青年时期成形的。第二次教育最为参差不齐，受偶然性的摆布也最多，同时也最适合于确证本人见解的真实性。

第七节　论青年时期的教育

在离开学院、走进社会之际，青年时期的教育开始了。与童年时期的教育相比，它没那么整齐划一，受偶然性的摆布更甚，毫无疑问也更为重要。青年被更多的感知侵扰：他周围的所有事物都触动着他，而且是强烈地触动着他。

正是在这个某些激情突然涌现的年纪，大自然中的所有对象最为强烈地搅动着他，驱使着他。正是在那个时候，他接受着最有效的教导；也正是在那个时候，他的偏好和性格被决定了；最后，那时的他获得了更多自由，行事也愈加自主，心中激发起的激情决定着他的习惯，也往往决定着他将来一生中所有的行动。

孩子们在知性和性格上的差别并不总是显而易见的。从事相同种类的学习，服从一样的纪律，而且不带有激情，他们从表面上看十分相似。

总有一天，种子会破壳而出，对他们的偏好造成那么多的影响，但它目前尚未成形，或至少还无法被感知到。我把两个孩子比作坐在河岸上的两个人，彼此背对着背。如果他们站起来并沿着他们坐着的方向走，他们会在不知不觉中相隔遥远的距离，很快就看不见对方，直到他们再次改变方向后，某个意外让他们再次接近。

学校或学院里孩子们的相似性是他们受到的管束造成的。当他们离开学校，管束也就解除了。正如我所言，自那时起开始了人的第二次教育；一种更多是由偶然性指引着的教育，因为青年一踏进社会就发现自己被更多的对象包围着。这样，周围对象的数目越多、种类越繁，父亲或老师就越不能指望由他们留下的印象会产生多少结果，因而在对年轻人的教育中，他们占有的分量也就越少。

青年时期新的、首要的教导者是青年们生活于其治下的政府形式，以及由该形式赋予一个民族的风俗。

老师和学生都服从这些教导者；它们虽然是首要的，但并不是唯一的；我也要考虑到年轻人所属的阶层，他财富的多寡，与他有联系的社会团体；⑥最后，他的朋友，他阅读的书籍，以及他的情人。他富裕或是贫穷，他选择怎样的社会团体(10)、朋友、书籍以及情人，这取决于偶然性。而且，也正是偶然性把他放在这样或那样的位置，激发、毁掉或者改变他的偏好和激情；因而，这对塑造他的性格起到最大的作用。一个人的性格是其激情的直接结果，而他的激情经常是其处境的直接结果。

最显著的性格有时只是无数微小事件的产物。最粗实的缆绳正是由无数的麻线制成的(11)。一个人的性格里没什么是偶然性改变不了的。但为什么这些改变几乎总是以一种自己没有感知到的方式发生呢？原因在于，要想感知到它们，他必须对自己投以苛刻而又敏锐的目光。而消遣享乐、游手好闲、勃勃雄心、穷困潦倒等等都把他的目光从这一观察移至别处。每一件事都使他对自己背过身去。他把自己以及自己的行为举止看得非常重要，认为这些行为都是深思熟虑的结果，如此一来，他几乎无法容忍自己对它们进行考察：骄傲禁止他这样做，他也对骄傲欣欣然俯首帖耳了。

因而，偶然性对我们的教育必然会产生很可观的影响。生活中的事件往往是那些最琐碎的事情造成的。我知道这一断言令我们的虚荣感到不适，而虚荣总是把重大的原因指派给那些在它看来

---

⑥　一个人想和有学问的人做伴吗？他一向与那些才能出众的人生活在一起吗？他因此而变得开明起来。一位知名作者有一天跟我说：我要把我那些微弱的才能，归功于总想与这类人对话的欲望。

具有重要意义的结果。为了摧毁由骄傲带来的幻觉，我将用事实证明，最杰出公民的才能有时要归功于那些最琐碎的事情。因此我得出的结论是，偶然性以类似的方式作用于所有的人，如果它在平凡的心灵上所产生的效果并没有引起人们太多的关注，那只是因为这一类心灵本身就不太吸引人们的目光。

第八节　论那些常常作为我们杰出性格之原因的偶然事件

我将援引沃康松先生⑦作为我的第一个例子：他虔诚的母亲有一位精神导师，这位导师住在一个小房间里，摆放时钟的门厅就用作这个房间的前厅。母亲多次拜访这位导师，她的儿子就在前厅等候着她：他一个人待在那里，无所事事，带着倦意哭了起来，而母亲则在忏悔中哭泣。然而，因为我们平常尽量不让自己哭，尽量不让自己累着，并且在休息的状态中获得的感知都不是可有可无的，所以小沃康松很快就被钟摆恒常的运动吸引住了，他渴望发现个中缘由。他的好奇心被唤醒了；他靠近了时钟的外壳，透过缝隙看到了相互传动的机轮；他发现了一部分机理，也猜测着剩下的部分。他设计了一个类似的机器，用小刀在木头上把它做出来了，尔后终于能做出一块几乎完美的时钟。第一次的成功决定了他对机械学的热爱。他的才能得到了体现，而他能用木头做出时钟的天资表明，他也有可能制作出一个演奏笛子的自动装置。

同一类的偶然事件也激发出弥尔顿的天赋。克伦威尔死了，他的儿子接替了他，并被逐出了英格兰。弥尔顿也分担了他的厄运；他丢掉了护国主秘书之职，身陷囹圄，之后获释，而后又被驱逐流放。最终他回来了，退居乡间，此时此地，在失宠隐退的闲余里，他

---

⑦ 沃康松(Jacques de Vaucanson，1709－1782)，法国发明家、艺术家，曾发明“吹笛人”、“机械鸭子”等自动机械装置。——中译者注

完成了青年时期便开始筹划的诗作，这使他跻身于最伟大人物之列。

如果莎士比亚像他的父亲那样一直做一个羊毛商，如果他的轻率冒失没有迫使他不得不放弃商业，背井离乡；如果他不曾与浪荡子厮混，从一位贵族的庄园里偷鹿；如果他没有因盗窃而遭到追捕，不得不在伦敦避难；如果他不曾与一群演员交往；最终，对做一个默默无闻的演员感到厌倦之后(12)，他并没有投身于写作；那么，这位小心谨慎的莎士比亚绝不会成为那位闻名遐迩的莎士比亚；无论他在羊毛生意中掌握了多大的本领，他的名字都绝不会为英格兰带来荣誉。

正是类似的偶然事件决定了莫里哀对舞台的喜爱。他的祖父爱好戏剧，经常带他去剧场。这个年轻人过着浪荡的生活；他的父亲目睹了这一切，愤怒地质问他是不是要把他的儿子培养成一名演员。祖父回答说：上帝啊，但愿他成为一名与蒙特罗斯一样优秀的演员。这些话触动了小莫里哀；他厌倦了他从事的行当，而这句意外的回答则让法兰西诞生了它最伟大的喜剧作家。如果莫里哀成了一位技艺娴熟的挂毯匠，那他绝不会被视为该民族最伟大的人物之一。

高乃依坠入爱河；他为他的情人吟诗作赋，成为了一名诗人，创作了《梅里特》(13)，日后又创作了《西拿》、《罗多古娜》，他是祖国的荣耀，也是供后世效仿的榜样。谨慎的高乃依本可以继续做一名律师，写着一些案情摘要，而这些东西会和那些由他担任辩护律师的官司一道被人们忘得一干二净。就这样，一位母亲的信仰、克伦威尔之死、偷鹿、一个老人的感叹和一个女人的美貌，带给欧洲五位杰出的人物。[⑧]

如果我要列举出所有那些因自己的才能而闻名，而这种才能又

---

⑧　毫无疑问，有人会说，除非是在那些机体组织以特定方式构成的人身上，否则类似的事情不会造成如此这般的结果；我会在下一章答复该反对意见。

缘于类似事件的作家，那我永远也列举不完。[⑨] 很多哲学家在这一点上采纳了我的观点。波涅先生[⑩]和我都把天资比作透镜，它把热量完全集中于一处。在我看来，产生天资的原因不过是把高度的注意力聚焦在某种艺术或科学上；但这种注意力又源自何处呢？源自我们对该门艺术或科学的强烈偏好。而这种偏好不完全是大自然的礼物。[⑪] 人生来不是不带任何观念吗？人生来也不带任何偏好。因此可以认为，我们是从自己身处的境遇中习得这些偏好的。[⑫] 那么，天才是那些与我所援引的相类似的事件或偶然性的间接产物(14)。

卢梭先生持有不同的意见：但他本人就是能够对偶然性的威力做出说明的一个例子。

一踏进社会，命运就把他安排在一位大使的随行队伍之中。与那位大臣的一次口角使他放弃了政治生涯(15)，转而追求科学与艺术。他要在辩论和音乐之间做出抉择；就这两种艺术而言，他都有望取得成功，因而他的爱好有一阵子处在悬而未决的状态中；一系列特殊的境遇终究使他更热衷于辩论；而另外一系列境遇本可以使他成为一位音乐家。天晓得一位长相俊俏的歌手对他投射的爱慕之情会不会导致这个结果呢(16)？至少没人能够下一个肯定

---

⑨ 不过，这里再添上一个例子也无妨；牛顿年轻的时候在剑桥学习，但在瘟疫肆虐的时候归隐至乡下。当时他正好坐在苹果树下面，一颗苹果掉了下来，给了他脑袋智慧的一击。当他观察到这个苹果有多小时，他对这一击的力度感到吃惊。这引导他去思考落体的加速运动，以此演绎出引力的诸原理，从而为那将会给英语民族增光的哲学奠定了基础，与此同时，卡雷西、阿金库尔和布兰尼姆的名字可能将被彻底遗忘。——英译者注

⑩ 参见波涅所著的《对心灵诸官能的分析》。(波涅[Charles Bonnet, 1720－1793]，瑞士博物学家、哲学家。——中译者注)

⑪ 如果孩子们很少习得那些由我们赋予他们的偏好，那么要为此负责的是他们的导师，而不是他们的机体组织。

⑫ 对比与联合的官能是一个人在出生时仅有的适合于科学探索的安排。事实上，心灵所有的操作都必然可以被还原为对对象与观察者之间，以及对象之间关系的观察。在下一章我将考察人的这种官能到底是什么。

的判断，说爱情不可能把这位法兰西的柏拉图塑造成俄耳甫斯[13]。但是发生了什么特殊的事情使得卢梭先生开启了辩论的职业生涯呢？我不知道；那是他的秘密；我能说的只是，在这种追求中，他的首次成功足以决定他的选择。

第戎科学院曾提议为一次辩论设奖。题目有些古怪；[14]问题是：**科学对社会是不是坏处多过用处**？要想在这个问题的处理上博人眼球，唯一的方式就是起而反对科学。卢梭先生察觉到这一点，并就这个题目创作了一篇雄文，它当之无愧地获得了许多美誉。[15] 这次成功使他烜赫一时。这也孕育了他的荣耀，厄运以及悖谬。

陶醉于自己这篇论文的美妙，演说家(17)的准则很快成为了哲学家的准则；而从这一刻起，他全身心地爱上了悖谬，没什么能够难倒他。为了维护自己的观点，那是不是必须要承认：一个人，他活脱脱像一头野兽，一无所长，好逸恶劳，比每一个已知的野蛮人还要低劣，却比伦敦和阿姆斯特丹那些有教养的公民更有道德、更加幸福？他是乐意承认这一点的。

为自己的雄辩所蒙蔽，又自得于演说家的头衔，他放弃了哲学家的头衔，而他的首次成功带来的则是接二连三的谬误。最微不足道的原因常常造成最惊天动地的结果。卢梭被各种反驳意见弄得心灰意冷，也可能是因为太喜欢标新立异了，所以离

---

[13] 俄耳甫斯(Orpheus)是希腊神话中的诗人和歌手。善于弹奏竖琴，据说其弹奏时“猛兽俯首，顽石点头”。——中译者注

[14] 提议设立这一奖项的人大概认为，让自己与其他人一样值得仰慕的唯一方式就是证明其他人和他自己一样无知。

[15] 一个熟谙优美文体、精通诡辩之术的人总会凭着在某一问题上采取悖谬的立场而显得出类拔萃。如果他试图去证明我们在中午看到日光，不管他的论证铺陈得有多恰当，也不管他的语言有多华丽，他也不会拥有多少听众。不过，如果他断言我们在午夜看到日光，凭着某种与论证相似的东西，并用招人喜爱的语言去支持他的断言，那他将会获得众多的拥趸。这是因为，人类的心灵即便没有被说服，也总是乐于找到某种论证的表象，但它根本无权在这种表象中期待任何论证的存在。——英译者注

开了巴黎和他的朋友：他归隐至蒙莫朗西(18)。他在那儿创作并出版了《爱弥儿》，又被妒忌、无知和虚伪的人追捕。他因雄辩而受到整个欧洲的爱戴，而在法国却遭受迫害。人们把这段话用在他身上：**在哪里受苦，在哪里就不被赞美**。(cruciature ubiest, laudature ubi non est)⑯最终，他不得不归隐于瑞士，继续对迫害表示更为强烈的愤慨，他在那儿写了那封著名的致巴黎大主教的信。因而，一个人所有的观念、所有的荣誉以及所有的不幸，往往由初始事件的无形威力构造成一个系列。所以和无数杰出之士一样，卢梭先生亦可被视为偶然性的一件代表作。

如果我就此打住，转而去考虑是什么样的原因如此频繁地造就了非凡人物的才能，请不要责怪我，我论述的主题要求我这么做。我不打算牵扯太多细节，令读者感到厌烦。我明白，公众珍视伟大的才能，而造成这些才能的琐碎原因则显得微不足道。看见一条河流翻滚着波涛气势磅礴地穿过平原，我感到很快乐，但要颇费一番工夫，我的想象才能抵达它的源头，看着它把那些为形成河流而必需的水量汇聚在一起。对象一窝蜂地呈现给我们；而我们要花大力气才能把它们分解开。轻易地说服自己去认为，打尘世中间疾驰而过、威胁着要把它变为废墟的彗星，不过是由不可见的原子构成的某种复合物，这我可办不到。

我们谈及道德时就和谈及自然时一样，只会被那些重要的东西触动：我们总是把重大的原因指派给重大的结果；我们会用黄道十二宫来宣告帝国的陨落或革命。但是，多少宗教圣战的发起或搁置，多少革命的完成或受阻，多少战火的点燃或熄灭，是由一位司铎、一个女人或一名大臣的阴谋诡计导致的。正因为缺乏那些隐

---

⑯ 这句话几乎适用于每一个通过自己的作品博得了公众喜爱的哲学家。

秘的轶事，我们才没有在各个地方都发现马尔博罗公爵夫人的手套。[17][18]

把我在这里对帝国的评论推及个人：人们的擢升或失宠、幸福或苦难，似乎也是一系列特定境遇的产物，是无数难以预料而又不值一提的偶然事件的产物。我把那些引发我们生活中那些重大事件的鸡毛蒜皮之事比作毛茸茸的植物根须，它们悄无声息地伸入岩石的罅隙里，在那儿生长，总有一天会破石而出。

因此，偶然性[19]，无论现在还是将来，都会在我们的教育，尤其是天才的教育中占有一席之地；因而，如果想要提高一个民族中天才的数量，那就请你观察一下，偶然性到底利用了什么样的手段激发起人类想要出人头地的欲望。偶然性难得把人们放在这样的处境里，而做出上述观察之后，我们就可以频繁而又明确无误地把人们放在这些相同的处境里：这是让天才多到不可胜数的唯一方法。

人类的道德教育眼下几乎完全受偶然性摆布。为了使教育得以完善，相应的计划必须要以公共效用为指导，并建立在简单而固定的原则之上；这唯一可行的方法将减少偶然性对教育的影响，并消除那些在五花八门的现代教育原则中已经被发现了的，以及必然会被发现的各种矛盾。

---

⑰ 医生们说，精液中的某种强酸引起了亨利八世对女人汹涌的激情。因而，英格兰要把教皇制度的瓦解归因于这种强酸。如果总是以这种方式去搜寻重大事件背后的原因，历史或许因此而自降身价：但它会带来多得多的教益。

⑱ 1788 年于伦敦出版的《林木志》(Sylva, or the Wood)是一本专门记载各种奇闻轶事的书，该书第 168 页提及了“马尔博罗公爵夫人的手套”，可供我们参考：“假如普鲁士国王确实为马基雅维利的《君主论》撰写了评论，这位皇家评论者认为，安妮女王与马尔博罗公爵夫人某次因一双手套而起的争吵，导致了安妮女王政府的变动，以及她与路易十四的和平共处。”巧合的是，该书这一章节的标题是“表面上微不足道的原因所引发的巨大后果”。——中译者注

⑲ 我必须向读者说明，我用偶然性一词，是指适于产生这样或那样结果的一系列未知的原因，我从不在其他意义上使用该词。

第九节　论在教育原则中导致矛盾的首要原因

在欧洲,特别是在天主教国家,之所以所有的教育原则都是矛盾的,是因为公共教导被局限于两股势力之内,它们的利益针锋相对,它们的原则因而也是彼此不同、互相矛盾的:

一个是精神势力,

另一个是世俗势力。

后者的强大和显赫,依赖于执掌的帝国的强大与显赫。一位君主的真实实力在于民族的实力;当民族不再受到尊重,那位君主也就丧失了权力。他渴望,也应当渴望他的臣民勤劳勇敢、德才兼备。这对精神势力而言也成立吗?不,它有着不同的利益。司铎的权力依赖于人民的迷信及其愚蠢的轻信。人民应当掌握学问,这对司铎来说没什么意义;他们知道得越少,就越听命于他的支配。精神势力的利益与民族无关,而与宗派有关。

两个民族正在交战;如果征服者和被征服者都臣服于教皇,那么,谁是主人谁又是奴隶,这对他来说又有什么区别呢?如果法国人被葡萄牙人的势力吞没,如果布拉干扎王室夺取了波旁王室的宝座,那教皇只能从中看见自己权威的提升。僧侣势力向一个民族提出的要求是什么呢?不加辨别的顺从,不受约束的轻信,四处蔓延的幼稚恐慌。一个民族是否因才能和爱国的美德闻名于世,教士们根本不把它们放在心上。在西班牙,葡萄牙以及一切精神势力最为强势的地方,非凡的才能、卓越的美德几乎闻所未闻。

诚然,两股势力都有野心,但它们满足野心的手段则大相径庭。为了攀上显赫的顶峰,一者必须增强人们的激情,而另一者必须贬低这种激情。

如果对公共利益、正义、财富和荣誉的热爱是世俗势力拥有战士、执政官[20]、商贾和文人的原因；而又凭借着城镇的商业、行伍的英勇、议会的公正以及文人的天资，君主使他的民族在其他民族中间博得尊重；那么，对普遍利益的激情则为他的高贵奠定了基础。

相反，教会团体通过摧毁这些激情树立起自己的高贵地位。司铎有着勃勃野心，但俗众的野心令他生厌，阻挠着他的计划。司铎所谋划的，是消除一个人所有的欲望，让他对财富和权力感到恶心，并在这种情绪的作用下把两者都转交给他(19)。我们可以肯定，宗教体制一直是受这一计划指导的。

基督教创立之时鼓吹什么？**财产公有**。谁毛遂自荐，做公共物品的保管者？司铎。谁又侵犯了这些储蓄，摇身一变成了所有者？司铎。当末世谣言四处流传时，谁为这些流言作证？司铎。流言正中他的下怀，他希望，人类惶惶然之时，只会操心一件事(一件确实要紧的事)，这就是他们的救赎。他们说，人生只是逆旅：天堂终为归宿；那么我们为什么要沉湎于此世的快乐呢？如果这类说辞没有让俗众彻底摆脱此世的享乐，至少也使他们放弃了对彼此之间的关系、对荣誉、对公共利益，以及对国家的爱。继而，英雄变得寥寥无几；主权者沉醉在对天堂里无尽财宝的希冀中，有时同意将自己一部分地上的权威托付给司铎。司铎把它紧攥在手里，为保住它而贬低真正的荣誉和真正的美德。不许再崇拜像米诺斯、利库尔戈斯、科德洛斯、阿里斯提德、泰摩利昂这样的人物；[21]换言之，不许再崇拜祖国的卫士与恩人。受到提倡的是其他的榜样，在历书上写下的是其他的名字。古代英雄的名字从视线中消失了，取

---

⑳ “执政官”的法文原文是 magistrat，该词的含义比较广，既可以指担任公职的行政官员或政治官员，例如总统、部长、省长、市长，也可以指拥有司法权力的官员，例如法官、监察官等等。结合下文作者对 magistrat 所承担的职务与功能的描述，可以确定他更多是从前者的角度来使用该词。——中译者注

㉑ 米诺斯(Minos)，古希腊神话中的克里特国王；利库尔戈斯(Lycurgus)，斯巴达的立法者，创立了斯巴达的政府形式；科德洛斯(Codrus)，古希腊传说中的雅典王；阿里斯提德(Aristides)，第二次希波战争之普拉提亚决战中指挥希洛奴隶军的希腊陆军将领；泰摩利昂(Timoleon)，古希腊政治家和将军。——中译者注

而代之的是圣安东尼、圣基比纳、圣嘉勒、圣斐亚基略、圣方济各的名字(20),总之是所有那些避世小人的名字。这些人把自己愚蠢的信仰当做供他人效尤的例子,从而贻害于社会,他们或遁入寺院,或归隐荒野,任凭岁月蹉跎,直至终了余生。

凭借着这样的典范,司铎希望能让人们习惯于把此生视为一段短暂的旅程。他们进而希望,当人们不再渴望地上的好处,不再和那些在旅程中照面的人结交朋友,他们也会对自己以及后代的幸福同样感到无所谓。事实上,如果人生不过是一个途中小憩之所,我们为什么要对那些和它有关的事情感兴趣呢?一个旅客不会为一间他只会逗留一晚的小旅馆整修墙壁。

因而,为了确保各自的显赫地位,满足各自的勃勃野心,每一个国家里的精神势力和世俗势力必须采取截然不同的手段。由于共同承担着对公众的教导工作,它们必定在人们的内心和心灵里镌刻上互相矛盾的教育原则,这些原则关乎各自的利益:一个想要激发人们的激情,另一个则想要把它们熄灭。[22]

这两股势力都宣扬正直的品格,这点我承认。但是它们赋予这个词不同的意义;处于教皇管辖下的现代罗马人与处于大布鲁图斯[23]执政时期的古罗马人对美德的观念是不同的。理性开始显露出复苏的迹象;人们现在明白,同样的词语并非在每一处都传达同样的观念。因而,作家现在面临着什么样的要求呢?他要把清晰的观念附加在他所使用的词语之上。也许经院哲学的黑暗统治会消失,也许神学家以后不会老是对人民和政府施压。我们可以放心,他们虽然已经凭着一些手段已经获得了权力,但他们至少不会凭着这些手段继续掌握权力。时过境迁,激情的必要性现在得到了承认;人们已经发现,对激情的维持也确保了帝国的维持。实际

---

[22] 试图摧毁人们的激情,就是试图摧毁他们的行动。神学家斥责激情吗?他就成了嘲弄发条的钟摆,认不出原因的结果。

[23] 此处指的应是卢修斯·朱尼厄斯·布鲁图斯(Lucius Junius Brutus),罗马共和国的缔造者,相传于公元前 509 年担任罗马共和国第一任执政官。——中译者注

上，激情是强烈的欲望，这些欲望既可能适合于公共福利，也可能与之相悖。如果说贪婪或不宽容的激情会带来伤害、犯下罪行，那么，想要凭才能和爱国美德而让自己出人头地的欲望则与之不同(21)。毁掉了这些欲望，你就毁掉了心灵；每一个不带激情的人都缺失了内在的行动本原，也缺失了内在的行动动机。

天主教士啊！你们在世上有钱有势，你们对一些民族发号施令，但你们的权力可能会与这些民族的权力一同被摧毁。你们使它们日渐虚弱，它们可能因此而被其他民族征服，不再做你们的臣属。就连你们自己的利益也要求人们继续受到激情和需求的激动；要扼杀人们身上的激情和需求，你必须改变他们的天性。

受人尊敬的神学家们啊！残忍的人啊！我的兄弟们啊！抛开这荒唐的计划，去研究人类的内心吧，考察那使它们运动起来的发条。如果你们对道德和政治尚未拥有清晰的观念(22)，那就请勿好为人师。骄傲把你们引入歧途，你们已经走得太远：记住那个关于摩墨斯[24]诞生的绝妙寓言吧。一位伟大的诗人说，在这位年幼的神诞生的那一刻，他便用哭声笼罩了奥林匹斯山，天庭为之震动。为了让他安静下来，每一位神都给这个孩子一件玩具。刚刚把人创造出来的朱庇特便把他送给莫摩斯，从此以后，人成为了被玩弄于股掌的傀儡。而在这类傀儡中，最可悲、最骄傲也最可笑的就是神学博士(23)。研习神学的傀儡啊！不要执拗地摧毁这些激情，它们是一个国家的活力本原(24)。去忙着促进普遍利益吧；努力拟定出一个教导计划，其简明而清晰的原则应当以公众的幸福为中心。

我们与这样一个教导计划之间的距离到底有多远呢？父母和老师自己也不能达成一致，对孩子们应当接受什么样的教育同样一无所知。他们的观念和教育依然是一团糟，由此产生的矛盾彰显于他们所有的教育原则之中。

㉔　摩墨斯(Momus)，古希腊神话中主管嘲弄的神。——中译者注

第十节　举例说明被灌输给少年的互相矛盾的教育原则

为了把我们一切教育原则中的矛盾更生动地展现出来，我必须换用一种比较随意的文风，当下的主题构成了我这么做的理由。在以指导年轻淑女为使命的宗教学院里，这些矛盾最惹眼。所以，假设我踏进一所修道院：现在是早上八点，正是开会时间；那儿正有人以端庄为主题作讲演；修道院院长证明，寄宿生决不应该朝男人看。九点的钟声敲响了；舞蹈老师正在会客厅里。注意你的脚步，他跟他的学生说，把手举高，一直看着你的舞伴。现在，她要相信谁呢？舞蹈老师还是修道院的女主人？学生感到茫然；因而她既没有获得一个人教给她的优雅，也没有获得另一个人向她宣讲的矜持。父母想让他们的女儿既优雅又矜持，把修道院的古板守旧和剧院的优雅高贵结合在一起，如果不是因为这些父母的欲望互相矛盾，那么上面那些矛盾又因何而起呢？换言之，他们想把不可调和的东西调和在一起。㉕

恐怕只有土耳其人的教育做到了与这个国家的女人所面临的要求相一致(25)。

只要教育的原则并不聚焦于某一点，它们就仍处于反复无常、悬而未决的状态中。这一点是什么呢？最多的公共效用；就是说，最大多数公民的最大快乐与最大幸福。

父母是不是把这一观点抛诸脑后了？他们在教导的小径上绕来绕去，风尚是他们唯一的向导。他们知道，要把他们的女儿塑造成音乐家，他们必须付钱请一位音乐老师，但他们不知道，要

㉕ 父母要求女孩真诚又纯朴。他们把一个男人推荐给她，让他做她的丈夫。她直率地说自己对他并没有好感，但父母认为这句话冒犯了他们。因此，这对父母希望她诚实还是希望她虚伪，这取决于他们的利益要求她诚实还是要求她虚伪。

给予她关于美德的正当观念，他们同样必须付钱请一位道德老师。

一位母亲负担着女儿的教育，在早晨涂脂抹粉的时候，她告诉女儿，美貌是无足轻重的；美德与才能等于一切。[26] 客人们这时踏进了母亲的梳妆室；每一个人都称赞这位年轻小姐的美貌，但一年到头也没人就她的才能和美德说过一个字。[27] 许诺给她的勤勉和美德的唯一回报是礼服上的装饰，但她们又想让这个年轻的女孩对美貌感到无所谓。这种做法使她的观念陷入多么严重的混乱之中啊！

对青年的教育也是前后不一。让他遵循的第一份义务是守法，而第二份义务是在受到冒犯时违法：为了不受侮辱，他要去战斗，否则就要蒙羞。人们向他证明，正是通过服务于他的国家，他才能获得此世的酬报和彼世的福祉，但他们推举什么样的典范让他效仿呢？一位僧人，一位狂热而又懒惰的托钵僧，他的不宽容令帝国麻烦缠身、满目疮痍。

一位父亲劝告他的儿子要信守承诺。而后，一位神学家过来告诉这个年轻人，我们不一定非要遵守我们向上帝的敌人做出的承诺；出于这个原因，路易十四撤销了由他的先人颁布的南特敕令[28]；

---

[26] 人们对女孩的劝告是：没有才能，她将永远无法嫁为人妻。可第二天，她听闻她的伙伴中最蠢的那一个喜结良缘，因为她有一大笔钱财，而没有钱财就结不了婚。

[27] 如果人们通常只称赞一个女孩的美貌，这是因为：对于这位我们拜访的女孩来说，我们既不是她的丈夫，也不是她的朋友，故而美貌确实就是她身上最引人注意，也最称人心意的品质；而男人又总是在拜访女人。

[28] 南特敕令（edict of Nantz），又称为南特诏令、南特诏书，法国国王亨利四世在1598年4月13日签署颁布的一条敕令。这条敕令承认了法国国内胡格诺教徒的信仰自由，并在法律上享有和公民同等的权利。这条敕令也是世界近代史上第一份有关宗教宽容的敕令。不过，亨利四世之孙路易十四却在1685年颁布《枫丹白露敕令》，宣布新教为非法，南特敕令亦因此而被废除。——中译者注

而教皇通过如下方式解决了这个问题：他宣布天主教君主与异端㉙之间订立的每一个条约都是无效的，并赋予前者撕毁这些条约的权力，只要他足够强大。

一位布道者在讲坛上论证道，基督教的上帝是真理之神；他的崇拜者因憎恶虚假而闻名于世(26)。走下讲坛之后，他承认周全的做法是不越某些雷区(27)，承认自己在颂扬真理时，对于如何言说真理这件事谨小慎微(28)。事实上，一个人若想记载这位布道者身处的时代中某个天主教国家的真实历史，他大可以用所有那些崇拜真理之神的人作为这位布道者的反例(29)。在这样的国家，要想保护自己不受迫害，一个人不得不或者麻木不仁，或者呆头呆脑，或者满口谎言。

假设一位教师通过不断努力，激发学生的坦率正直与人道精神；这个学生的精神导师进来后，又告诉他我们可以原谅人类的弱点，但不能原谅他们的错误。在后一种情况下，放纵即为一项罪孽，而每一个不像他这样想的人都应该被烧死。

这就是神学家的无知与矛盾，他一面声称反对激情，同时又要在他的学生中激发效仿之情。所以说他忘记了效仿也是一种激情，如果我们从它的效果来判断，这还是一种非常强烈的激情。

因此，教育的各个部分都存在着矛盾。原因是什么？是对这一科学之真正原则的无知；他们对它只有各种混杂的观念。人类应当受到启蒙，可司铎反对这一点。人类还会在某一刹那领悟到真

㉙ 有必要说明一下 heretic，infidel 与 pagan 的翻译问题，因为这三个词语在中文语境中意思相近、殊难区分。heretic 形容的是“与已经确立的或者说正统的信仰或习俗相悖的信仰或理论”，强调与已经得到普遍接受的观点相对，或者说与权威的观点相对；infidel 起源于拉丁文 infidēlis，从构词法上看，该词包括 in-（表示否定的前缀）与 fidēlis（“有信仰的”、“有信念的”）两个部分，基督教神学用该词指称那些不信仰基督教教义的人，与那些受洗的、接受教会教导的人相对；pagan 指称的是三大亚伯拉罕宗教（基督教、犹太教和伊斯兰教）之外的宗教，随着一神教在西方世界逐渐占据主导地位，pagan 就被用来泛指多神教，特别是古希腊罗马地区的多神信仰。因此在翻译中，heretic 一律译成“异端”，强调与“正统”相对；infidel 一律译成“不信教的”；而 pagan 一律译成“异教”或“异教徒”。——中译者注

理吗？它的光线被经院哲学的黑暗吞没了。错误和罪行都寻求晦暗，一个是在词里找(30)，另一个是在夜里找。然而，也不要把我们教育中所有的矛盾都怪罪到神学头上，也有一些源自政府的缺陷。即便是在英格兰，政府在最苍白无力的掩饰下，干着拆封私人信件、辜负公众信任的勾当，在这种情况下，你要如何去奉劝一位青年忠于社会，保守他人的秘密呢？当他看见那些间谍和线人受到尊重、获得嘉奖、拿着津贴，你又如何能自欺欺人地盼望着从他身上激发起对这些人的恐惧呢？

当一个年轻人走出学院，融入社会时，人们却期望他既招人喜欢，又一直保持着纯真！在这段爱情勃发的时期，难道一个年轻人必须要对女人无动于衷，清心寡欲地生活在她们中间吗？[30] 当政府建造了歌剧院，社会风俗又允许它们向年轻人敞开大门时，那些愚蠢的父母难道认为，这些年轻人会出于对童真的爱惜，一直用漠然的眼光去观看那些盛大的演出？在这些演出中，充满爱意的称呼、一阵阵的激动和爱情的魔力被五彩斑斓地描绘了出来，并通过所有的感觉器官进入他们的心灵。[31]

如果要我开列出存在于欧洲人的教育之中，尤其是存在于教皇党徒的教育之中的所有矛盾之处，那我只好没完没了地列举下去。在谬误的浓雾里，我们要如何发现美德的小径呢？因此，天主教徒一再误入歧途。进而，由于在这一事务上缺少固定的原则，一个人的美德和缺陷全都拜那些由偶然性给他带来的境遇、书籍、朋友和

㉚ 如果确实想浇灭年轻人的爱欲，那人们应该做什么？制定一些高强度的锻炼，并让年轻人喜欢上它。在这种情况下，锻炼是最有效的课程。我们流的汗越多，我们消耗的动物精神(animal spirit，旧医学概念，指血液中的一种精华物质。——中译者注)也就越多，给爱留下的精力也就越少。加拿大野人之所以冷漠无情，是因为他们长时间的、耗体力的狩猎活动已经把他们弄得精疲力竭、困顿不堪了。

㉛ 请不要把我在这里所说的一切想象成我赞成废除歌剧或戏剧。我只想谴责我们的风俗习惯和教育原则中存在的矛盾。我不是戏剧的敌人，在这一点上与卢梭先生的看法不同。戏剧无可争议是怡人的。在一个明智政府的治理下，通过快乐来回报美德，那么所有的快乐均可成为创造美德的本原。

情人所赐。但是,有任何方法能使人的教育超脱于偶然性的制约吗?如果有,那要怎样才能获得这些方法呢?

仅教授真理。谬误总是自相冲突:真理绝非如此。

不要把教育人民的任务交给利益针锋相对、教授的道德彼此冲突的两股势力(31)。

人们会说,几乎一切民族都在冥冥之中把青年的道德教育交由司铎摆布!教皇党徒的道德是什么?一堆迷信的杂糅。而凭借迷信之助,没什么事情是僧侣势力完成不了的。这是因为,依靠迷信,它篡夺了执政官的权威,以及国王的合法权力;依靠迷信,它征服了人民,获得了往往凌驾于法律之上的控制他们的权力;最后,依靠迷信,它败坏了道德的每一条原则。有什么措施能补救这一不幸吗?唯有一个。科学必须革新。科学的新原则必须由新精神负责塑造,它的每一个部分必须以公共福利为鹄的。

拥有"道德的神圣司铎"这一称号的执政官们,现在是时候把道德建立在简明、清晰,并与普遍繁荣相一致的原则上了,而所有的居民都可以对这些原则形成同样适当和精确的观念。但是,这些原则的简明性和一致性会与人们各式各样的激情相和谐吗?

人们的欲望可能不同,但是看待对象的方式在本质上是相同的。人们看得很明白,只是做起事来很差劲。每个人生来便具有公正的分辨力,当真理在清晰的光线中呈现给他们时,他们都会发现真理。至于青年人,他们对真理更是不知餍足,因为他们还没有养成违背它们的习惯,也不愿意把对象看作不同于它们本来的样子。只有运用强力,才能把年轻人的心灵从真理身边拉走。要达到这样的效果,需要耐住性子,并用上现代教育的所有花招。即便这样,他们还是能不时地看见自然理性之光,并识破那些充塞着记忆的各种意见。那他们为什么不把这些消抹掉,并用新的观念取而代之呢?因为观念的改变既费时又费力,这对绝大多数人来说都非常棘手,他们在获得既清晰又精确的美德观念之前往往已经踏进坟墓了。

人们什么时候会获得公正的观念呢?当宗教体制与民族繁荣相吻合时,当宗教从僧侣实现其野心的惯用工具转变为公众的福祉时。有可能设想这样一种宗教吗？对这个问题的考察理应受到人类中的高明之士的关注。因而，我将顺带考察一下伪宗教。

第十一节　论伪宗教

"一切建立在对无形力量的恐惧之上的宗教，"霍布斯说，"都只是一种传说，当这种传说被某个民族认可时，它就被冠以宗教之名，而当它被某个民族否认时，它就被冠以迷信之名。"毗湿奴的九个化身在印度是宗教，在纽伦堡就是传说。

我并没有诉诸这个定义的权威去否定宗教的真实性。如果我相信我的保姆和导师对我说的话，那么所有其他的宗教都是虚假的，唯独我的宗教是真实的。[32]但是它得到了全世界的承认吗？不。奉献给谬误的庙宇已经多得让地球不堪重负，其中没有一个不是某个国家的宗教。

努玛[33]、琐罗亚斯德、穆罕默德以及除此之外那么多建立现代崇拜活动的人，他们的历史所教诲的是，一切宗教都可以被认为是政治制度，对民族的幸福有着巨大的影响。因此我设想，由于人类的心灵仍然不时创造出新的宗教，为了尽量降低它们的危害，指出一个在塑造它们时应当遵循的计划，这就很重要了。

所有的宗教都是虚假的，除了基督教；但我不想把它与教皇制混为一谈。

第十二节　教皇制属于人为的制度

在明智之士眼中，教皇制只不过是偶像崇拜(32)。当罗马教

---

[32] 这听起来很荒唐，但每个人都做过这种荒唐的断言。对我和其他人的嘲笑都是因骄傲而起。如果每个人都认为他的宗教最好，这是因为每个人都自忖道：**和我想法不一样的那些人，都是错的**。我表述自己观点的方式与他人无异。

[33] 努玛指的是罗马国王努玛·庞庇里乌斯(Numa Pompilius，公元前753—公元前673)，古罗马宗教中祭司制度的组织者。——中译者注

廷厚颜无耻地利用这一宗教，将之作为满足其贪欲和野心的工具，用来实现教皇们的罪恶谋划，准许他们的贪婪和骄矜，罗马教廷无疑是把它仅仅当作一项人为的制度的。但教皇的党徒却宣称：这些非难都是毁谤。

为了证明所言非虚，我要问，当那些隐修会的首领为了中饱私囊，并为修道院聚敛财富，因而禁止僧人在圣地安葬那些没有给予他们遗赠的人时，他们有可能同时也把他们的宗教视为神圣的吗？身为穷苦大众的管家，他们本应在穷人中间分配物资，但当他们摇身一变成了这些物资的所有人(33)时，我要问，他们自己有没有被那些公开宣扬的教义蒙蔽呢？当教皇们宣称自己是美洲诸王国的分配者，但他们对这些王国其实并不拥有权利；当他们凭着一条分界线在西班牙人和葡萄牙人之间划分了世界的一部分(34)；最后，当他们妄自尊大，对君主们颐指气使，就世俗事务向他们发号施令，随心所欲地处置他们的王冠，我要问，他们真的认为自己是在行使正义、发扬人道吗？教皇的党徒啊！考察一下你的教会在一切时代里的所作所为吧。它是不是试图在每一个王国里都拥有一支隶属罗马的戍卫军，并让许许多多的人都依附于它的利益？（每一个野心勃勃的教派都这么做。）它已经设立了许许多多的宗教团体；建立了许许多多的修道院，并在里面塞满了人；最后，它巧施策略，把教会组织的民兵驻扎在那些建立了教会的国家里面。

那令教会渴望增加世俗教士的动机，也增加了圣礼圣事，而人民为了接受它们，不得不提高司铎的数目。它们很快便和埃及的蝗虫一样多。跟它们一样，他们也把庄稼吃得一干二净。维持这些在俗的和常规的司铎，要以摧残那些信奉天主教的民族为代价。为了使这些司铎与教会利益更加难解难分，独占他们的爱慕之情，教会强迫他们过着独身的生活，既没有妻子也没有孩子；但又让他们安享奢华，对自己的生活状态愈加感到满意。这还不是全部：为了更进一步增加它的财富和权力，罗马教廷以圣彼得或其他某个人的名义，在每个国家竭力募集献金。凭借这种方法，它事实上是在地上与天堂之间开了一个银行，打着赎罪券的幌子，接受那些为了清偿以天堂之名开出的账单而自愿向宗教团体支付的现金。

现在，我们已经见识到，在每一个时代，僧侣势力中的人物为了满足对财富和权力的贪欲而牺牲了美德：当我们读到教皇的历史，目睹他们的政策、野心和习性——简言之，目睹他们的一切行为——并发现它与福音书上的规定差别是如此之大，我们怎么能想象，除了占有地球上一切权力和财富以外，这一宗教的首领还有任何别的想法？(35)

在考察了僧侣、教士和教皇的习性和行为之后，我认为，新教徒为了维护自身信仰以及民族利益，可以表明教皇制永远只是一项人为的制度。但是宗教迄今为止为什么只适用于局部呢？有没有可能去设想一种能够得到普遍推行的宗教呢？

第十三节　论普遍宗教

普遍宗教只能建立在永恒不变的诸原则上，这些原则得自人类与事物的天性，并和几何命题一样，能够得到最严格的论证。有这样的原则吗？它们能适用于一切民族吗？是的，毫无疑问。即便有变化，那也只是一些具体应用方面的变化，这些原则被运用于不同的国家，而偶然性则在其中安排了不同的民族。

但是，在那些适合于所有社会的原则或法则之中，第一条，同时也是最神圣的一条是什么呢？那就是：确保每一个人各自的财产、生命和自由。

当一个人对其土地的所有权并不确定，他就不会开垦他的田地，他也不会种植他的果园：整个民族很快就饥馑肆虐，饿殍遍野。如果一个人对其生命和自由的所有权并不确定呢？他终日担惊受怕，无精打采，萎靡不振，他只关心自己人身的完好无损，全神贯注于自身，从而不会留意那些身外之事：他不会探究人的科学，不会在意自己的欲望和激情。然而，正是从这些预备性的知识，我们才演绎出最有利于公共繁荣的法则。

是什么样的命运使得那些对社会如此必要的法则时至今日仍不为人所知？上天为何到现在还没有揭示它们？我的回答是，上天要求人类凭借理性通力合作,实现人类自己的幸福,以及地球上无数社会的幸福(36);并要求那些立法领域的杰作出自天才与经验之手,正如其他科学的杰作一样。

上帝向人类宣示,我已创造你,我赋予你感知、记忆,继而理性。你的理性,先因需求变得敏锐,再因经验受到启蒙,此后,理性将营养提供予你,教你耕地,教你用更好的方式劳动,教你用更好的方式耕作,一言以蔽之,教你用更好的方式运用关于首要必需品的一切知识;这些是我的意志。改进这理性,你可以了解我的道德意志,即是说,了解你对社会承担的义务,了解维持秩序的手段,最后,了解尽可能好的立法方式;这些也是我的意志。

唯有这种自然宗教才是我想让人类的心灵达到的高度。只有它可以成为普遍的宗教,也只有它可与上帝相称,被加盖上上帝的印章,它也与真理相称。其他一切宗教都被打上人为和作伪的印记[34]。出于上帝公正而善良的意志,地球上的子民应是幸福的,应享受着与公共福利相协调的每一种快乐。

这是真正的崇拜,哲学应当将它揭示给世人。属于这一宗教的圣徒,只能是那些将人道精神发扬光大的人;譬如利库尔戈斯,梭伦,西德尼[35],那些发明了某种有用技艺的人,或是创造了某种崭新的,但有利于普遍利益的快乐的人;而那些被当作恶棍而被拒斥的,只有社会的敌人,以及与快乐相对抗的人。

有朝一日,司铎[36]会成为这一宗教的使徒吗?他们的利益阻止他们这样做。由其政策招致的阴云笼罩在道德和立法(它们本质上是同一种科学)原则的上空。可靠的道德必须建立在绝大部分宗教的废墟之上。上帝啊,但愿那些被雄心壮志鼓动起来的司铎

---

[34] 这显然只是对自然宗教作出的理解,而与那获得启示的宗教无关;因为这里的问题并不在于天启宗教是真实的还是虚假的,而在于,未来普遍有用的自然宗教可能以何种方式被建立起来。

[35] 西德尼(Algernon Sidney, 1623 - 1683),英国政治家与共和派政治理论家,著有《论政府》一书。——中译者注

[36] 作者这里指的是天主教司铎,他在每一处显然指的都是他们。——英译者注

曾在构成人类的本原中寻找不变的法则，而自然和上天正是通过这样的法则指导人们为社会带来幸福！上帝啊，但愿宗教体制可以成为公共福祉的雅典娜神像[37]！对这些法则的照管应当托付给司铎。那么他们将会享受以公众的感激为基石的显赫与荣耀。他们可以在自己生命的每一天自忖道：因为我们，人类才幸福。可对他们来说，如此这般的显赫，如此这般长久的幸福却显得微不足道、令人鄙夷。圣坛上的司铎啊！你可以成为那些兼具理智与美德之人的偶像！你们却选择去号令那些顽固不化、奴颜婢膝的人；你们成了民族的瘟疫，成了致使他们不幸的工具，成了真正道德的摧毁者，把自己变成优秀公民深恶痛绝的对象。

真正的自然宗教只能是以真实原则为基础的道德。然而，如果有一些人，它们不知餍足的轻信只能依靠神秘宗教来满足(37)；那就让那些以奇迹为友的人在这类宗教中，找到对社会危害最少的那一个吧。

第十四节　论那些宗教如若缺少便会妨碍民族福祉的条件

一种宗教如果不宽容，它的崇拜活动又要付出很大的代价，那它毫无疑问是一种有害的宗教。随着时间的流逝，它的不宽容必定会锐减民族的人口，声势浩大的崇拜活动必定会散尽民族的财富(38)。在信奉罗马天主教的国家中，估计有将近一万五千所修道院，一万两千所小修道院，一万五千所小教堂，一千三百所大修道院，九万名司铎在四万五千个教区里供职，除此之外，还有无数的修

---

[37] 雅典娜也被称为帕拉斯·雅典娜(Pallas Athena)，而她的神像则被称为palladium。相传当伊拉斯最初建造特洛伊城时，他祈求宙斯赐福于这座城市。宙斯听到祈求后，尊木制的雅典娜像从天堂落到了城墙里。人们将它称作雅典娜神像。这尊木像担任着保卫和看守城市的任务。在祭神的宗教仪式中，它在欢快的气氛和赞美的歌声中被抬着走过城市的所有街道。——中译者注

道院院长、教师及教会人员，总共至少有三十万人，他们的开支[38]可

---

[38] 在每一个容纳着三十万僧侣、助理司铎、司铎、咏礼司铎、主教等等的国家，他们在衣食住宿等方面，必定给这个国家带来平均每人每天半克朗的开支。因而，司铎阶层向这个民族募集的钱财，包括租金、什一税、津贴、大宗物品的输入税、教堂与小教堂的维修费、教区与修道院的金库、教堂中的座位、祭品、婚礼、洗礼、葬礼、捐助、豁免、传道等等项目，其总额简直骇人听闻！

单就教士们从已开垦的土地中攫取的那些什一税而言，它们差不多与全部的土地所有者所获得的一样多。在法国，一阿邦（一阿邦的面积等于一百平方杆，长宽各十八英尺。——英译者注）的已开垦土地，以五先令六便士的价格出租，产出大约二十或二十二米诺的玉米，一米诺相当于三蒲式耳。（阿邦[arpent]为法国旧面积单位，米诺[minot]与蒲式耳[bushel]均为法国旧容积单位。杆[perch]为英国旧长度单位——中译者注）司铎为收取他的什一税而取走两米诺；这两米诺，或六蒲式耳的价格好坏年头平均下来为八或九先令。司铎还取走大约共计五先令的秸秆；此外，为燕麦而收取的什一税以及取走的秸秆共计二十便士或两先令：司铎从同一块土地上三年一共取走了十五先令，而同一块土地的所有者在同一时间段所获得的产出只值十六或十八先令，他从中还要支付什一税，维持农庄，弥补未出租土地的不足，补偿农夫的损失，等等。

很容易便可从上述计算判断出教士阶层的庞大财富；假设我们把数量降低到二十万呢？供养他们的费用平均每日可达两万五千英镑，因而平均每年可达九百一十二万五千英镑。那么，这笔总额可以维持一只怎样的舰队或军队呢？因而，一个明智的政府，不可能想着去维持某个给臣民带来如此庞大的耗费与负担的宗教。在奥地利、西班牙和巴伐利亚，甚至可能还有法国，司铎（减去那些付给年金领受人的好处）比主权者还要富有。

对这种滥用有什么补救措施吗？只有一个：那就是减少司铎的数目。但是有些宗教（天主教即属于这一类）的崇拜活动需要为数众多的司铎。在这种情况下，必须对崇拜活动加以改变，或至少减少圣事圣礼的数目。司铎的数量越少，为供养他们而必需的资金也就越少。但这些资金是神圣的。为什么？因为他们中的一部分是从穷人那里篡夺过来的吗？教士只是这些资金的保管人。虽然不应该向这些资金课其他的税，但必须征收那些对政府来说必不可少的税。我进一步观察到，世俗势力被明确地委以照管人民之世俗幸福的重任，它有权利去监管那些留给穷人的遗产，至于僧侣从穷人的手中诈取而得的全部资金，它也有权单独打理。这些资金要用来做什么呢？用来给予那些不幸的人以实实在在的帮助；或是通过慈善捐助，或是通过减免税收，或是通过购入小宗物品，并把这些物品分配给那些一贫如洗的人，使他们成为财产所有人，以此将他们塑造成公民。（这些冗长的注释可能不会给一个英国人带来很多乐趣。但当他想到，目前居住在这个国度中的人比他们仅仅数个世纪以前的祖先要幸福得多，这些注释应该会给他带来显而易见的快乐。——英译者注）

以维持一支令人生畏的陆军和海军。给一个政体带来如此巨大耗费的宗教(39)不可能长期作为一个开化启蒙、长治久安之民族的宗教(40)。臣服于这种宗教的人只是为了让司铎过着安逸奢华的生活才去劳动；它的每一位居民也只能是听命于僧侣势力的奴隶。

因而，宗教若想变得有益，则应当是宽容而俭朴的(41)。它的教士不应该骑在人民头上作威作福。对司铎的畏惧降低了心灵和灵魂的品格：它把一个弄得像野兽，另一个弄得像奴隶。祭坛上的司铎总要佩戴着剑吗？因他们的不宽容而造成的野蛮究竟能不能被遗忘？由不宽容抛洒出的鲜血还要继续浸湿地球！单就公民的宽容而言，它并不足以确保各民族的和平，除非教会人员也有相同的意向。每一个教条都是播撒在人们中间的种子，它们引发混乱，制造不公。什么是真正宽容的宗教？它和异教一样没有教条，或者和哲学家的宗教一样可以被还原为可靠而高贵的道德；它有朝一日毫无疑问会成为普世的宗教。

进而，温雅与仁慈应当是该宗教的必要条件；

它的仪轨不应当包含任何阴郁或苛刻的东西；

它应当不断呈现声势浩大的演出场面，安排惹人喜爱的节日庆典(42)；

它的崇拜活动应当激发激情，但只是那些有助于公共效用的激情；扼杀这些激情的宗教只会产生一些暹罗和尚(Talapoin)、东亚佛僧(Bonze)或印度的婆罗门(Bramin)[39]；但从来不会产生英雄、杰出的人物以及高尚的公民。

令人愉悦的宗教对最高存在者的善意抱有崇高的信心。你们为什么要把他弄得像一个东方的暴君？为什么要让他对一点点小错施以永罚？为什么要在恶魔的肖像下面放上神圣者的名字？为什么用恐惧把灵魂压得透不过气，破坏它的活力，把耶稣的崇拜者变成了面目可憎、胆小如鼠的奴隶？正是恶毒之人，绘制了一幅恶毒

---

[39] Talapoin是十八世纪欧洲人对泰国佛教和尚的称呼，Bonze指的是中国或日本地区的和尚，Bramin指的是印度教中的婆罗门。——中译者注

上帝的肖像。他们的虔诚又是什么？不过是遮掩罪恶的面纱罢了。

如果有一个人，他正直，对待自己的兄弟充满仁爱之情，并因才学和美德而不同凡响，却并不确信上天给予的恩惠：如果某个一闪而过的欲念，一次激情的发泄，或是漏做了一次弥撒，就会让他再也得不到上天的恩惠；这样宗教就背离了它的政治目的。

不要把上天的奖励赏给无聊琐碎的宗教活动，它们用渺小的观念表达永恒者，用虚假的构想表达美德。永远不要把它的奖励赏给禁绝饮食、身着粗衣、盲目屈服以及自我斥责这些活动。

把这些活动列为美德的人，同样可以把在绳子上蹦蹦跳跳、杂耍舞蹈加进来充数。一个小伙子是鞭笞自己还是冒险一跃，这对公众来说又有什么两样呢？

既然之前把狂热的情绪神化了，那现在为什么不把公共的利益神化呢？为什么这一神圣者没有属于它的崇拜活动、庙宇和祭司呢？(43)最后，为什么把自我否定当作美德呢？人道精神是人类当中唯一一个真正崇高的美德：它是最重要的一个，或许也是唯一一个宗教应当从人类身上激发起的美德，因为它涵盖了所有其他的美德。

让人道精神受到修道院的敬仰吧：后者更青睐隐修生活的懒散与卑微(44)。但这种谦卑应该成为民族的美德吗？不：高贵的骄傲永远是声名显赫的民族所拥有的美德。希腊人和罗马人正是带着一种鄙夷的精神看待那些像奴隶一样的民族；他们对自己的勇气和力量抱有一种适当而高傲的看法，正是这种看法与他们的法律相配合，使他们有能力征服全世界。[40] 人们会说，骄傲使人眷

---

[40] 罗马人把他们的得意处境大部分归功于这种精神，这是非常确定的；但是，他们是否正确地利用了这种精神，或至少没有将之过度发挥，这就不那么确定了；正如博林布鲁克勋爵在其《关于历史研究的信札》中论及罗马民族时所观察到的那样，在他们南征北战的军事生涯中，当他们尚未明白何谓适度时："不知餍足地渴求军事威名，没有限度地追求帝国扩张，毫无节制地信任自己的文功武略，狂妄地蔑视自己的敌人，在从事一切事业时都飞扬跋扈、自视甚高，这些在彼时构成了罗马人的显著性格；而它们的贤者却未尝懂得，美德在过度中退化成恶德。"——英译者注

恋这片土地。那这样就更好了，这样骄傲就是有用的。让宗教反其道而行之，使人更加眷恋大地上的事物吧；让每一个公民都忙于提高祖国的繁荣、荣誉和权力吧；让宗教为那些提高大多数人福利的行动大唱赞歌，庇佑所有有用的机构，决不摧毁它们。但愿精神势力与世俗势力的利益能够永远合而为一；但愿这两股势力能够像在罗马那样重新统一在执政官的手中(45)；但愿上天的呼声能就此而成为公共利益的呼声；但愿神谕能够肯定每一条有利于人民的法律！

第十五节 在各种伪宗教中，哪一个对社会的幸福造成的危害最少？

我首先要提到的是异教徒的宗教：但是在其建制之时，这种徒有其表的宗教只是大自然的寓言体系。萨图恩是时间，塞雷斯是物质，而朱庇特是不断生成的精神(46)。[41] 神话中的一切传说只不过是某些自然本原的象征。如果我们把它视为一种宗教体系，那么这种在不同的名号下崇拜神圣者之不同属性的做法又有什么荒谬呢？[42]

在供奉密涅瓦、维纳斯、玛尔斯、阿波罗和命运女神的神庙里，人们崇拜的是谁？是朱庇特。人们依次认为他智慧，俊美，充满力量，启蒙世界并给世界带来勃勃生机。以圣欧斯塔彻、圣马丁或圣罗克的名义建起供奉最高存在者的神庙，是不是就更理性了呢？异教徒在木制或石制雕像前下跪，天主教徒亦如此；如果我们可以从外表上加以判断，那他们往往对他们的圣徒比对永恒者表现出了更多的敬仰。

我愿意承认，异教是最荒谬的。一个宗教若是荒谬的，那就是

[41] 萨图恩(Saturn)、塞雷斯(Ceres)和朱庇特(Jupiter)均为罗马神话中的神祇，分别是朱庇特的父亲、谷物之神与众神之王，对应着希腊神话中的克洛诺斯、德墨忒耳与宙斯。——中译者注

[42] 我们对异教的荒谬感到震惊；总有一天，后世对教皇党徒所信奉的宗教会更感到震惊。

错误的：它的荒谬可能会造成有害的后果。然而，这种错误并不是最为致命的；如果它的原则并不与公共利益格格不入，如果制定的准则会对法律与普遍效用有益，那么它甚至是所有其他宗教中危害最少的那一个。这就是异教。它从不反对爱国的立法机构做出的筹划。它不带教条，因此是仁爱而宽容的。执政官们最不经意的关注便可阻止异教各教派之间的论争甚至战争。而且，它的崇拜活动无需众多的祭司，所以并不必然会给国家带来负担。

异教徒的拉瑞斯[43]或其他家内之神，对个人的日常崇拜活动而言便足够了。在大城市中建立起来的寺庙，一些祭司学院，一些声势浩大的节日庆典，对他们理性的信仰而言也足够了。这些节庆在摆脱了农村劳作的假日中举办，它给予居民们一次拜访城市的机会，就此成为一段充满快乐的时光。虽盛况非凡，但难得一见，因而花费极低。所以，异教根本不像教皇制那样麻烦。

这种感官层面的宗教最适合人类，最方便产生一些强烈的印象；时而在人民中激发起这些印象，对立法而言是必要的。想象力因此处于持续的活动之中，大自然向诗歌帝国俯首称臣，而诗歌则让世界的每一处都洋溢着生机。高山的顶峰、宽广绵延的平原、密不透风的森林、水源处、河流的源头、海洋的深处，各自聚集着欧瑞阿得斯们、法翁们、纳帕埃们、哈玛德瑞德们、特里同们，以及涅瑞伊得斯们的身影[44]。男女神祇与凡人们交往，参加他们的盛宴，与他们并肩作战，亦为他们的情事所纠缠；尼普顿与埃塞俄比亚国王共进晚餐。仙女与英雄在神祇中就坐。拉托娜拥有自己的祭坛。

---

[43] 拉瑞斯(Lares)，古罗马神话中的家神，与其他家神一道享有特别的尊崇和祭献。——中译者注

[44] 俄瑞阿得(Oread)、法翁(Fauns)、纳帕埃(Napaeae)、哈玛德瑞阿得(Hamadryad)、特里同(Triton)以及涅瑞伊得斯(Nereid)分别是罗马神话中的山岳女神、农牧之神、森林女神、树木女神、海之信使以及海洋女神。该段之后提到的尼普顿(Neptune)是海神，拉托那(Latona)对应于希腊神话中的勒托(Leto)，她是代表母性的神，也是宙斯众多的配偶之一、阿波罗与阿尔忒弥斯的母亲，赫拉克勒斯(Hercules)是希腊神话中完成了十二项伟绩的、最著名的英雄，而赫柏(Hebe)则是希腊神话中的青春女神。——中译者注

被奉为神明的赫拉克勒斯娶赫柏为妻。这些扬名四海的英雄居住在极乐世界的原野上和树丛里。先知们丰富多彩的想象装点着这些原野，给那儿送去妖冶迷人的女伴，而这些原野则是各种杰出人物的住处。正是在那儿，阿克琉斯、帕特洛克洛斯、埃阿斯、阿伽门农以及所有那些在特洛伊的城墙下作战的英雄们仍然投身于军事操练；正是在那儿，品达与荷马仍然称颂着奥林匹克运动会和希腊人的英勇业绩。

诸如此类的操演和颂歌已经成为了世间的英雄和诗人们从事的职业，总之成为了他们的偏好，即便在阴间也与之形影不离。他们的死亡只不过是他们生命的延续。

按照此种宗教的教义，这些异教徒最热切的欲望、最中肯的利益必定会是什么呢？以自己的才能、勇气、正直、慷慨，以自己全部的美德为国家尽心尽力。对他们而言，要紧的是博得那些自己死后将与之一道生存的神明的青睐。这一宗教远远没有浇灭那些由明智的立法唤醒的对美德与才能的热情，它强烈地激发着这种激情。古代立法者笃信激情的效用，并不想压制这些激情。在一个无欲无求的民族里，你会找到什么样的人呢？商人，船长，战士，文人还是有能耐的大臣？都不是：除了僧人，你什么人也找不到。

一个懒散、胆怯、贫穷又无知的民族生来即臣服于任何一个有足够的胆量给他们带上镣铐的邻居。人必须要有激情，而异教并不熄灭人身上这一团神圣而活力涌动的火焰。与希腊人和罗马人略微不同，也许斯堪的纳维亚人用一种更富成效的方法将人类引入美德之途。名誉之神是该民族的神。居民们期望从这唯一的神祇中得到他们的奖赏。每个人都期盼成为名誉之神的孩子。每个人都尊崇那些对荣誉加以分配的游吟诗人，以及那些隶属于名望神殿的祭司。[45] 游吟诗人的沉默令武士们，甚至君主们都望而生

---

[45] 这一宗教相对于其他宗教的优势是无法估量的，因为它只奖赏那些对我们的国家有益的才能和行动；而其他宗教中的天堂，奖赏的是禁食、隐居、斥责以及其他对社会毫无益处的愚蠢德性。

畏。一个人若不是名誉之神的孩子，则命中注定要受到轻蔑。诗人对阿谀奉承一无所知。那时，自由国度中的这些朴实而正直的居民还没有用谄媚的颂词自降身价。公众的敬仰若没有将某个名字奉为神圣，他们之中就没人胆敢为之大唱赞歌。为了博得公众的敬仰，一个人必须要向他的国家提供服务。因而，虔敬而强烈地渴求名望永存，这刺激着人们凭着他们的才能和美德成为杰出之士。这样一种宗教比异教更为纯洁，与此同时，还会有什么好处是它无法带给一个民族的呢？

但是，这类宗教会在一个已然成形的社会中建立起来吗？众所周知，民众依附于盛行的崇拜活动，他们对新兴崇拜的恐惧挥之不去。有什么方法能够改变既定的看法呢？

这一方法可能比想象中的简单得多。如果在一个民族中，理性得到了人们的接受，它将会用那名誉之神的宗教取代其他一切宗教。即便只是采用了自然神论，这对人道精神难道不也是大有裨益的吗㊻？但是，献给神圣者的崇拜活动，会历时久远也不变质吗？人们卑躬屈膝，奉迷信为宗教。为永恒者兴建的庙宇很快便用来供奉他的若干完美品质；而无知又从这些品质中制造出一样多的神。即便如此，也先让执政官允许它们发展，不过执政官要悉心指引着无知、特别是迷信的演进过程，一旦到了上面所说的那种地步，就让他对此始终倍加留意，让他观察它所采纳的形式，不让每一个与可靠的道德——也就是说，与公共的效用——相龃龉的教条和原则树立起来。

每个人都羡慕他的声名。如果这位执政官身兼议员和祭坛上的祭司二职于一身，就像在罗马那样(47)，那么在他身上，教士的角色就会一直从属于议员的角色，而宗教亦会一直从属于公众的幸福。

圣皮埃尔修道院院长曾言，教士只有作为道德长官，才能有实实在在的用处。现在，除了执政官，还有谁更能担此重任呢？除了他，还有谁更能显现出着眼于普遍利益的动机呢？而那些特定的

㊻ 换句话说，一个人与其做教皇的党徒，远比不上做自然神论者：对基督教一窍不通，也比将之运用于歪门邪道好得多。——英译者注

法律，以及把个人的幸福和公众的幸福难舍难分地维系在一起的纽带，正是建立在普遍利益的基础上。

由议会从事的道德教导难道不会对人民的心灵施加影响吗？而后者难道不会饱含敬意，接纳前者的决定吗？唯独从立法团体，我们方可期许一种良善的宗教，它更加宽容，不事铺张，它止于宏伟与肃穆之物，不提供其他各种关乎神圣者的观念：它激起灵魂对才能和美德的热爱，最后，这种宗教与立法一样完全以人民的福祉为鹄的。让贤明的执政官们具备世俗与精神的力量吧，让宗教原则和爱国原则之间的矛盾都消失得无影无踪吧：每一个人都将采纳关于道德的不二原则，都会对一门科学形成相同的观念，在这门科学中，让每个人接受同等的教育是多么重要啊。

也许，在对伪宗教做出那些为人类的幸福所必需的改变之前，许许多多的时代已成往昔。时下发生的是什么呢？人们只有混乱的道德观念：他们把造成这些观念的原因追溯到各异的情境中，追溯到偶然性的摆布，而偶然性从来不让两个人遭遇一系列恰好相同的环境，也绝对不许他们接受相同的教导、习得相同的观念。在此总结如下：根据实际的观察，不同的人在知性上是不平等的，但这并不能证明这些人在获取知性的天资上也是不平等的。

前言及第一章注释

(1) 关于人的科学是哲学家的科学；而政客却认为自己在这一方面远比哲学家有发言权。他们确实对内阁里的阴谋知道得更多，所以对自己的能力自视甚高。如果他们想了解自己的价值，那就让他们对人加以论述，发表观点：公众对他们的敬仰会让他们明白应该对自己抱有怎样的敬仰。

(2) 大臣比哲学家更明白事务的细微之处。他对这一行的了解更为广博：但是后者拥有更多的闲暇去研习，并比大臣更能洞察人的内心。他们注定要通过不同类型的研究互相启发。倡导公共福利的大臣应当成为文学的朋友和保护人。在巴黎，在禁止印刷除了教义问答和年鉴历书之外的任何东西之前，据说正是因为有识之士们数不清的小册子，法兰西才从谷物出口中获益。科学界人士曾论证了这种好处，时任财政管理一把手的大臣也接受了他们的提议。

(3) 无论教育可以臻至何种完善程度，我们都不能幻想所有接受过教育的人都可以被造就成天才。凭借教导之功，人们可以得到鼓励去力争上游，他们会日趋专注，向人道精神敞开内心，向真理敞开心灵；一言以蔽之，即便不是每个人都被造就为天才，至少也能成为具备知性和感受能力的人。随着本书的展开，我将要证明，这就是一门得到改良的教育科学所能完成的，如此就已足够。一个大体上由这类人构成的民族，必定会执牛耳于宇内。

(4) 在维也纳、巴黎、里斯本，以及所有的天主教国家，允许出售的有歌剧、戏剧、浪漫传奇，甚至还有一些几何学和医学方面的优秀著作；但是就所有其他种类的书籍而论，那些具备着更高价值的，并且这种价值也得到欧洲其他各地认可的作品，却被禁止了。伏尔泰、马蒙泰尔[47]、卢梭、孟德斯鸠等人的作品即为此类。在法国，审查机关的认可，几乎相当于给作者的愚蠢颁发了一道资格证明。它宣称此书不会招致敌人，一开始就会得到人们的认可与接受，但这是因为没人会在这本书上面浪费力气，它不会激起人们的妒忌，也不会伤害任何人的尊严，除了一些尽人皆知的东西以外什么也没有。其出版之时所得到的交口称赞，几乎也就排除了未来得到同样称赞的可能。

(5) 一条英国的俗谚云：经院哲学家是一头彻头彻尾的蠢驴，既不如基督徒那般温和，也不像哲学家那样理性，更谈不上像朝臣那样友善，他们无非是人们嘲弄的对象罢了。

(6) 经院哲学家的学问是什么？滥用词语，好让它们的意指变得模棱两可。正是借助于某些粗野的术语，魔法师们一度摧毁了被施咒的城堡——至少表面上如此。而经院哲学家则承袭了远古魔法师的力量，借助于一些莫名其妙的词语故伎重施，把科学的外衣授予最荒诞不经的空想。如果有一种方法能摧毁他们的魔咒，那就必定是勒令他们对其使用的词语下精确的定义。而一旦迫使他们把清晰的观念附加在那些词语之上，其学问所具有的魔力也就消失了。因此，一部作品如果一再使用这个学派的行话，那它都不应当得到我们的信任。而对那些拥有清晰观念的人来说，大家共同使用的语言已经足够了。一个信任人类、而非欺骗人类的人，就应当使用人类的语言。

(7) 道德科学和政治科学只有在极少数国家中才得到研究。人们几乎不允许年轻人把心灵贯注于这类课题。司铎不愿意他们养成推理的习惯，**“理性的”**几乎与**“不虔信的”**同义。教士估计是怀疑，那些为信仰辩护的论据就像墨丘利[48]的小翅膀一样脆弱无力，根本无法支持信仰。马勒伯朗士[49]说，要成为

---

[47] 马蒙泰尔(Jean-François Marmontel, 1723－1799)，法国历史学家和作家，百科全书派成员。——中译者注

[48] 墨丘利(Mercury)，罗马神话中司商业、旅行、通信、雄辩等领域的神，同时也是众神的使者。他的形象一般是头戴一顶插有双翅的帽子，脚穿飞行鞋，手握魔杖，行走如飞。——中译者注

[49] 马勒伯朗士(Nicolas de Malebranche, 1638－1715)，法国著名神学家和哲学家，笛卡尔学派代表人物。——中译者注

一个哲学家，我们必须清楚地看；要成为一个真正的信徒，我们必须盲目地信。马勒伯朗士没有意识到，他把他的坚定信徒当成了傻瓜。事实上，愚蠢的盲信在于什么？就在于在没有足够证据的情况下去信。这里，有人会跟我提及那位煤炭商人的信仰。[50] 他的处境很特殊。他与神对话，神赐予他内在的光明。除了这位煤炭商人，其他任何一个人若是对盲目的信念和基于**道听途说**的信仰加以吹捧，那他就是走火入魔了。

(8) 有时，我们可以用讽刺绘画聊以自娱。没什么比这更有意思了。每一件优秀的讽刺作品都要以作画者敏锐的洞察力为前提。那么社会对他有什么亏欠的呢？社会亏欠他的是表达感激的颂扬，因为他的讽刺揭露了某一方面的缺陷，从而驱逐了邪恶。这种讽刺在多大程度上驱散了邪恶，它就在多大程度上配得上人们的喝彩。不过，一个把这件事情看得过分重要的民族，本身就应当受到讽刺。一位英国作者说道："某个公民有着独特的癖性——一个花花公子过分挑剔着装，一个风情女子举止矫揉造作，这又有什么影响呢？她把脸蛋儿涂白、上色、饰以美人斑，和她时髦的情人躺在一块儿，这和我的财产秋毫无犯；不断摇晃的扇子也不会伤害到我的身体。"一个民族过多纠缠于女人的卖弄风情或花花公子的纨绔习气，那它显然是一个轻浮无聊的民族。

(9) 所有的民族都对法国人的轻浮无聊表示谴责。萨维叶先生曾言："如果说法国人轻浮无聊，西班牙人肃穆而迷信，英国人严肃而深邃，那这些特性都是其政府形式的产物。那些过分挑剔廉价饰物与着装打扮的人应当在巴黎安家落户，喜欢用纪律约束自己、眼睁睁看着自己的兄弟被活生生烧死的人则应当于马德里和里斯本定居，最后，愿意做出思考、以及运用那把人类和野兽区别开来的能力的人，则应当生活在伦敦。"根据这位作者的说法，"只有三个题目值得考虑：自然，宗教与政府。"他说："既然法国人不敢思考这些题目，他们的书籍在男人看来便食而无味，只能成为女人的娱乐工具。只有自由才能让一个民族的精神升华，而民族的精神就是该民族的作家的精神。法国人的心灵则羸弱不堪。法国人中，我所留意的唯一一位难能可贵的作者，是蒙田。他的同胞公民们中极少有人配得上去尊敬他。为了感受他，我们必须思考，而

---

[50] "煤炭商人的信仰"(the faith of Charbonnier)指"盲目的信仰"，是法语中的一个习惯表达法。十七世纪的语法学家弗莱里·德·贝兰根(Fluery de Bellingen)曾在一个故事选段中对该习语的起源做了说明："某天，撒旦对一个不幸的煤炭商人问道：'你信仰什么？'这个可怜的人回答：'教会信仰什么，我就信仰什么。'撒旦执意询问：'那教会信仰什么？'这个人回答：'我信仰什么，教会就信仰什么。'恶魔只是白费力气而已，他几乎什么也没得到。面对着煤炭商人的执拗，他羞愧地离开了。"这位煤炭商人用盲信挫败了撒旦的企图，故爱尔维修在这里对他加以"称赞"。——中译者注

为了思考,我们必须自由。[51]”

(10) 耶稣会士提供了一个有关教育之巨大威力的显著例子。如果这一团体几乎没在艺术或科学领域中产生过什么天才,如果他们在物理学领域没有牛顿,在悲剧领域没有拉辛,在天文学领域没有惠更斯,在化学领域没有波特[52],没有培根、洛克、伏尔泰、拉·封丹等等,这并不是因为这个团体的善男信女从来都没有在他们的学者中发现那些显示出巨大天资的人。并且,因其学院宁静安谧,耶稣会士的研习不受任何业余爱好的搅扰,他们的生活方式也最有利于才能的培养。那他们为什么并没有给欧洲输送才俊呢?这是因为,耶稣会士身边满是耽于幻想、偏执顽固的人,他们只敢亦步亦趋地跟在上级的后面。更重要的是,他们被迫让自己经年累月地学习决疑法和神学,健全的理性对这类研习深恶痛绝,可这类研习摧毁了健全的理性对他们的益处。这些坐在长凳上的人怎么可能保有公正的判断呢?诡辩的习惯肯定会败坏这种判断的。

(11) 如果所有的萨瓦人在某种程度上有着相同的性格,这是因为偶然性把他们置于几近相同的情境中,他们几乎全都接受近乎一样的教育。为什么他们都四处奔波呢?因为没钱就无法生活,而他们在国内并没有钱。为什么他们都辛勤劳作?因为在他们移居的国家里,他们既得不到援助,也不受保护,而面包只有靠辛劳才能获得。他们为什么忠诚而勤奋呢?因为要比当地人优先获得工作,他们就必须比当地人更加勤奋和忠诚。最后,他们为什么那么节俭呢?因为和其他人一样,他们对祖国有眷念之情,他们出去的时候是乞丐,回来的时候是富翁,依靠积累下来的财富过活。因此,如果我们殷切盼望从青年人的身上激发出萨瓦人的美德,那要做些什么呢?将他置于类似的情境,把他所接受的一部分教育交由不幸与穷困处置。在一切教导者中,唯有穷困,其教训总是得到聆听,其建议总是行之有效。但如果民族风俗并不允许他接受这种教育,那要用其他的什么去取而代之呢?我不知道,其他的办法都没有如此确凿的效果。因此,如果他并没有养成我们希望他拥有的美德,那我们也不应该感到惊讶。既然教育不足,那面对失败的结果,我们又有什么好大惊小怪的呢?

(12) 莎士比亚只演好过一个角色,这个角色就是《哈姆雷特》里的幽灵。

---

[51] 在对蒙田的著作所表示的普遍尊崇中,我猜有很大一部分是源于他那无与伦比的坦诚。我们看到他内心深处的想法。当真理并不与我们的利益相悖时,人类心灵中便存在一种想要获得真理的巨大胃口,以至于无论我们在哪儿看到真理,我们必定会感到愉快。蒙田把他想到的一切写了下来,大多数作者只是把他们认为能够讨好读者的一切写了下来。——英译者注

[52] 波特(J. H. Pott),德国化学家,1746 年从明矾中提取出纯氧化铝。——中译者注

(13) 参见莫雷利[53]《历史大辞典》中的节录，以及《知识界》[54]1685年一月刊中的节录："法国人拥有伟大的高乃依，实乃归功于一位于鲁昂被赋予梅里特之名的女士。"类似地，英国人拥有那位著名的贺加斯[55]，也是由于一段爱情。

(14) 大多数天才想让人们相信他们是"英雄出少年"，这是他们的一个小小的缺点。他们是想让自己看上去仿佛属于某个比其他人更加优越的种族吗？就算是这样吧。我们不要在这个问题上跟他们的虚荣争来争去，不然会冒犯他们；但我们也不要轻信他们的断言，否则就是在自欺。没有什么比这种最初的预兆更虚无缥缈的了。牛顿与丰特奈尔最初只是资质平平的学生。课堂里挤满了聪慧的孩子，世界却塞满了蠢货。

(15) 赞助人的生死，他的恩惠或失宠，都常常决定着我们未来的状态和职业。有多少天才是源于这类难以预料的事件？谎言、粗鄙和无聊在宫廷里占据了上风？生活在那里的人对真理、人类和后代不闻不问？既然如此，那有谁会怀疑，失宠和贬谪有时可能会对某个朝臣有益？他可能在流放途中回想起人类对自身肩负的责任。远离宫廷内花天酒地的生活，养成研究和沉思的习惯，这些可能会使他培养出最崇高的才能。（就这一问题，参见博林布鲁克勋爵[56]的《流亡反思录》）

(16) 卢梭先生并不是对此毫无知觉，他对女人的嗔怪便是证明。她们中的每一个都可将下述箴言用在他身上：

> Tout jusqu'à tes mepris, m'a prouvé ton amour.
> 一切，甚至连你的轻蔑，都是你爱意的证明。[57]

---

[53] 莫雷利(Louis Moreri, 1643－1680)，法国史学家，撰有《历史大辞典》。——中译者注

[54] 可能指的是由皮埃尔·培尔编辑和撰写的期刊《知识界消息》(News from the Republic of Letters)。该期刊于1684年创刊，是已知的第一份书评类期刊。——中译者注

[55] 贺加斯(William Hogarth, 1697－1764)，英国著名画家、版画家、讽刺画家，欧洲连环漫画的先驱。——中译者注

[56] 此处指的应是第一代博林布鲁克子爵亨利·圣约翰(Henry St John, 1st Viscount Bolingbroke, 1678－1751)，英格兰政治家和政治哲学家，托利党领袖，曾支持1715年旨在推翻乔治一世的詹姆斯党叛乱，之后流亡法国。——中译者注

[57] 在此值得一提的是，卢梭先生自此做出了一个男人为了弥补对女人的嗔怪而可能做出的最大补偿：结婚。——英译者注

(17) 在我看来，卢梭先生在其著作中所渴望的，多是诱惑，而非教导读者。他处处表现出演说家的姿态，只在少数几个地方是一位推理者；他忘了：虽然在哲学探讨中有时可以使用雄辩术，但这只有在我们要让心灵强烈意识到一个已经被接受的见解有多么重要时才可使用。比如，是否有必要把希腊人从麻木不仁中唤醒，让他们武装起来反抗菲利普[58]？使出雄辩术的一切力量，这对德摩斯梯尼[59]来说是义不容辞的，但在考察一个新观点的时候，只能运用理性，这时运用雄辩的口才反而是错误的。雄辩术和商讨精神应当拥有不同的运用方式，对此英国下院不总是投以恰当的关注吗？

(18) 卢梭先生在蒙莫朗西结识了卢森堡元帅，那位贵族对他有好感，欣赏他的才能，保护着他，而这种保护让他有权获得所有文人的敬意。不要让博学之士羞于颂扬真正的伟人，他们为什么要在理应赞扬的地方拒绝赞扬呢？如果说人们缺乏教导，那么文人则缺乏保护人。诚然，卢森堡元帅的友谊并不能保护卢梭不受迫害。也许那位贵族的影响力不够强大，也许好人与伟人的保护人不如虚伪的坏人那般强势。对卢森堡元帅的赞词还要再添上一句：他从来没有把自己的援助浪费在那些令自己的保护人蒙羞的文学虫豸身上。

沙夫茨伯里勋爵[60]说："有些伟人不加区分地选择自己要资助的对象，乐于帮助某个谎称具有艺术细胞的人，或者胡乱地援助作家群体中的某个人，而此人主要的能力莫过于装饰这些伟人的府邸，努力让自己被引荐给他们的熟识。他们认为这些就足以让自己成为智慧的赞助人、文化圈的主人。但这种方式对于达到他们的目的或设想而言是最无益的。错误地分配奖赏，毫无疑问是对优秀价值的伤害；而在每一项事业或利益中，这都被认为是要比单纯的漠不关心或保持中立还要糟糕。没有理由去做出一项糟糕的选择。每一种优秀的价值在被人们追寻时是很容易被发现的。公众自身即可给出足够的指示，指明那些仅仅靠着认可与鼓励就能出人头地的天才，富于天资的人从未在默默无闻中饿死；而伟人则必须使劲递眼色，否则他们就有可能丢掉这么好的机会去展示自己的慷慨，获得来自人类中的天才与学者的普遍尊崇、致谢与祝福。"

《给作者的建议》，第一章，第229页

(19) 在西班牙，有超过五十万英镑被攫取，花在位于巴拉圭的两位耶稣会代理人身上。这表明，虽然口口声声说轻蔑财富，但耶稣会士并没有被自己

---

[58] 此处指的应是马其顿国王菲利普二世(Phillip II)，亚历山大大帝的父亲。——中译者注

[59] 德摩斯梯尼(Demosthenes)，古雅典雄辩家、民主派政治家。他积极从事政治活动，极力反对马其顿人侵希腊。——中译者注

[60] 此处指的应是第三代沙夫茨伯里勋爵安东尼·阿什利-柯柏(Anthony Ashley Cooper, 3rd Earl of Shaftesbury, 1671 - 1713)，英格兰政治家、哲学家和作家。

的布道辞蒙蔽。

(20) 僧侣们就他们团体的创始人写下的传说，是一切传说中最荒唐的。就比如，他们说："看到狼群追逐一只小鹿，圣欧麦命令它们停下，它们便立刻服从了。

"圣弗洛朗没有牧羊人，在去喂养羊群的路上，他命令一头偶遇的熊，这头熊便每天领着羊群去牧场放牧。

"圣方济各与鸟儿打招呼，和它们谈话，命令它们聆听上帝的言辞，而这些听见圣方济各话语的鸟儿高兴异常，伸着颈，张着喙。

"就是那同一位圣方济各，与一只蚱蜢度过了八天，与一只夜莺唱了一整天，治愈了一头发疯的狼，还跟它说：狼兄弟，你应当向我许诺，你从此以后不再如过去那样贪婪；而这头狼低下脑袋，表示应允。圣方济各而后跟它说：向我发誓；同时又伸出手，接纳它的誓言，而这头狼温顺地抬起他的右爪，把它放在这位圣徒的手上。"他们还记载了其他许多乐于与野兽交谈的圣徒。

(21) 当人们认为激情具有破坏性时，他们显然没有把一个清晰的观念附加在"激情"一词之上。这只是语词之争而已。神学家自己从未说过，因为爱上帝而产生的活跃的激情是一种罪孽。他们从未谴责过德西乌斯[61]在战场上把自己的生命献给冥界的诸神。他们从未斥责过深深爱着自己国家的派洛皮德拿起武器反抗暴君，让自己卷入一项最危险的事业。我们的欲望是我们的动机，正是欲望的力量决定了我们为善或作恶的力量。没有欲望、安于现状的人，既无创造力，也没有理性。没有什么动机能让他把自己的观念相互结合或比较一番。一个人越接近漠然处之的状态，也就变得越蠢。如果东方的主权者一般都没有知识，那是因为洞察力是欲望和不满的产物。而苏丹们对此两者都毫无感受，他们不费吹灰之力便可得到快乐，创造力也就总是没有用武之地。必须要用到创造力的唯一时机，是这些苏丹想要获得征服者的头衔、蹂躏践踏某个邻国国君的王权之时。在其他一切情况下，要求专制君主成为贤君，就是要求无源之水无本之木。在一个专横的政府中，指望世袭君王拥有才能，这是荒唐的。所以，如果没有机会得到非凡的教育，那也就极少有主权者既有绝对权力又有理智能力。因此，在众多伟大的君王之中，历史通常只注意到诸如亨利四世、腓特烈大帝、叶卡捷琳娜二世等人，以及那些接受过严格的教育、开辟了自己的前途、克服过千万种困难的君主。

(22) 一个偏执的人可能既精通几何学，又精通某一类绘画，但当我们考虑公共利益与司铎利益之间的矛盾时，一个人不可能既是信徒又是政治家，既

---

[61] 德西乌斯(Decius)，全名盖乌斯·美西乌斯·奎因图斯·德西乌斯(Gaius Messius Quintus Decius)，罗马帝国皇帝，249 年至 251 年在位。派洛皮德(Pelopidas)，古希腊城邦底比斯的政治家，于公元前 379 年推翻斯巴达人在底比斯建立的寡头政府。——中译者注

是圣徒又是好公民，亦即正派的人。这是本书在展开过程中将要论证的真理。

(23) 过去，不学无术却又什么都懂的人，是花花公子，而现在则是神学家。就动物的本性向他发问，他会说："他们只是机器。"但他用什么样的论据来支撑这一断言呢？他是不是以猎人或哲学家的资质考察了动物的组成部分和行为方式呢？没有。他既没有养猫养狗，甚至连一只麻雀也没养过，但他是一名博士，而从他获得学位的那一刻起，他便认为自己要按照他这一阶层的礼节，必须像中国的皇帝那样，对每一个提给他的问题悉数回答：**"我知道。"**这位具有斯多葛风范的圣贤理应通晓一切艺术与科学，他是全能的学者。神学家亦是如此：他是一位诗人、数学家、哲学家、钟表匠等等。我承认他可能拥有所有这些才能，但我既不会拜读其大作，也不会购买其钟表。如果他允许我给他提一点建议，那就是，在谈论动物之前，先参考布封先生的著作，以及《异国志》[62]里由一位细心的观察者和一位优秀的作家所写的三到四封信，并忍住不要攻击我在这一点上的看法。人们说我将心灵与理性给予了野兽。这是我对这些博士伸出的援手。不知感激的人啊，你的谢辞又是什么呢？

(24) 专制政府的特点在于弱化人类的情感活动。这种消磨故而成为了这些帝国与政府的致命疾患，他们的臣民一般并没有共和主义者的信心和勇气。即便是共和主义者，他们也只有在群情激昂的关键时刻才激起我们的崇拜之情。荷兰人和瑞士人在何时做出了超乎常人的行动？当复仇雪恨、憎恶暴君这两股猛烈的激情驱使着他们的时候。激情对一个民族而言是必需的；人人都确信这一真理，除了嘉布遣会隐修士的监管者[63]。

(25) 土耳其人认为，造就女人是为了男人的快乐，是为了撩动他们的欲望。他们说，这就是大自然明明白白的设计。因而，在土耳其，他们会允许艺术为自己女人的美增光添彩，甚至要求她们打磨取悦于人的技巧，这些都相当自然。被限制在闺房之中的美又怎么会被滥用呢？如果你愿意，那么请设想一个女人公有的国家。在这个国家，她们越是发明更多的技巧来施以诱惑，便越是能提升男人的快乐。无论她们能将其完善到何种程度，我们也可以肯定，她们的风情与公共的利益并不冲突。到那时，能对她们提出的一切要求，就是要足够重视自己的美貌与魅力，只把它们献给那些因天资、勇气与正直而出类拔萃的男人。以此，她们的魅力将会鼓励才能与美德。在土耳其，女人能相当方便地教授自己各种怡人的技巧，可我们能够想象相同的事情会在欧洲(在这里，女人既不被关在家里，也不是公有的)的某个国家——比如，在法国，家家户户都敞开房门——发生吗？我们能够想象，女人会去打磨自己取悦他人的

---

[62] 《异国志》(the Journal Etranger)是1754至1764年于巴黎出版的一份法文期刊。——中译者注

[63] 嘉布遣会(The Order of Friars Minor Capuchin)是创立于1520年的天主教隐修会，该会的隐修士过着极端简朴而贫穷的生活。——中译者注

技巧，为自己的丈夫增添满满的幸福吗？我对此表示怀疑。在对婚姻法做出改革以前，欧洲的法律可能并不允许人们去使用某种可以增添女性自然美的技艺。

(26) 有些人借助谰言，谎称自己是真诚的，但没什么比造谣中伤更有悖于真理了。真诚受人道精神的鼓舞，一直都是宽容的；谣言则是傲慢、憎恶、恶意与妒忌的女儿，从来都是苛刻的。造谣的语调和举止总是暴露了它的父母是谁。

(27) 一个人只有在犯罪的情况下才可能向人民与主权者隐瞒真理。究竟是什么样的人从来没有受到过这方面的指责呢？

(28) 如果一个意大利青年在阅读教会史时对教皇的胡作非为感到震惊，进而怀疑教皇无误论。他的导师惊呼：多么不虔诚的怀疑！这位学生回答道："我只是说出我心中所想；您不也总是禁止我说谎吗？""是的，但只是在通常的情况下；如果有利于教会，谎言就是义务。""您和教皇又有什么样的利益纠葛呢？"导师回答道："非常非常多。如果教皇无误论得到承认，那么没人能忤逆他的意志。人们必然毫无保留地服从他。这种对教皇的尊敬不是能带来对于神职团体的，因而也是对于我本人的重视吗？"

(29) 任何在书写历史时篡改史实的人都是坏公民。他欺骗了公众，剥夺了公众可能从历史中获得的难以估量的好处。但我们能在什么样的民族里找到公正的历史学家，确实崇拜真理之神的人？是在法国、葡萄牙还是西班牙？不。唯有在经历过改革的自由民族中才行。

(30) 关于恩典这个问题，为什么有着没完没了的神学争论？因为没有任何一方对他们讨论的东西有着清晰的观念，这对那些参与争论的人来说倒是一件幸事。他们对于神性是不是有着更清楚的定义呢？枢机主教庇隆用一套固定说辞向亨利三世证明了上帝存在，而后跟他说："陛下如果愿意，我现在即可用同样清楚的方式证明上帝并不存在。"[64]

(31) 为什么大多数有识之士均认为，所有宗教都与可靠的道德水火不容？因为一切宗教的祭司都把自己当做评判人类行动之是非善恶的唯一法官，因为他们把神学的决议视为真正的道德规范。既然祭司也是人，是参照自己的利益来判断，既然他的利益总是悖逆于公众的利益，那他们大多数的判断就都是不公正的。然而，祭司的权力笼罩在人民的心灵之上，令后者对这些学

---

[64] 几乎没什么命题不能用语言证实或证伪，但这类证明与那些迫使心灵确信的命题迥然不同。最为机敏的智者设想出的一切论证，也无法使一位有识之士相信并不存在一位永恒的、无限的、全能的创造力量，虽然这些论证可能会搅乱他的观念，使他没办法弄清楚其中的诡辩。

这类诡辩是对理性能力的无耻滥用，尤其当人们用它来讨论事关重大的议题时。听闻这类胡扯的人会对它们表示高傲的轻蔑。——英译者注

派的诡辩毕恭毕敬，却对可靠的道德准则不若如此。人民对这些准则怎么能形成清晰的观念呢？教会的决议就像其利益一样变来变去，把这些准则弄得一团混沌、模糊不清、矛盾重重。教会用什么来取代真正的正义原则呢？各种荒唐的仪轨。故而马基雅维利在《论李维》一书中，把意大利人不义之举泛滥成灾归咎于天主教道德原则的虚伪与矛盾。

(32) 丰特奈尔说，人按照自己的形象创造了上帝，没办法让他成为另一副样子。僧侣也是按照东方君王的朝廷设计了天庭。在东方，绝大多数臣民都见不到君主，只有朝臣可以接触到他。人民的怨言只能通过他的宠臣传到他的耳朵。与此相似，那些僧侣也让那些被他们称为"圣人"的人环绕于天君的宝座，除非通过这些圣人的干预，否则他们不会让人们获得上天的恩宠。但是，为了让这些圣人显得有益于世人，必须要做些什么呢？祭司们为实现这个目的而聚集在一起，他们决定：经过雕刻的和未经雕刻的木质圣徒形象应当被置于教堂之中，人们应当跪拜于前，好像面对的是那全能的上帝。那些表示崇拜的外在符号，既适用于永恒的上帝，也适用于受他恩宠的圣徒。总之，就像异教徒与野蛮人所尊敬的家神与神物，基督徒所尊敬的圣人，比如俄罗斯的圣尼古拉，那不勒斯的圣雅纳略，应当比上帝本身享受更多的尊崇。针对希腊和拉丁教会的指控，正是基于这些事实。我们尤其要把拜物教的重建归于后者。因而，圣德尼教堂藏有法国的崇拜偶像，圣日那维夫教堂则藏有首都的崇拜偶像。每一个社区，甚至每一位居民都拥有特定的崇拜偶像，叫彼得、克劳德、马丁或者其他什么名字。

(33) 司铎为了积累财富而采用的花招，比一切骗局、谎言、伎俩、泄密还要下作和放肆。由巴鲁泽[65]收集的《法令汇编》第二卷让我们见识到，法国的教士阶层先前是以何种手段获得什一税的。"他们编造了一封信件，声称来自天堂，由耶稣基督撰写。在这封信里，我们的救世主威胁着异教徒、巫师，还有那些不缴纳什一税的人，让他们的田地寸草不生，把飞蛇投至他们的房屋，啃噬其妻子的胸脯。"眼看第一封信并没有成功，他们便乞灵于恶魔了。在一次国家集会上，他们祭出了恶魔（见《法令汇编》第一卷），它当即便成了信徒与传教士，对法兰西的福利关怀备至，凭着一堆逆耳忠言，努力让人们再次担当起他们的义务。教士们如是说："最后，把你们的眼睛睁开吧！恶魔亲手制造了上一次的饥荒，是他把玉米的穗吃掉的；他的怒火真令人恐惧。他在田间用骇人的嘶吼宣称，他会用最残忍的方式去惩罚那些拒缴什一税的顽固基督徒。"教士阶层里的那么多冒牌货都在证明：在查理曼大帝时代，缴纳什一税的人都是虔诚的人。如果说教士们理当有权利征收什一税，他们就不会求助

---

[65] 巴鲁泽（Etienne Baluze，1630－1718），法国学者，于1689年被任命为法兰西学院教授，讲授天主教会法规。——中译者注

于上帝或恶魔。这一事实让我回想起另一件同样性质的事情：一位代理司铎就同一论题展开布道。"我亲爱的本堂教友们啊！不要效仿那位邪恶的该隐，而应追随那位善良的亚伯。该隐从不缴纳什一税，也从不做弥撒。"格老秀斯就什一税和献金的问题说道："提比略[66]对收受这些礼物采取的审慎态度，应当让那些僧侣为自己的贪婪感到脸红。"

(34) 因为在美洲事务上的荒谬主张，教皇已经成了不公正的典型，他们还纵容基督徒在那儿行各种不义之事。

某日，英国下院因加拿大境内的一块区域是否隶属于法国而发起质询，其中一位议员起身说道："先生们，既然法国人和我们都被彻底说服了，坚信那些成问题的土地并不隶属于那个国家里的原住民，那么，这个问题就更微妙了。"

(35) 在这些事情发生以后，虽然教皇的党徒可能仍在吹嘘他们的宗教把人类道德事业发扬光大到了何种完美的程度，他们也没法让他人皈依了。为了表明教皇的党徒不过是在自我吹嘘，那就问问他们，道德科学的对象是什么。除了**公共的善**以外，似乎别无其他；因为我们之所以需要个人的美德，是由于社会成员的美德组成了整体的幸福。而很显然的是，让人们即刻变得学识、美德与幸福三者兼备，唯一的方法就是用可靠的法律保护个人的财产，鼓励他们勤勉做事，允许他们思考与交流。然而教皇的宗教是不是最有益于这些法律呢？意大利和葡萄牙的居民是不是比英格兰的居民在人身与财产上更加安全呢？他们是否享有更多的思想自由呢？他们的政府是不是建立在更好的道德原则之上，他们是不是不那么苛刻，因而也更受人尊敬呢？经验恰恰向我们证明了相反的状况，德国的路德宗教徒与加尔文宗教徒比天主教徒接受着更优良的统治，也享受着更多的幸福；瑞士信奉新教的州比信奉天主教的州更为富有而强大。因而，经过改革的宗教比天主教更有利于公共的幸福，也更有益于道德。它因此激发出更好的道德，以及那些只会促进人民幸福的因素。

(36) 有大型社会，也有小型社会。后者的法律很简单，因为它们的利益很明确。它们符合大多数人的意愿，因为他们是由全体一致表决通过的。最后，它们得到了严格的遵守，因为每个个体的幸福都与遵纪守法息息相关。健全的理智订立了小社会的法律；天资则规划大社群的法律。

但又是什么能够决定人们去形成如此之大的社群呢？偶然性，比如对伴随着这种社会的种种不便并不知情，征服欲，或者惧怕被征服等等。

---

[66] 提比略指的可能是古罗马保民官提比略·格拉古(Tiberius Gracchus)，古罗马政治家，平民派领袖。常与其弟盖乌斯·格拉古(Gaius Gracchus)合称为格拉古兄弟。作为平民派保民官，他发起了一场旨在将贵族及大地主多得的地产分给平民的改革。由于他的土地改革触动了贵族尤其是元老院的利益，再加上他剥夺元老院特权等行为，以及对同僚的倾轧，最终导致其死于元老院的保守势力支持者。——中译者注

(37) 沙夫茨伯里在《论热情》一文中提到一位主教，这位主教在天主教的教义问答中没有找到足够的材料去填饱自己不知餍足的轻信胃口，不得不向神话传说求助。

(38) 教皇制和专制主义一样，两者都会摧毁那些在境内建立了这种制度的国家。最能削弱英格兰或荷兰势力的办法，就是在那儿建立天主教。

(39) 教皇的党徒说：如果说我们的宗教花费甚巨，那是因为它的教导大大增多了。即便如此，那这些教导又导致了什么样的结果呢？人类的境况因其而得到改善了吗？并没有。那要做些什么才能让人类的境况真正得到改善呢？把每个教区的什一税分发给那些耕稼力田最好、践履德行最多的人。分发什一税会比助理司铎的所有布道培养出更多的劳动者，更多正派的人。

(40) 我们从《爱尔兰史》第一卷第 303 页了解到，昔日，爱尔兰曾经一直为人数众多的教士阶层的贪婪所困。诗人，作为这个国家的司铎，与天主教司铎享受同样的好处、豁免权与特殊待遇。他们也是由公共开支维持。这些诗人的人数因此而增长到如此这般的程度，以至于那时的爱尔兰国王休感到必须要替他的臣民卸下这个沉重的负担。那位君主爱他的人民，也是一位勇士。他下定决心要铲除司铎，或至少也要极大地削减他们的人数，最后，他的努力成功了。

在宾夕法尼亚，政府并没有设立宗教，每个人选择他最钟意的宗教即可。司铎并不是国家的重担。个人在觉得方便的时候为司铎提供补给，并因此向自己课税。在那儿，司铎就像商人一样，是由消费者承担维持他们生计的开支。一个人如果既没有自己的司铎，也不消费由司铎经营的商品，就不用支付任何开支。宾夕法尼亚因此而成为一个值得效仿的范本。

(41) 努玛本人仅仅设立了四位女性神官和屈指可数的祭司。

(42) 一个英国人说：异教和天主教之间的区别就像阿尔巴尼和卡洛[67]之间的区别——前者的名字让我回想起《维纳斯的诞生》这幅令人心旷神怡的画面，而后者的名字则让我回想起《圣安东尼的诱惑》这幅古怪荒唐的图画。

(43) 在努玛治下，罗马人曾将一座庙宇献给了忠诚之神，这种做法一度使他们信守自己的条约。

---

[67] 阿尔巴尼(Francesco Albani, 1578－1660)，意大利巴洛克风格画家，其作品以笔调流畅、色泽鲜明和充溢着田园牧歌情调的描绘而受到当时人们的欢迎。不过，虽然他确有一些作品是以维纳斯为题材，但《维纳斯的诞生》并不是他的作品，而是由波提切利(Sandro Botticell)所作。卡洛(Jacques Callot, 1592－1635)，法国铜版画家。他发明了新蚀刻技术，并创作了大量版画，细致地刻画了宫廷生活、军事战役和都市生活场景。卡洛在《圣安东尼的诱惑》中描绘的一些场景令人不寒而栗，其灵感来自于他在三十年战争期间所观察到的骇人场面。——中译者注

(44) 任何一个如此恪守谦卑、早早地便习惯于把生命视为一次朝圣之旅的人，绝不会比一个僧侣好到哪儿去，也绝不会提高人类的幸福程度。

(45) 据说，精神与世俗势力统一于一位同样专横的主权者之手，这是很危险的；我也相信如此。泛泛而论，每一位专横的君主心里惦记的只是满足自己反复无常的念头，而几乎不把臣民的幸福放在心上。所以，他会利用精神势力将各种讨好自己的事情以及自己残酷的行为合法化；但如果把这股势力交由执政官团体掌管，那就不一样了。

(46) 为什么朱庇特应当是萨图恩的最后一个孩子呢？因为根据异教哲学家的说法，秩序与生成作为混沌与贫乏的后继者，是时间最后的产物。作为生成者的朱庇特为什么又被称为空气之神呢？那些哲学家说，因为植物、化石、矿物、动物——总之，一切存在的东西——蒸发，散逸，腐烂，成为活跃不定的本原，弥漫于空气之中。随着这些本原被太阳火加热、激动，之后空气必定用那些从腐烂的过程中获得的盐类与精神，产生一批新的东西。因此，空气，作为生灭的唯一本原，在他们看起来就像是一片由许许多多不同本原搅动着的浩瀚海洋。根据他们的说法，空气中浮动着所有存在物的种子，这些随时都会再生出存在物的种子便为了这个目的而等待偶然性把它们放置到一个合适的母体之内。在它们看来，大气——用他们的话说——总是活生生的，充斥着腐蚀性的酸和生成性的种子。它接受着一切富有生机的本原。与上述说法相类似，根据这些古代人的观点，泰坦巨神们和雅努斯是混沌的标识；维纳斯，或曰爱神，则是吸引力的标识，是世界和谐与秩序的生成性本原。

(47) 世俗与精神势力统一于同一双手，这是必不可少的。仅仅使得僧侣团体更加谦逊，这相当于什么都没做。没有完全铲除它的人，只是中止了，而非摧毁了它的影响力。团体是不会消亡的：某些合适的条件，比如君主的信任，又比如国内的革命，都足以重建其过去的势力。当它了解到导致自己落败的原因以后，它就会更专注于推翻这些原因。如此一来，它将以更可怕的活力死而复生。英格兰的神职团体目前并没有权力，但它也没有被铲除。某一位贵族曾说：谁能肯定它不会有朝一日死灰复燃、暴虐如初，像过去一样再使人们血流成河？[68] 对法国最有帮助的行动之一，是将教士阶层巨额收益的一部分用来清偿国债。如果那些在意自身福利的教士生前可以保留自己的圣俸，死后才将其让与出来，他们又有什么好反对的呢？让如此之多的财富流通起来，这又会有什么害处呢？

---

[68] 人们将会原谅我们的作者在此做出的野蛮设想，因为作为一个外国人，他对我们卓越的政制了解得并不充分。如此改变教士阶层的势力，将会完全打破那构成我们自由之本质的权力均势。——英译者注

第二章
拥有寻常机体组织的每个人，都拥有平等的知性能力①

第一节　由于我们的观念均来源于感觉，知性因此被认为是由机体组织的不同程度的感受力产生的

当我们从洛克那里获悉，我们要将我们的观念、从而也要将我们的知性追溯到诸种感觉器官时，并且，当我们注意到不同的人在器官与知性上的差异时，我们可能得出结论：一般而言，人们在知性上不平等缘于他们的器官拥有不平等的感受力。如果一个观点成立的可能性非常大，完全可与事实相类比②，那它必定会得到多

① 需要提醒读者的是，知性（understanding）和知性能力（aptitude to understanding）并不相同。从下文可以推知，知性可以等同于观念或者判断，而知性能力大致等同于对诸个感觉的进行比较、把握感觉对象的关系，并从中生成观念或判断的能力。只有在这个区别的基础上，我们才能声称，拥有寻常机体组织的每个人拥有相同的知性能力，却因教育的不同而拥有不平等的知性。——中译者注

② 有时正是通过类比，我们做出了伟大的发现。但是在什么情况下，我们会满意于一个类比论证呢？当不可能做出其他论证的时候。类比论证经常构成谬误。我们不是一直看到动物通过雌雄交配而繁殖吗？我们就此而得出结论：这是动物繁衍的唯一方式。为了不再蒙蔽自己，我们应当用一个小玻璃瓶，小心翼翼、精确无误地把葡萄根瘤蚜罩住；我们应当切开水螅，用实验反复证明动物还可以用其他的方式繁殖。

数人的认可，因为它满足了人们好逸恶劳的习性，使人们免于从事那些无谓的探索。

然而，如果相反的经验证明了知性的优良程度与感觉的完善程度之间并不成比例，那么我们必须用其他的原因来解释这一现象。

关于这一论题，当代的学者中间出现了两类意见。一些人认为：**知性是某种内在的脾性与机体组织的产物**。但是，通过一系列的观察，目前还没有人决断出这类产生知性的器官、脾性或营养到底是什么[③]。这一意义不清而又缺少论证的论断因而被还原为如下命题：**知性是某种不为人知的原因，或神秘性质的产物，而这类东西则被命名为脾性或机体组织**。

昆提良[④]、洛克和我则说：

心灵或知性上的不平等，是一种已知原因的产物，这一原因即为教育上的差异。

为了证明第一种见解，我们必须通过反复的观察表明知性的优越性确实属于某一种器官或脾性。但目前这些证明尚未出现。因此，如果从我规定的原则出发，造成心灵或知性不平等的原因可以

③ 一些生理学家，其中包括劳赛尔·德·马涅先生，曾说过："脾性最勇猛的人最敏锐。"然而没人把拉辛、布瓦洛、帕斯卡尔、霍布斯、托兰德、丰特奈尔说成是勇猛之士。（布瓦洛[Nicolas Boileau Despreaux，1636-1711]，法国诗人、文学理论家，被称为"古典主义的立法者和发言人"。托兰德[John. Toland，1670-1722年]，英国哲学家，主要著作有《基督教并不神秘》、《泛神论要义》。——中译者注）其他人则以为胆汁质和血液质的人同时也是最具天资的，也是注意力最不集中的。但我们能说，不具备注意力的人同时也被赋予了伟大的才能吗？我们能够设想洛克和牛顿不努力用功，却又做出了无比崇高的发现吗？一些人再次注意到，那些深思熟虑、天资聪颖之人通常都是忧郁质的，但却没有察觉到把因果颠倒了；一个人富于天资并不是因为体质忧郁，而其忧郁则源自沉思的习惯。最后，很多人认为知性依赖于神经的感受力；但是女人有着非常活跃的感知。其神经的感受能力应该让她们大大超越于男人之上才是。但她们的知性果真更优秀吗？并不是。再说，关于神经或强或弱的感受能力，我们又能形成什么清晰的观念呢？

④ 昆提良（Marcus Fabius Quintilianus，35-100），古罗马修辞学家、教育学家，著有《雄辩术原理》，共十二卷，是古代西方第一部系统的教学方法论著。——中译者注

被清晰地演绎出来，那么我们应当倾向于后一种见解。

现在，当某个已知的原因能够解释一项事实，我们为什么还要去求助于那未知的原因，求助于某个神秘的性质呢？它们的存在总是虚无缥缈的，而且当我们不得不用它来解释事物时它却什么也解释不了。

为了证明**拥有寻常机体组织的每个人拥有平等的知性能力**⑤，我们就必须把推导出这一命题的原则确定下来。它又是什么呢？

人类的一切感知都是物质的。或许我在《论心灵》一文中对这条真理的解释不够充分。这里我要提出的是什么呢？之前我或许

---

⑤ 洛克先生无疑是在一定程度上确信这一条真理的，因为他在谈及不平等的知性能力时说，他认为他所见识到的差异比通常想象中的要少。在《教育片论》的第二页，他说："我认为，我们可以断言，一个人成为他现在这个样子，是好是坏，对社会是有用之才还是害群之马，十有八九是由于他所接受的教育所致。在人们中间所观察到的巨大差异，正是来自于教育。年幼之时接受的最微弱的印象，也会造成非常重要的、历时久远的后果。这些最初的印象，仿佛一条河流，我们可以用不同的渠道轻而易举地将河水引导至彼此相反的方向，因而，这条小河在源头处所经历的不易为人察觉的转向，使它流向了不同的方向，而最终的结果则迥然相异；我以为，我们也可以同样方便地将孩童的心灵引导至我们所希冀的方向。"在这一段落，洛克并没有明确地肯定，拥有寻常机体组织的每一个人都有着平等的心智能力；但这里他所说的，是他所见证的，以及日常经验所教授他的东西。这位哲学家尚未把心灵的所有官能还原为感知能力，而这是解决这一问题的唯一原则。

昆提良，这位长期肩负着教育青年之责任的人，在实践方面比洛克的学识更为渊博，其断言也更加大胆。在《雄辩术原理》第一卷中，他说："认为没什么人拥有与生俱来的、对那些提供给他们的观念加以分辨的官能，大部分人只是把时间和精力浪费在努力不让心灵处于天生的游手好闲之中，这实在是个错误。相反，绝大多数拥有寻常机体组织的人看上去在思考和记忆方面一样迅速而轻松。这种才能之于人，就像飞翔之于鸟、奔跑之于马、愤怒之于野兽一样自然。灵魂的生命就存在于它的活动与勤奋，这标志着它高贵的出身。朽木般不可雕琢的心灵，在自然的秩序中则要被视为怪异的或其他什么离奇的现象，这类心灵少之又少。因此我得出结论：在孩童中有待发现的潜力非常之多，而在其成长的年月里却日渐消磨了。所以很显然，我们应当责备的，并不是自然，而是我们的疏忽。"

昆提良和洛克的见解均建立在经验的基础上，而我认为，我为了论证该条真理而竭力主张的证明，在这一问题上应该会防止读者做出过于轻率的判断。

只是断定了这条真理，但现在我要对之加以严格的论证，并证明心灵的一切操作都可以还原为感知。正是这条原则，单独便可向我们解释我们是如何把观念追溯到感觉的；但同时，正如经验所证明的，这并不是说要把知性范围的大小追溯到这些感觉的完善程度。

如果这条原则能够调和这两项看似如此矛盾的事实，那么我将得出结论：知性的优越性并不是脾性的产物，也不是感觉或大或小的完善程度的产物，同样也不是某种神秘性质的产物，而是教育，这一广为人知的原因的产物；总之，我们可以用一些非常确定的观念，去取代那些频频出现的模糊断言。

在对这一问题做出特别考察之前，我认为，为了让它得到更为清晰的呈现，也为了避开与神学家们的一切争执，我首先应当在心灵和他们所谓的灵魂之间做出一番区分。

第二节　论心灵与灵魂之间的差异

没有完全同义的两个词。由于一些人并不明白、另一些人又忘记了这个道理，这就导致“心灵”和“灵魂”二词常常被弄混。它们之间的差别是什么？灵魂又是什么？我们是不是要步古人，以及教会的第一批教父的后尘，把它视为一种极为精致的物质，视为那活跃的、我们由之而获得生气的火呢？在这里，如果我要对不同民族、不同哲学派别就这个问题做出的一切见解加以重述，那么这只会造成一堆模糊不清、无聊琐碎的观念。唯一一个就这个问题庄严地表达了自身见解的民族，是帕希斯人[⑥]。当他们在一些伟大人物的坟冢前朗诵葬辞时，他们呼喊道：“哦，大地！哦，人类共同的母亲，把这位英雄的身体中属于你的部分带回去吧：让那流淌在他的血管中水质的颗粒呼出到空气中，随雨水降落于山地，将河流重新注满，使平原变成沃土，翻滚回海洋中的深渊，这些曾是它们出发的地方！让集中于这具身体中的火重新汇聚于天球，那光与热

⑥　一支地处坎贝地区的种族，在莫卧儿帝国境内。——中译者注

的源泉！让封闭在他各个部分中的气冲出监牢，随风撒播在这尘世的空间！最后，你，那生命的呼吸，如果你拥有那将你与其他一切区分开的天性，那就复返于那产生你的未知存在吧！或者，如果你只是物质元素的混合，但愿你被撒播于世间，把你的那些四散开来的颗粒再度聚集起来，造就另一位与这位逝者拥有同样美德的公民吧！”

热忱的帕希斯人便用这种高贵的形象和庄重的表达去描绘他们对灵魂的观念。哲学的揣测则不够大胆，它不敢描述灵魂的天性，也不敢解决这一问题。哲学在没有经验材料的情况下是无法前进的：它只有在接连不断的观察中才能前进，而缺少观察时，它也就止步了。哲学明白的只是：人感觉到，他在自己的体内拥有一种生命的本原，而如果缺少神学的加持，他就不会进一步获得有关这一本原的任何知识。

依赖于观察的一切都属于形而上学，除此之外则属于神学[⑦]或

⑦ 一些人怀疑关于神的科学或神学是否真的是一门科学。他们说，所有的科学都预设一系列的观察。但对于那无形而又无法理解的存在者，又能做出什么样的观察呢？因而，神学不是科学。事实上，我们用“上帝”一词理解的是什么？秩序与运动的未知原因。我们对这个未知的原因又能说些什么呢？如果我们把其他的观念附加于“上帝”一词，那么正如罗比涅先生（罗比涅[Jean-Baptiste Robinet，1735－1820]，法国自然主义哲学家，著有《论自然》。——中译者注）所表明的，我们将会陷入成百上千的矛盾之中。如果神学家先思考那些由天体描绘出的曲线，然后得出结论说，有一种力量在转动着它们——诸天诉说神的荣耀！（Coeli enarrant gloriam Dei!）——那么神学家就只是天文学家，或者自然哲学家了。（成为一名理性的天文学家，或者说一名哲学家，这比成为一名形而上学的诡辩家，或者说无神论者当然要好得多；因为无神论者不过是那些极端的探索者中的一员，正如蒲柏所言：

在先验的路途上昂首阔步，
自上而下地推理，直到怀疑上帝。

[这两句诗引自蒲柏《笨伯咏》（*The Dunciad*）的第四章。——中译者注]

如果有人要问，什么是思想的原因，我可能会回答是灵魂对脑部神经的作用。但灵魂是物质的还是非物质的呢？如果是非物质的，那非物质的（转下页）

经院哲学。

人类的理性在观察活动的启迪下，为什么尚未对生命的本原下一个清晰的定义，或者换个更恰当的说法，给出一份确切而翔实的描述呢？因为即便是最精准的观察，目前也无法观察到这一本原。但它更熟悉心灵。我们还可以考察这一本原，可以去思索这个问题而不用担心一无所知、流于臆想或陷于偏见。因此，在这里我将考虑心灵和灵魂之间某些显著的差别。

第一条差别

灵魂在幼儿和成人中都存在。幼儿和成人一样能感觉到快乐和痛苦，但是他没那么多观念，因而也没有和成年人一样丰富的心灵或知性。如果幼儿并没有同样丰富的心灵，但有着同样丰富的灵魂，那么灵魂就并不是心灵。[⑧] 事实上，如果灵魂和心灵是一回事，为了解释成人相对于幼儿的优势，我们就必须承认前者有着

(接上页)东西怎么能作用于物质？如果是物质的，它又是以何种方式发挥作用的呢？对于这些问题，我无能为力。我不知道重力以何种方式发挥作用。但那又怎样？会有人跟我说，因为我不知道重力是如何产生的，自然中便不存在重力吗？或者，因为我没法对产生思想的方式做出清楚明白的解释，所以我就根本没有思想？对于进行创造的最初因，有些人是不是因为无法理解它存在的方式，也就是说，无法理解那本质上就是无法理解的东西，便以同样的理由去怀疑、或硬要去怀疑它并不存在？——英译者注)

《中国人信札》(《中国人信札》[the Chinese Letters]是十八世纪法国作家布瓦耶·德·阿尔让[Boyer d'Argens]的一部书信体小说。该书以中国为例，阐述了一整套富有建设性的政治与道德理念。——中译者注)上说："没人怀疑在自然中存在一种**统治的力量，虽然人们并不知道它是什么**；但当我们揣测这一未知力量的天性时，**创造出一位神明只不过是神化了人类的无知而已。**"我并不完全认同这些信札，虽然这些信札确实迫使我去承认，神学，抑或关于神的科学，抑或那人们无法理解的东西，并不是一门独立的科学。那么，神学是什么？我不知道。

⑧ 人们否认孩童在七岁以前会犯下罪孽。为什么？因为在那个年纪以前，人们认为他并没有正确的是非观念。随着年纪渐长，他被认为是有罪的，因为他在那个时候理应掌握了完备的观念去区分什么是正当的，什么是不正当的。因而，教会本身就把心灵或知性视作一种后天习得之物，它与灵魂迥然相异。

更多的灵魂，承认灵魂随着身体一起成长；而当我们把心灵与灵魂，或生命的本原区分开时，这个预设就既没什么道理，也毫无意义。

第二条差别

死亡之前，灵魂并不离开我们。只要我活着，我就有灵魂。这对心灵来说是否一样呢？并不是。我可能会在活着的时候就失去它：因为，当我还活着的时候，我可能会丧失记忆，而心灵几乎整个就是这一官能的产物。希腊人把缪斯女神的母亲命名为墨涅莫辛涅⑨，因为他们通过对人类的悉心观察，发现人类的判断和智慧在很大程度上都是记忆的产物。⑩

如果一个人被剥夺了这种官能，那他还能判断什么呢？过去的感知？不行，他已经把它们忘了。而要对当下的感知加以判断，就必须至少拥有足够多的记忆，这些记忆足以让他有机会把这些感知放在一起比较，也就是说，在两个对象同时出现时，他能够在自己感受到的不同印象之间来回观察。而现在，没有了记忆去保留这些印象，他又怎么能感知到存在于这个瞬间的印象与之前那个瞬间被感知到却又已被遗忘的印象之间的区别呢？没有记忆，那么也就没有观念的比较，没有判断，没有心灵。一个白痴，坐在门前的板凳上，只是个拥有极少记忆，甚至没有记忆的人而已。如果他对那些向他提出的问题答非所问，这是因为他记不住固定在这

---

⑨ 墨涅莫辛涅(Mnemosyne)，希腊神话中的记忆女神，与宙斯生下了九位缪斯女神。从构词法来说，Mnemo-是表示“记忆”之义的前缀。——中译者注

⑩ 知性或理智对野兽来说也是记忆造成的结果。一只狗之所以唤之即来，是因为它记住了它的名字。我在喊出“轻点儿!”“小心!”“不许碰!”这些词的时候，它之所以会服从，是因为它记得我很壮而且打过它。

是什么让动物在公共场合里做出那么多巧妙的举动呢？是对鞭子的恐惧，而主人的一看一言、一举一动借此就能不断唤醒它们的记忆。如果我的狗停下来看着我，这是因为它会从我的眼睛里看出我到底是高兴还是生气，然后便知道应该是靠近还是远离我。所以，我的狗所拥有的理智，源于它的记忆。

些词语之上的观念，或者是因为他在听到句子的最后一个词之前就把第一个词给忘了。如果我们求教于经验，就会发现人们正是凭借记忆（其存在以感知能力为前提）形成了他们的观念和理智。没有灵魂便没有感知，而没有记忆便没有经验，没有对象的比较，没有观念，年长与年幼相差无几。⑪ 一个无知的人被称作白痴，但只有当他的记忆不再司其职时他才是真正的白痴。⑫ 在没有失去灵魂的情况下，我们可能因跌倒、中风，或者其他类似的意外失去记忆。因此，既然我们在丧失心灵的情况下仍然可以活着，而丧失灵魂的情况下便连生命也一同失去了，那么不难得出，这两者有着本质的差别。

第三条差别

我已然说过，人们的心灵是由观念汇聚而成的。没有观念也就没有心灵。

灵魂也是如此吗？不，思想与知性并不是灵魂存在的必要条件。只要人有感觉，便有灵魂。因此，感知能力构成了它的本质。把那并不确切属于灵魂的东西，也就是记忆的能力，从灵魂中剥夺，那它还剩下何种能力呢？感知能力。这样一来，它甚至无法保留对自身存在的意识，因为这种意识是以观念的连结，因而也是以记忆为前提的。当灵魂尚未利用记忆的能力时，这就是它所处的状态。

我们可能因为一记重击、一次摔倒或一场疾病而失忆。灵魂因此而丧失了记忆能力？那么在没有奇迹显现，也没有神意表露的情况下，它必定就像尚处于人类胚胎之中时那样愚钝无

---

⑪ 如果神学家们赞同幼儿和白痴不会犯罪，而他们又拥有灵魂，那么也就得出，人的灵魂本质上是没有罪的。

⑫ 聋子和哑巴的教导者、闻名遐迩的阿尔诺先生在一份呈交巴黎科学院的备忘录中说道，如果聋子和哑巴的判断力低下，只对极少的事物加以反思，如果他们的心灵极其纤弱，推理转瞬即逝，这是因为他们的记忆力几乎总是处于麻木的状态，他们因此缺乏，也注定缺乏连贯的观念与行动。

知的。因而，思想对灵魂的存在而言并不是绝对必需的。那么，在我们之中，灵魂无非就是感知的能力，这便解释了为什么我们的一切观念都经由感官而来，洛克以及经验都证明了这一点。

凭借记忆，我得以比较观念与判断；依靠灵魂，我得以感觉。与笛卡尔所断言的正相反，向我证明我的灵魂存在的，完全[13]是我的感觉，而非思想。但人的感知能力到底是什么呢？它真的既非可朽，也非物质？对此，人类理性并没有答案，而是天启教导我们。人们或许会反驳说：如果灵魂无非感知能力，它的活动就像彼此撞击的物体活动一样，总是受制于必然，因而必须被视为全然被动的。可马勒伯朗士相信这种观点[14]，他的体系也公然教导这一点。如果当今的神学家对此加以谴责，他们就会陷入一种将会令他们感到尴尬的自相矛盾之中。对其他的人来说，由于人生来并不带有是非善恶的观念，那无论这些神学家采用何种体系，他们绝不能证明思想是灵魂的本质，也不能证明灵魂，或曰感知能力，在没有被推动的情况下，也就是说，在我们既没有观念也没有感觉的情况下，并不能存在于我们之中。

当风琴不发声时，它依然存在。在母亲的子宫里时，或者因劳累过度、酣睡如泥而又不受梦境搅扰时，人和风琴处于相同的状态。如果我们的一切观念可以被整理为不同类别的知识，我们在没有任何数学、物理学、道德或力学等等观念的情况下能够继续活着，因而从形而上学的角度来看，拥有一具不带有任何观念的灵魂也并非不可能。

---

[13] 纳瓦拉学院的哲学理事马利翁先生，以及效仿这位榜样的几位教授，主张心灵的所有操作都可以完全通过动物精神的运动及其印在记忆上的痕迹来解释。因而可以得出：由外部对象推动的动物精神，能够独立于我们所谓的灵魂而在我们之中产生各种观念。因此，根据这些教授的说法，心灵与灵魂大相径庭。

[14] 根据马勒伯朗士的说法，神向我们的知性展现自身：我们所有的观念都因它而起。因此，马勒伯朗士并不相信灵魂能独自产生观念；他因此认为灵魂是全然被动的。天主教会尚未对这一学说提出谴责。

第二章 拥有寻常机体组织的每个人，都拥有平等的知性能力

野蛮人拥有极少量的知识，但他们有灵魂。他们中的一些人没有关于正义的观念，也没有词语去表达这些观念。据传言，一个聋哑人在突然掌握了听和说的能力以后，坦陈自己在痊愈前并没有上帝或死亡的观念。

普鲁士国王、亨利王子、休谟、伏尔泰等等并不比贝尔蒂埃、利尼亚克、塞吉、高夏等等拥有更多的灵魂。然而前者之于后者，就像后者之于猴子以及在展览中向公众展示的其他动物一样，拥有更加优越的心灵。

蓬皮尼昂、萧迈、卡韦拉克[15]等等，肯定只有非常微弱的知性，但我们在谈到他们时总说“他说”、“他写”，甚至说“他有灵魂”。而如果一个人只有非常微弱的知性，但灵魂却并不见少，观念也就不可能构成灵魂的一部分。观念并非灵魂的本质。因此，灵魂可以独立于一切观念和知性而存在。

就让我在这里概括一下灵魂和心灵之间最显著的差异吧。

首先，我们生来即有完美的灵魂，但并没有完美的心灵。

其次，我们可以在活着的时候丧失心灵或知性，但我们不可能失去了灵魂却还保留着生命。

再次，思想并非灵魂存在的必要条件。

神学家们曾追随亚里士多德，他们无疑认为灵魂要将它所获得的观念归因于感官。所以不要想当然地认为，心灵可以完全独立于灵魂。没有感觉能力，记忆作为心灵的生成性力量，将会失去其机能，产生不了任何结果。[16] 我们观念和心灵的存在以感觉能力为前提。这种能力就是灵魂本身。由此得出结论：灵魂并不是心灵，

---

[15] 要不是凭着伏尔泰先生的一些小文章，这些可鄙之人的名字在德国，以及欧洲的任何一个地方都不会为人所知。如果没有他，人们绝对不可能知道这些人的存在。

[16] 《论心灵》一文论述道：记忆无非是一种得以延续的，但被弱化的感觉。事实上，记忆无非是感觉能力导致的结果。

但心灵是灵魂的产物，亦即感觉能力的产物。[17]

第三节　论心灵作用于其上的对象

自然是什么？所有存在物的聚集体。在世间，心灵能发挥怎样

---

[17] 或许有人会问我：什么是感知能力，什么在我们身上造成了这种现象？下面是一位著名的英格兰化学家就动物的灵魂提出的见解。他说：

"我们在物体中发现了两种属性。其中一者的存在持久不变，譬如不可入性、重力、可移动性等等。这些属性一般与物理学相关。"

在同样的物体中还存在其他属性，它们转瞬即逝的存在被这些物体内在的组成部分以组合、分解或运动等方式一次次地产生又一次次地摧毁。这类属性构成了博物学、化学等不同分支的研究对象，也属于物理学某些特殊的部分。

比如，铁是燃素和一种特殊泥土的合成物。在这种化合状态，它受制于磁铁的吸引力。当这种铁分解之后，这一属性也就消失了：磁铁对失去了燃素的铁质泥土并不能施加影响。

当一种金属与另一种实体（比如硫酸）结合在一起，这种结合也以一种类似的方式摧毁了铁可为磁铁所吸引的属性。

固定碱与亚硝酸各自有着无数种不同的属性；但当它们结合在一起时，这些属性消失地无影无踪；两者均发酵为硝石。

在大气的常温状态中，亚硝酸会从其他物体中分离出来，与固定碱结合在一起。

如果对其加热，直至硝石呈红热熔融状态，再添加任意易燃物，亚硝酸就会脱离固定碱，与易燃物相结合，并在这种结合活动中产生一种火药中的那种骇人的弹力。

当固定碱与砂石相结合，并被制成玻璃时，它所有的属性都被摧毁了；而玻璃的通体透明、不可溶解、以及带电能力等等——如果允许我用如下表达方式的话——如此之多的全新创造，都是由这种混合而产生，并由玻璃的分解而摧毁。

而在动物王国，机体组织以一种类似的方式产生了被我们称为感觉能力的非凡属性，这又为什么不可以呢？与医学和博物学相关的所有现象显然证明了：动物中的这一能力无非就是其身体结构的结果，这种能力以它们器官的发育为起点，只要器官继续存在，这种能力便持续着，最终也在器官的分崩离析中被摧毁。

如果有形而上学家问我：**动物中的感觉能力**之后会怎样呢？我的回答是：铁在被分解时，它对磁铁的吸引力会怎样，动物的感觉能力就会怎样。

参见《论化学原理》

的作用呢？观察对象彼此之间，以及对象与我们之间的各种关系；对象与我之间的关系为数甚少。我受赠一支玫瑰：它的颜色、形式、气味令我愉悦抑或使我生厌。这些就是它与我的关系。这种关系中的每一个都可以被还原为对象影响我的或合意或不合意的方式。对这种关系的确定观察最终构成了品味，以及它的种种规则。

至于对象彼此之间的各种关系，它们为数众多，可以这么说，它们和我可以用来与玫瑰的形式、颜色和气味作出一番比较的不同对象一样多。这类关系数不胜数，对它们的观察更直接地隶属于科学。

第四节 心灵如何活动

心灵的所有操作都可以被还原为对相似和差异的观察，而这种相似和差异指的则是对象彼此之间，以及对象相对于我们的异同。心灵或判断要做到不偏不倚，这取决于它在做出观察时到底投入了多少的注意力。

我能知道某些特定对象相对于彼此的关系吗？我必须做什么呢？我将其中的两个或多个对象置于我的眼前，或呈于我的记忆；然后，我将之比较。但这种比较又是什么呢？**是对这些或在场或不在场的对象给我留下的不同印象所做出的来回往复、专心致志的观察。**[18] 对这些观察，我加以判断，换言之，我对我已然接收到的印象做出精确的汇报。

比如，我急于对同一种颜色中几乎无法区分的深浅变化做出区分，**我反复检查着两块深浅不一的布料。**我把它们放在一块儿比

---

⑱ 如果记忆将接收到的印象保存起来，在对象并不在场的情况下，让我感知到与对象在场时从我这里激发出的几近相同的感觉，那么，这些我对之加以判断的对象究竟是被呈于我的眼前还是被呈于记忆，对目前的问题而言就无关紧要了。

较,就是说,**我来回注视着它们**。我对这两种图案所反射的光线在我的眼睛中造成的不同印象极为留意。我最终决定,其中一个比另一个颜色更深;就是说,我对我接收到的印象做出了精确的汇报。其他任何判断都是错的。因而,一切判断无非是对**或者确实被体验到的,或者被保存在记忆中**[19]**的两种感觉**做出详尽的叙述。

当我观察到对象与我之间的关系,我以类似的方式留意我接收到的印象。这些印象或者令人愉悦或者令人反感。那么,在无论哪种情况下,什么是判断?判断就是**说出我感受到的东西**。我撞到头了吗?是不是特别疼?对我感受到的东西做出一番简单的叙述便形成了我的判断。

不妨再多说一句:对对象之间,以及对象对于我们的关系做出的种种判断,其中的差异虽然表面上看似并不重要,但却值得我们考察一番。

当我们要对对象之间的关系做出判断时,在我们的眼前必须至少有两个对象。但当我们要对某个对象与我们之间的关系做出判断时,很显然,由于每个对象都能激发出某种感觉,那么只要一个便足以导致判断的形成。

从上述观察中,我得出结论:每一个关于对象之间关系的断言,都以对这些对象的比较为前提。每一次比较都费神费力,而一切费神费力的事情又需要某种能够引起效果的动机。但与此相反的是,当我们要观察对象对于我们的关系,亦即某一种感觉时,如果这种感觉足够鲜明,那它本身就是吸引我们注意力的有效动机。

因此,这两类感觉都总是导致某种判断。我不想在这里停留过久,我只想重申:正如我在上面已经说过的,在每一种情况下,**判断**就是**感受**。

这一点确定下来以后,既然心灵的所有操作都可以被还原为单纯的感觉,那为什么还要承认,人身上有一种不同于感觉能力的判断能力呢?但这种观点很普遍:我拥有这种能力,它也应该是这

---

[19] 没有记忆便没有判断。我在上一节已然证明了这个命题。

样。我们说：我感知，而且我判断；因此，人身上有判断和比较的能力，这种能力不同于感觉能力。这种推理方式足以说服大多数人。但是，为了显示其中的谬误，只需对“**比较**”一词形成清晰的观念即可。当该词得到恰当的阐释，我们就会发现它并不表达某种实在的心灵操作；比较一事，正如我先前所说，只不过是**要我们自己留意那些或由实实在在位于眼前的对象，或由记忆中出现的对象在我们身上激发出的不同印象罢了**。因而，一切判断**无非就是对经验到的感觉做出论述而已**。

但是，如果从对物质对象的比较中形成的判断只是单纯的感觉，是不是其他一切类型的判断都是这样呢？

第五节　论那些从抽象观念、集体观念等等的比较中得出的判断

“虚弱”、“强壮”、“渺小”、“巨大”、“罪行”等等词语并不表征任何实体，亦即任何物体，那么从这些词语的比较中得出的判断怎么能还原为单纯的感觉呢？我的回答如下：由于这些词语并不表征任何观念，只要我们不把它们用于任何可感的特殊对象，那么就不可能形成任何与之相关的判断。而当它们被或有心或无意地用于一些确定的对象，那么“巨大”一词就会表达一种被观察到的关系，也就是呈现在我们视线之中的对象之间的差异与相似。如此运用词语，观念便获得了物质性，而由这种观念形成的判断便如同我之前所说的，无非是对感觉的述说。

可能有人会问我，到底是出自何种动机，人们发明并引入了代数表达式——如果允许我这么说的话——除非它们被用于可感对象，否则便没有实在的意指，也不表征任何确定的观念？我的回答是：人们认为，通过这种方式，他们可以更简单、更快捷，甚至更清晰地传达自己的观念。因此之故，人们在一切语言中均发明了那

么多既模棱两可[20]但又很有用的形容词和名词。让我们从那些缺乏意指的表达中举出一个例子，比如“直线”这个词，它在几何学中被认为是缺乏宽度与厚度的长度，就这方面而言，它无法使心灵想起任何观念。没有这样的线存在于自然中，也不能对它形成任何观念。因此，老师在用这个词的时候到底想要做什么呢？他只是诱导他的学生把全部注意力放在物体的长度之上，而不去理会该物体的其他维度。

为了代数计算之便，当我们用字母A和B替换了固定的量，这些词语呈现了任何观念么？他们表达了任何实在的维度么？并没有。在代数语言中用A和B指称的东西，在日常语言中就由“虚弱”、“强壮”、“渺小”、“巨大”等词来表达。这些词仅仅表达事物之间模糊的关系，它们并不传递任何实在而清晰的观念，除非被用在确定的、彼此得到比较的对象上。此时，这些被放进——如果我可以这么说的话——等式或比较中的词语才非常精确地表达着对象之间的关系。但在此之前，比如“巨大”一词，它是被用于一只苍蝇还是一头大象身上，这会让心灵浮现出非常不同的观念。所谓“观念”或“思想”也同样如此。这些表达本身缺乏意指，但它们造成了多少错误啊。学院中十分常见的观点是，因为**思想并不属于广延和物质**，因而灵魂显然是精神的。我承认我从来也没搞懂过这些学界行话。“思想”一词的意义到底是什么呢？它要么缺乏意义，要么就像“运动”一词一样仅仅表达着人的存在模式。存在的模式

[20] 开化民族的语言毫无例外地囊括了非常多的代词和连词，这类词语本身不具备意义，但它们可与某些表达式连用，或是被用于某些语句，并从这些表达式或语句中借用不同的意指。发明此类词语，多数是由于人们担心语言中的符号增殖过度，同时也想更容易地传达自己的观念。如果人们确实不得不创造出与可以将之运用于其上的事物一样多的词语，比如发明出“白色的”、“强壮的”、“巨大的”这些词来表示“巨大的绳缆”、“巨大的公牛”、“巨大的树木”等等，那么很显然，为表达观念而必需的词语会增多到记忆不堪其重负的地步。因此似乎有必要发明出这样一些词语，这些词语本身并不表征任何实在的观念，它们只有情境性的意指，仅仅表达对象之间的关系，而一旦与那些拥有此种关系的对象联系在一起，它们便会使心灵浮现出清晰的观念。

或方式并不是物体，也没有广延，这再清楚不过了。但要从这种模式中产生出存在，甚至是精神的存在，这在我看来实在是荒谬绝伦。什么能比“罪”这个字眼更加模糊呢？我必须要将之用于一次盗窃、一场谋杀或类似行为之上，这个集合名词方可向我的心灵传递清晰而确定的观念。人们发明诸如此类的词语，只是为了更容易地，至少是更快捷地传达自己的观念而已。假设建立一个唯有正派的人才可入内的社会。一个人可能因为某些行为而被驱逐出这个社会，但开列一个长长的清单将这些行为记录下来，这实在是太麻烦了。为了不那么费劲，人们宁愿一言以蔽之：罪犯不得入内。但“罪”在这里代表何种精确的观念呢？什么也不代表。用这个字，无非是想让整个社会的心灵去注意那些其成员可能采取的有害行动，警示他们谨言慎行。总之，这个词无非就是一个声音，一种引起社会关注的方便手段。

以类似的方式，我们如果不得不根据罪行来决定相应的惩罚，那么首先必须对之形成清晰而精确的观念，然后在记忆中依次呈现出有关一个人可能犯下的不同罪行的种种表征，然后考察一下这些不法行为中哪一个对社会最具破坏性，最后形成一个判断，而正如我先前反复说过的那样，这个判断无非**是在我们呈现出关于这些罪行的若干表象时，对此时的感觉所作出的表达**。

因此，无论什么观念，在彻底的分析中，总是可以被还原为物质事实或感觉。由于某些词语意指模糊，有时要从这些词语中演绎出清晰的观念比较麻烦，这就使得这类讨论处于晦暗不明的状态中。或许，在分析其中一些表达，并把这些表达还原为——如果我能这样说的话——它们的构成性观念时所遭遇的困难，就像在化学中对某些物体加以分解时所遭遇到的困难。但是，让我们在分解的过程中调动起必需的方法与注意力，这样我们就不会与成功失之交臂。

这里所说的将足以使目光敏锐之士确信，一切观念、一切判断都可以被还原为感觉。因此，在解释心灵的不同操作时，我们不必认为做出判断和比较的能力不同于感觉能力。但人们可能会问，我们把事物放在一起比较，对它们的关系投入必要的关注，其本原或动机是什么呢？是兴趣。而正如我将要表明的，兴趣同样也是肉体感受力的产物。

第六节　没有兴趣，便没有事物之间的比较

对对象加以比较，需要人们先集中注意力，而集中注意力则需费神费力，做费神费力的事情要以一定的动机为前提。假定存在一个无欲无求之人，他不会对任何对象进行比较，也不会陈述任何判断；但他仍可能对对象给予他的直接印象做出判断，只要这些印象足够强烈。它们的强度构成了使人们集中注意力的动机，其本身便带有某种判断。如果感觉较为微弱，那么就不一样了；这时它所引起的判断既不能形成知识，也无法成为记忆。被无穷多的对象包围着的人，必定受到无穷多的感觉所施加的影响，因此便形成了无穷多的判断，但他自己却并不知道自己形成的判断。为什么？因为这些判断和感觉具有相同的性质。如果它们形成了一种转瞬即逝的印象，建立在这些印象之上的判断也同样如此，它们在记忆中并不留下任何蛛丝马迹。事实上，每个人每天都在不知不觉中做出无穷多的推理。我下面所举的例子，就是那些几乎伴随着一切快速身体动作的推理。

在舞蹈时，韦斯特里斯分腿跳跃再很快并拢双脚，而没做脚部交叉动作；在击剑学校里，莫德做出了一个三分位而非四分位。没有原因便没有结果，韦斯特里斯和莫德的动作肯定是被一些过于迅疾以至于——如果我可以这么说的话——无法被察觉到的推理所决定。所以，当一个物体快要打中我的眼睛时，我用手做出的动作也是被类似的推理所决定。经验告诉我：对于某个在打中我之后会使我丧失视力的物体，我的手能够轻而易举地抵挡住；对我来说，我的眼睛比手更加宝贵，所以我应该让手暴露于危险之中，以便保护眼睛。在同样的情境中，人人都会做出同样的推理。但这种习惯性推理太迅疾了，以至于人们还没有察觉到这个动作和导

致这个动作的推理，就已经把手放在眼前了。那么多的感觉与这些习惯性推理具有同样的性质！那么多微弱的感觉并没有吸引过我们的注意力，也没有使我们对之产生意识，抑或留下记忆的痕迹！

有些时刻，那些最强烈的感觉在某种程度上也是不可感知的。我战斗，我受伤，我继续战斗，并没有感知到我受伤。为什么？因为，对自我保存的爱，愤怒，以及使我热血沸腾的动作，使我感觉不到那原本会吸引我所有注意力的一击。

也有一些相反的时刻，我们能感觉到那最微弱的印象——恐惧之情、勃勃野心、贪婪和妒忌等等将我所有的注意力都放在某个对象上面。我是不是卷入一场阴谋之中？没有一个手势、一个眼神能逃脱我的同谋们那一双双焦躁不安、疑虑重重的眼睛。我是一名画家吗？一切非凡的光效都使我着迷。我是一个珠宝匠吗？钻石上的一切瑕疵都被我感知到。我妒忌心重吗？伟大人物身上的一切毛病都逃不出我敏锐的眼睛。这些激情把我的注意力集中在特定对象上面，使我易于产生最敏锐的感觉。以类似的方式，它们与此同时也让我对其他一切感觉无动于衷。

如果我陷于爱恋、妒忌、野心与不满之中，当心灵处于这种状态之中时，我穿过君王宏伟的宫殿，自大理石、雕像与油画反射而来的光线并不能产生任何效果。为了唤起我的注意力，一些崭新的、未知的对象必须对我的视觉做出出乎意料的猛然一击。除非这种印象出现，否则我只会在无知无觉中往前走而已。

相反，当我的欲望毫无波澜，如果我从同样的地方走过，我的灵魂能感觉到装饰这里的一切自然美与艺术美，它向所有的印象敞开，将会裹挟着它所接受到的一切。情人与野心家在凝望一切对自己产生影响的对象时所使用的热切而敏锐的眼神，并不会发生在我身上。我不会像他们那样去看那些只有充满激情的眼睛才看得见的对象。我不会那么敏感，但更能感觉到那些一般的东西。让一个悠游之士与一位植物学家沿着河边散步，亭亭如盖的橡树投下树阴,灌木丛与香气馥郁的花朵簇拥于旁。第一个人只是感动于河水的清澈,橡树的挺拔,灌木的多样,花朵的芬芳,而不会用植物学家的眼睛去看这些事物。他不会去观察这些灌木与花卉之间的雷同与差异之处。他并没有兴趣专注于此,因而缺乏感知它们的注意力;他会从他的判断中接受一系列感觉,但不会记住它们。而这位急于获得声名的植物学家,这位对多种多样的灌木与花卉做出审慎观察的人,则能够独自专注于自己感受到的不同感觉,以及自己形成的不同判断。㉑

此外,对这些印象是有意识还是无意识,都不改变它们的性质,因而有下述命题:如我先前所说,我们的一切感觉自身都带有某种判断,这种判断虽然在没有引起我们的注意时会被忽略,但它们至少是一样真实的。

从这一节的内容可以得出,通过比较对象得来的一切判断,都以一种我们想对之加以比较的兴趣为前提。而这一兴趣必然是以我们对于幸福的热爱为基础的,故而只能是身体感受力的产物;因为那里是我们一切快乐与痛苦的发源地。对这个问题加以探讨之后,我得出结论:肉体上的痛苦与快乐是一切人类行动的被忽视的本原。㉒

第七节　肉体感受力是引起我们行动、思想、激情与社交的唯一原因

行动

工匠与农夫思考、发明、劳作,是为了让自己能穿上衣服,打扮情人或妻子,给她们提供娱乐,供养自己与家人,总之是为了能享受那些随着身体欲望的满足而带来的快乐。所以,肉体感受力是

㉑ 事实上,不予以注意,便留不下记忆;不投以兴趣,则不会注意。

㉒ 卢梭先生在其《爱弥儿》的若干篇章中否认身体感受力是人类一切行动的本原,但他用于支持这种否定的理由则表明,他并没有认真考虑过这个问题。

人类唯一的推动者。[23] 我下面将要证明，人易于感受到的，只有两

---

[23] 所谓理智上的痛苦或快乐，总是可以被认为是某种身体上的痛苦或快乐。仅举两例以澄清这一点。

是什么让我们喜欢上了赌博，即使赌注很小？是我们在赌博的时候感受到的那些合意的感觉吗？并不是。我们爱上赌博，因为它让我们摆脱了那种郁闷无聊的糟糕状态，给我们带来了新鲜的印象，而在缺少这些印象时，我们就会感到不满足，身体也觉得不舒服。是什么让我们爱上了豪赌？是对金钱的热爱。那又是什么让我们爱上了钱呢？对商品的喜好，对娱乐的需求，以及想要避免身体上的疼痛、获得身体上的快乐的欲望。此外，难道我们不喜爱豪赌时产生的情绪吗？当然。我在输了一千、两千甚至一万基尼（英国的旧金币，值一英镑一先令——中译者注）时所感受到的情绪源自一种恐惧，我恐惧别人剥夺了自己所拥有的快乐；我在赢的时候所感受的情绪则源自一种希冀，我希望享受到增长的财富给我带来的快乐。某些人在赌博时产生的情绪难道不是骄傲的产物吗？他们甚至骄傲到在不走运的时候会觉得自己受到了侮辱，即使他们赌的东西只是一根针。不过这种骄傲毕竟是少数。正如《论心灵》第十三节第三个讨论所证明的，这种骄傲也无非是身体感受力的产物。因此，让我们喜欢上赌博的本原要么是对糟糕状态，因而也是对痛苦的恐惧，要么是对身体快乐的希冀。

一个人在行慷慨之事或救人于水火时所产生的那种内在的快乐也是如此吗？这显然是一种十分鲜明的快乐。这类行动都应该受到人们的颂扬，因为它对每个人都有益处。而所谓好人指的是什么呢？是指那些目睹悲惨场景时会产生痛苦感觉的人。

不带任何观念、无善无恶地呱呱坠地，一个人的一切，甚至包括他的人道精神，皆为后天习得。他要将这种情感归因于他所接受的教育。在激发他产生这种情感的各种方式中，最有效的一种，就是让他自童年起，甚至在摇篮中，每当目睹悲惨场面，便习惯性地问自己：是什么样的机缘巧合让他没有陷于严酷季节、饥寒潦倒等类似的困厄。当这个孩子已经习惯于将自己置于不幸之人的位置上，习惯便养成了，他会被他们的不幸更深地触动，因为在为他们的命运扼腕叹息时，他所关切的，是一般意义上的人性，更是他自己。无穷多各异的情感与这种最初的情感互相混杂，它们聚集在一起，构成了一个高贵的灵魂在帮助身处逆境之人时所感受到的那种完整的快乐情感，虽然他并不总有机会去分析这种情感。

我们救助时运不济之人：

1. 是为了避免因看到他们受苦受难而产生的身体上的痛苦。

2. 是为了成为受他人感激的榜样，这至少让我们对遥远未来的效用抱着模糊的希望。

3. 是为了展现力量，而对我们来说，力量的运用总是令人愉悦的，（转下页）

种快乐和痛苦,一种是身体当下的快乐与痛苦,另一种则是预见和记忆带来的快乐与痛苦。

痛苦

我只知道两种痛苦,一种是我们感受到的,另一种是我们预见到的。我饿死了,我当下即感受到痛苦。我预见到我快要饿死了,我通过预见而感受到痛苦,这种痛苦有多接近和多严峻,这种印象就有多强烈。快要步上断头台的死囚尚未感受到折磨,但那当下即对他施加惩罚的预见则已经开始了。㉔

悔恨

某种罪行带给我们身体上的痛苦,悔恨无非是对这种痛苦的预见,因此悔恨是身体感受力的产物。画家和诗人的狂热想象对汹涌的火舌、辗转的车轮以及酷烈的鞭笞所做的描述令我们瑟瑟发抖。如果一个人不感到恐惧并且不受法律约束呢?那他对自己犯下的罪行就不会感到悔恨,虽然这要假定他之前并没有养成合乎美德的习惯,否则他在背离美德时就不会感到心安理得、问心无愧,而不安与愧疚也可以被称为悔恨。经验告知我们,每一项没有

(接上页)因为它总是让心灵想起伴随着这种力量的各种快乐。

4. 因为在良好的教育中,关于幸福的观念总是与关于善行的观念联系在一起的,这种博取了人们的尊重与喜爱的善行可以像财富那样被视作一种力量,亦可被视为趋乐避苦的手段。

我们在行善之时所感受到的那种完整的快乐情感就是由这种方式构成的,也就是由一簇具有亲缘性的各异情感构成的。

上面所说的已足以让一个具有洞察力的人学会如何对另外一种快乐,即所谓理智上的快乐加以分解,并将之还原为纯粹的感觉。

㉔ 在这些令人毛骨悚然的时刻,预见无疑使人感受到一种痛苦的身体感觉。这种预见是什么呢?是记忆的产物。惩罚本身可以使器官处于一阵阵更加强烈的收缩状态,而记忆也可以让这些器官在一定程度上进入这种状态。因而很显然,人们眼中那些内在的痛苦与快乐,其实是许许多多的身体感觉,而且我们用"内在的"或"外在的"这样的词语去理解的,只能是记忆激发出的印象和真实呈现的对象激发出的印象。

使我们面临法律制裁抑或有损名誉的行动，人们在做出这些行动时一般并不感到悔恨。[25] 梭伦与柏拉图爱女人，但也爱男童，并且公开承认这一点。[26] 偷窃在斯巴达并不被惩罚，而且拉西第梦人实施抢劫也不感到悔恨。东方的君主能够肆无忌惮地把税赋的重担加在臣民的头上，并且还能奏效。宗教裁判者能肆无忌惮地把任何一个在某些形而上学论点上和他想法不同的人烧死，犹太人或不信教者的相反意见对他的虚荣构成了小小的冒犯，而他则用骇人听闻的折磨手段满足自己的复仇心，且并不感到悔恨。因此，悔恨的存在源于对惩罚或丢脸的恐惧，而如我所述，这种恐惧总是可以被还原为身体上的感觉。

友谊

洒落在挚友骨灰瓮上的泪滴也同样溯源于身体感受力。与朋友的对话曾把我从不安中、从灵魂的烦扰状态中解脱出来，他的逝去令我哀叹，实际上给我造成了身体上的痛苦。我悼念我的朋友，他曾不顾自己的安危与财富，使我免于悲伤与毁灭，他为我的福祉操碎了心，给它增添了各种各样的快乐。当一个人反观自照，检视灵魂深处，他在这些感受中察觉到的无非是身体上的痛苦与快乐的发展。有什么是这种痛苦做不到的呢？正是以这种痛苦为媒介，执政官用锁链束缚住恶行，令暗杀者解除武装。

---

[25] 如果污名，或者说来自他人的轻蔑令人不堪忍受，这是因为它预示着不幸：污名使我们丧失了人类在社会中的结合所带来的一部分好处，而轻蔑则意味着我们将无法获得那些对我们有益的关心，并让未来的时光显得既缺乏快乐又充满痛苦。这些都可以被还原为身体上的感觉。

[26] 在古代，高卢人被划分为许许多多的小型社区，或曰特殊社会，这些社区是由十几个家庭组成的，而这些家庭的女人是公有的。他们居住在一起，并不感到悔恨；但没人胆敢对隶属于其他社区的女人产生激情，法律禁止这种事情。在豁免权消失的地方，悔恨便出现了。

快乐

有两种快乐，正如有两种痛苦：其一是当下的身体快乐，另一种则是由预见导致的快乐。某人是不是喜欢优质的奴隶与精美的绘画？如果他发现了一大笔财富，他会感到乐不可支。但是，你会说，他尚未感受到任何身体上的快乐。确实，但他在那一刻得到了获取欲望对象的手段。对即将来临的快乐做出的预见，实际上就是一种现实的快乐。如果他并不喜欢优质的奴隶与精美的绘画，那他对财富的发现只会漠然处之罢了。

因此，通过预见得到的快乐总是以感官快乐的存在为前提的。希冀着明日与情妇共享欢愉，这让我今日便感到幸福不已。每一次获得了某种便于产生快乐的手段之后，预见或记忆都会把这种获得转化为现实的享受。

每一次我的声誉、地位、财富以及权力——权力是最重要的——得到提升时，究竟是什么样的动机让我从中获得了愉悦的感受？这种动机就是：我把权力视为增加幸福的最有效手段。

权力

人皆爱己。人们都想获得幸福，并认为，如果自己被赋予足够的权力以便获得任何一种快乐，那么就会获得完美的幸福。因此，对权力的热爱源自于对快乐的热爱。

设想一个毫无感觉的人。可有人会说，他肯定没有任何观念，因此不过是一塑雕像。即便如此，也让我们先允许他存在，甚至思考。那么，国王的权杖对他来说有任何重要性吗？并没有。事实上，即便大权在握，又能给一个毫无感觉之人增添什么幸福呢？

如果有着勃勃野心的人是那么地觊觎权力，那是因为权力可作为获致快乐的手段。和金子差不多，权力也是一种货币。权力产生的效果，与一张汇票产生的效果是一样的。如果我占有这张汇票，在伦敦或巴黎会得到十万克朗[27]的钱，那么我也会得到这一大

---

[27] 货币名称与单位，1克朗等同于25便士。——中译者注

笔钱能够换得的一切快乐。如果我拥有一份授权书或指挥令呢？我同样会从我的同胞公民那里取得几乎一样多的物资供应或快乐。从某个角度而言，财富和权力能产生相同的效果，因为财富就是权力。

在一个尚不知道货币的国家，赋税是通过何种方式缴纳的呢？以实物缴纳，玉米、红酒、牛或者禽类等等。那商业要如何运转呢？通过交换。因此，为了发展商业，人们把一种可携带的商品当做货币，同意用它来交换其他一切种类的商品。尊严与荣誉被开化民族用来酬报人们向国家提供的各种服务，那它们也和货币一样吗？为什么不呢？荣誉是什么？一种以类似的方式代表着各种物资供应和快乐的货币。假设在一个国家里，这种荣誉货币并没有流通，假设一个民族过于自由、过于高傲，以至于不愿意忍受存在于阶层和权威之间的巨大的不平等，这个民族必须要以何种方式去酬报那些有利于民族的伟大行动？用自然的财富与快乐来酬报它们，也就是说，把一定数量的玉米、啤酒、干草、红酒等等转移到英雄的谷仓和库房里面；可以给他耕地万顷，也给他许多英俊的奴隶。希腊人让阿克琉斯占有布里塞伊丝[28]，以此酬报他的英勇。[29] 在斯堪的纳维亚人、萨克森人、赛西亚人、凯尔特人、闪米特人以及阿拉伯人[30]中间，勇气、才能和美德的酬报是什么呢？有时是一个优质的

---

[28] 布里塞伊丝(Briseis)，古希腊神话中小亚细亚地区吕尔奈斯城(Lyrnessus)的王后，特洛伊战争时期为阿克琉斯所俘虏，之后她成为阿克琉斯的小妾，作为对他的犒赏。——中译者注

[29] 在里米尼(古称“阿里米努姆”，意大利北部城市。——中译者注)岛，一个人如果没有杀死过敌人并把他头颅掠走，那就不能结婚。击败两个敌人的人有权利迎娶两位妻子，如此这般，最高可至五十。这种制度的起因是什么呢？这些岛民被敌对的民族所包围，如果不用最高的奖赏去不断地激发人民的勇气，那么他们就无法在这种处境中抵御这些民族。

[30] 如今，在商旅队伍给沙漠中的阿拉伯人带来的各种礼物中，最合他们心意的就是那些可以迎娶的处女了。这曾经是胜利的萨拉森人要求被征服者进献的贡品。阿卜杜拉汗在征服了西班牙人之后向阿斯图里亚斯地区卑微的君主勒索一百个貌美的处女作为一年一度的贡品。

女人，有时是一场盛宴，战士们大快朵颐，畅饮美酒，沉醉在游吟诗人的歌声中。

因此很显然，如果说在大多数开化民族中，货币和荣誉是对道德行为的奖赏，那么上面提及的那些东西则代表着贫穷而自由的民族授予英雄的财富与快乐，而为了获得这种财产和快乐，这些英雄们历经千难万险而在所不惜。可如果这些尊严与荣誉并不代表财富或快乐，它们无非是空洞的头衔而已[31]，那么基于这种假设，这些头衔一旦根据自身的真实价值得到评价，便立刻不再是欲望的对象了。如果想让一名战士杀进护墙上的缺口，就必须给他五先令的银币，这代表着一品脱的白酒和一次狎妓的享乐。古代的战士与现在的战士无异。[32] 人类并没有改变自己的本性，他们总是为了相同的奖赏做出近乎相同的行动。假使某个人对快乐与痛苦无动于衷，那他将不会做出行动，感受不到悔恨和友谊，也感受不到

---

[31] 在专制国家里，荣誉之泉通常是干涸的；因为所有的权力都掌握在专制者的手心里，荣誉在那儿不能带来任何一种权力；因为在那些国家，一位荣誉等身的英雄并不能远离奸臣的阴谋；因为他对他的财物或者自由并没有确定的所有权；总之，因为只要高高在上的主权者一时兴起，他就不得不身陷囹圄，被剥夺财产与荣誉，甚至生命。

为什么英国人把大部分外国贵族仅仅看成是一些花里胡哨的贴身男仆和身上装饰着花环的可怜虫？因为英格兰的一个农夫事实上比另一个国家的政府官员地位还要高。农夫是自由的，他可以无所顾忌地成为有德之人。在他眼里，高过自己的只有法律。

在那些贫穷的共和国里，对荣誉的欲望必定是最强有力的行动本原；因嗜好奢侈品而产生的对金钱的热爱则是专制国家里的行动本原；不同民族的推动力量从属于政府的类型。

[32] 众所周知，布伦努斯（布伦努斯[Brennus]是塞农人的首领，而塞农人则是高卢人的一个部落。公元前387年，布伦努斯带领一支高卢人的军队攻陷罗马，占领该城大部分地区达数月之久。——中译者注）侵入意大利并不是高卢人的第一次行动，而是第五次行动。在他之前，贝洛维苏（贝洛维苏[Bellovesus]，生活于公元前600年左右的高卢国王，在罗马第五位国王统治时期带领子民入侵了北意大利。——中译者注）已经入侵了意大利，而这位首领是如何说服他的国民跟随他翻越阿尔卑斯山的呢？他向他们展示意大利的红酒。他喊道："尝一尝这些酒吧，看看你们会不会喜欢上它。如果你们喜欢，那就跟随我征服那个产酒的国家吧！"

对财富和权力的热爱；因为，当我们对快乐本身毫无感觉，我们肯定也对获得快乐的手段毫无感觉。我们在财富和权力中寻求的，就是那些可以让我们避免身体上痛苦，并获得身体上快乐的手段。如果获得金子和权力总是一种快乐，这是因为预见和记忆把获得快乐的一切手段都转化成了现实的快乐。

从这一节可以得出一个普遍性的结论：人的一切都是感觉。下面我将表明，人的社会性也是由这些感觉导致的结果，从而为上述结论提供一个新的论证。

第八节　论社会性

人天生以水果和肉类为食，但人也因自身弱小、手无寸铁而不得不面对那些比自身更加强壮的动物贪婪的胃口。所以，为了躲避凶猛的老虎狮子，人被迫与其他人结合在一起。这种结合是为了攻击和杀死其他动物㉝，而这么做要么是为了食用这些动物，要么是为了阻止这些动物消耗那些为人类提供营养的果蔬。与此同时，人类繁衍着，为了维持下去，就不得不耕耘土地；但为了诱导人类从事耕稼，就有必要明文规定收成应当属于农夫。为了这个目的，居民们彼此达成协议、制定法律。这些法律强化了把人们结合在一起的纽带，而这种建立在人类需求之上的结合，是肉体感受力的直接结果。㉞ 但这种社会性难道不能被视为一种天赋

㉝ 据说，在非洲有一种野狗，它们结成行伍与那些比自身强壮的动物开战。

㉞ 因为人是社会性的，人们便得出结论说人是善良的。但这其实是自欺。狼组成社会，但它们并不善良。我们可以补充说明，如果人确如丰特奈尔先生所说的那样，是根据自己的形象制造出了上帝，那他为神绘制的恐怖肖像画应该让人的善良变得非常可疑了。霍布斯因为下述箴言而受到指摘：**强壮的孩子是坏孩子**；但他只是以另一种说法复述了高乃依那段备受推崇的诗文：

Qui peut tout ce qu'il veut，veut plus que ce qu'il doit.

随心所欲行事之人，想要的多于应得的。　（转下页）

的性质[35]，被视为一种友善的道德吗？我们从这方面的经验中学到的一切就是，在人之中，就像在其他动物中一样，社会性是需求导致的结果。如果保护自己的欲望让牛马等草食动物成群结队聚在一起，那么追逐、攻击和征服猎物的欲望便以类似的方式让诸如狐狸和狼这样的肉食动物组成社会。

利益和需求是一切社会交往的本原。因而，单凭这些本原（很少有作者给出关于这些本原的清晰观念）便让人们彼此结合，而这种结合的强度总是与习惯和需求的强度成正比的。一旦年轻的野蛮人[36]或者幼熊能够为自己提供营养物质和保护措施时，前者便离开了父母的小屋，后者则离开了父母的洞穴。[37] 类似地，鹰把它年

（接上页）另一句来自拉·封丹的诗文：

La raison du plus fort est toujours la meilleure.

最强壮的总是最有理的。

书写人类浪漫故事的人谴责霍布斯的箴言，书写人类历史的人却推崇它，而法律的必要性则证实了它。

[35] 这种被某些作者视为天赋本原的好奇心，其实是我们想要获得幸福、改善自身处境的欲望，它无非是肉体感受力的延伸。

[36] 绝大多数旅行家都说，黑人与子女之间的依附关系类似于野兽和后代之间的依附关系：当子女能够自力更生时，这种关系也就终止了。参见《亚美诸洲旅行趣闻录》。

关于这个主题，达波（达波［Olfert Dapper，1636－1689］，荷兰作家，曾撰写过大量有关世界历史和世界地理的著作。——中译者注）在他的《非洲游记》中谈到，安科西科斯人食用他们的奴隶。人肉在他们的市场中就和牛肉在我们的市场中一样稀松平常。父亲尽情享用儿子的肉，儿子也尽情享用父亲的肉。兄弟姐妹互以为食，母亲食用她刚刚带到这个世界的孩子而毫无惭色。拉巴特神父（拉巴特神父［Père Labat，1663－1738］，法国作家、探险家、植物学家，多明我会修士，曾撰写过有关拉丁美洲和非洲的作品。——中译者注）曾说，黑人对父母不知感激，不爱父母，对病患也毫无同情心可言。他补充说道，这些人认为，母亲在树林里把孩子丢给贪婪的老虎，这才算得上残忍。

[37] 当父母垂垂老矣、身弱体虚、无力劳作、被迫以乞讨为生时，孩子们却对父母不管不顾；这种事情在欧洲并不罕见。在乡村，我们看到，一个父亲养活七八个孩子，但七八个孩子却不足以养活他们的父亲。如果并不是所有的孩子都那么不近人情，如果其中一些还算慈爱和人道，那么这就要归功于教育和榜样的作用了。放任自然的做法已经把他们弄成了一个个小野人。

幼的子女从巢穴中驱赶出去，只要雏鹰拥有足够的力量去追逐猎物，不在父母的帮助下也可生存下去。

使得子女和父母互相依恋的纽带，并没有通常所想象的那样强。过强的纽带对社会甚至会产生致命的影响。一个公民首先要考虑的应该是法律和公共繁荣。我并不想这么说，但人的孝心应当服从于爱国之情。如果后一种情感没有超过其他一切情感，那我们要如何对善恶加以度量呢？尺度荡然无存，所有的道德也将不复存在。

那么，到底是出于何种理由，正义和对上帝的热爱被推荐给世人，并高居一切之上呢？这是因为对父母过度的爱恋将使人们处于危险之境。如果这种激情的泛滥得到容忍，如果它被宣称为最重要的依恋之情，那么，为了满足父亲的需求，让父亲过得更加舒适，儿子将有权打劫他的邻居，掳掠公共财富。每个家庭都将组成一个小小的民族，这些民族的利益相互颉颃，总是处在交战的状态。

有些作者为了让我们觉得他拥有一副好心肠，便把人类的社会性建立在除了身体上的习惯性需求而外的其他某种本原之上，他们由此欺骗了心智欠佳之人，给他们留下了关于道德的错误观念。

毫无疑问，大自然做出了如下设计：感恩与习惯会在人的身上形成一种引力，这种引力驱使着人们去爱他们的父母；但它也同时也设定，在人们追求独立的自然欲望中，应当存在一种排斥的力量，这种力量会减弱上述引力过于强大的作用。[38] 因此女儿愉快地离开母亲的房子，走向她丈夫的房子。儿子也快乐地离开了土生土长的地方，去印度接受雇佣，到一个遥远国度里寻求公职，或只是去享受旅行带来的快乐。

情感、友谊和习惯据说是很有力的，可巴黎的居民每天都会更换自己的住处、熟识和朋友。如果一个人想让别人上当，他就夸大

---

[38] 依赖令人厌恶，或许由此而产生了对父母的敌意，以及那句建立在寻常而持久的观察之上的俗谚：**对亲属的爱步步下沉，而不上升**。

情感与友谊的力量，把社会性描绘为**一种天赋的情感或本原**。事实上，他怎么会忘记，在这方面其实只有一种本原，那就是肉体感受力？正是由于这个本原，我们才产生了自爱之情，也对独立有着强烈的爱。如果人们确如传说中的那样由一种相互之间强烈的吸引而彼此接近，那么天国的立法者为何还告诫他们彼此相爱、尊敬父母呢？[39] 他难道不会把这一点交给大自然处置吗？而大自然在无任何律法的帮助下，即可强制人们在饥饿口渴的时候吃喝，睁开双眼面对光明，不要让双手接触火焰。

旅行家们可没跟我们说过人类对同伴的爱真的和表面上看起来一样地常见。一个水手从一次船舶失事中逃脱出来，被抛弃在一片不知名的海岸；他并不会张开双臂拥抱那个他第一个遇见的人。相反，他藏身于草丛中，观察居民的风俗，然后才颤颤巍巍地出现在他们面前(1)。[40]

但如果一艘欧洲的船只恰好靠近一座不知名的小岛，难道说那些野蛮人不会成群结队地奔向那艘船吗？他们毫无疑问会对眼前的景象大吃一惊，他被我们新颖的穿着、武器和工具震撼。我们的样子激起了他们的好奇心。但紧接着这种最初的感觉而来的是什么样的欲望呢？那就是占有这些自己相当喜爱的东西的欲望。他们少了些兴奋，多了些心机；他们汲汲于获得自己所欲求的东西，不择手段、软硬兼施。为了这一目的，他们等待着屠杀抢掠欧洲人的有利时机，而欧洲人在对墨西哥和秘鲁的征服过程中则早早地向他们做出了同样不义的表率。

这一节的结论是，道德和政治的原理和其他一切科学的原理一样，应当建立在大量的事实和观察的基础上。那么，迄今为止对道德的观察带来了怎样的结果呢？那就是：人类的手足之情是由互

---

[39] 要爱我们的父母，这条告诫证明了，我们对父母的爱更多是习惯和教育的作用，而非自然而然的结果。

[40] 在英译本与1778年出版的法文本（以下称为“法文本”）中，本章第1条尾注在正文中均无法找到对应的注释符号。这里参考1818年出版的《爱尔维修全集（第二卷）》（以下称为“全集本”）重新定位了该条尾注的位置。——中译者注

相帮助的必要性以及在需求上的密切联系而产生的结果，后者则依赖于肉体的感受力；我将这种感受力视为我们行动与善恶的本原。

在维护自己这方面的见解时，我认为我应当为《论心灵》一文辩护，以驳斥那些虚伪而无知的丑恶非难。

第九节　对《论心灵》一文所认可之原则的辩护

当《论心灵》问世之时，神学家把我视为一个败坏道德的人。我追随柏拉图、普鲁塔克以及经验的教导，认为对女人的爱有时会激发男人身上的美德，故而遭受他们的谴责。

他们的谴责是很荒谬的，这是公认的事实。已经跟他们说过了：如果面包能成为劳作和勤勉的回报，那女人为何就不能呢？[41]如果一切欲望对象都只有通过为祖国效力才能获得，那它们便成了美德的推动者。

在那些年代里，当北方诸民族的入侵和一群群劫掠者的侵扰迫使居民们枕戈待旦时，当频频遭受掠夺者蹂躏的女人们总是亟需她们的保护人时，彼时最受尊崇的美德便是英勇了。因此，女人的垂青是对那些勇士的回报，每一个雄心勃勃、渴望获得女人垂青的男人，总是殚精竭虑地让自己获得那种热烈的勇气，而这种勇气，在历时四个世纪之久的时间里，孕育了那些闻名遐迩的骑士游侠。

在那个年代，对快乐的热爱是推动当时人们唯一知晓的美德得以形成的本原；而这一美德，便是英勇。当风移俗易，得到改善的

---

[41] 如果饥饿构成了许多行动的本原，对人拥有如此之大的掌控力，我们又怎么能想象女色之欲不会对人产生任何作用呢？当一位年轻人燃起了爱情的第一束火光时，就让这种享受去回报他的勤勉吧。甚至当他躺在情人的怀里时也要提醒他，正是由于自己的才能和美德，他才博得了情人的好感。这位温顺的、勤奋的、高尚的年轻人将以一种有利于健康、灵魂和公共利益的方式尽享欢愉。而在其他情况下，他享受不到这种欢愉，除非他在花天酒地中挥霍自己的精力，糟践自己的心灵，并散尽一切家财。

政策让那些胆怯的处女不再受到侮辱，此时，日渐免于掠夺者蹂躏的美人（在政府的治理中，一切事情都是相辅相成的）便不那么尊崇她们的卫士了。如果女人对勇士的热情随着她们害怕程度的下降而日渐冷却；如果对英勇的尊崇虽然至今还保留着，但完全成了对传统的尊崇；如果今时今日，人们普遍偏爱那些最年轻的、最勤奋的、最会花言巧语的，特别是那些家境最为优渥的情人；那么这些都不会让人感到惊讶。事情本该如此。

因此，由于风俗习惯和政府治理中发生的变化，女人的垂青要么成为推动某些美德得以形成的诱因，要么不再如此。爱本身并不是罪恶。我们为什么要认为是快乐在政治上败坏了社会风俗呢？人们在一切时代里都有着近乎相同的需求，人们也在一切时代里满足了这些需求。

生活在爱情的氛围最为浓厚的时代或民族中的人是最强壮、最健硕的。盖尔语诗歌《埃达》[42]，以及一切历史告诉我们的是，那些被认为是属于英雄与美德的时代，并非最节制的时代。

年轻人受到女人强烈的吸引，他们比那些正值壮年的人更渴求快乐。然而，他们通常也更富于人道，更具有美德，至少也更加活跃，而活跃也是一项美德。

败坏了亚洲，使得米提亚人、亚述人、印度人等诸民族的风俗失去活力的，并不是爱或快乐。希腊人、萨拉森人以及斯堪的纳维亚人并不比波斯人或米提亚人矜持守节，但前者从未被置于羸弱民族之列。

如果有时候女人的垂青成了堕落的本原，这是因为这时候女人

---

[42] “埃达”(Edda)是现代学者对两部中世纪冰岛文学作品的称呼。此处指的应是丹麦主教吕恩约尔弗·斯汶逊(Brynjólfur Sveinsson)于1643年发现的“旧埃达”。“旧埃达”共收诗歌35篇，其中神话诗14篇，英雄诗21篇。神话诗记录的是有关北欧诸神的传说，英雄诗的内容为古代英雄或北欧海盗时期前的国王和战士，故“旧埃达”也称为“诗体埃达”。但爱尔维修似乎弄错了“旧埃达”的语言，其并非盖尔语(Erse)诗歌，而是古北欧语(Old Norse)诗歌。——中译者注

的垂青是用金钱收买来的[43]。此时金钱回报的也远远不是功绩和才能，而是阴谋和溜须。简言之，这也就是波斯帝国的总督抑或莫卧儿帝国的省长能靠着不义与罪恶的行径，从主权者那里获得了洗劫人民的权利，并用劫得的战利品自肥的时候。

女人和荣誉一样，都是男人通常所欲求的对象。人们发明荣誉，本来是将其正当地用于报偿与装饰那些功绩和才能；但如果荣誉是对不义之事的褒赏，如果要想获得荣誉，就势必要奉承那些大人物，如果那些人微言轻的人必须要为那些权势煊赫的人做出牺牲，而民族的利益必须要为苏丹的利益做出牺牲，那么荣誉就成了腐败的源头。女人和荣誉一样，会随着时代和风俗的要求，在诱导罪恶和激发美德之间来回摇摆。

因此，社会习俗在政治上走向堕落，完全是因为用于获致快乐的手段被败坏了。那些苛刻的道德家喋喋不休地声讨着快乐，但他们只不过是自己的告解司铎的传声筒而已。我们怎么能够在泯灭人欲的同时，却又不摧毁一切行动的本原呢？一个人若不为任何旨趣所动，就不可能有动机去做那些值得一个人去做的事情。

第十节　感官的快乐，以一种不为诸民族所知的方式，构成了他们最强有力的动机

导致人行动的发条是肉体上的痛苦与快乐。为什么饥饿是人最习以为常的行动本原？因为在他所有的需求中，饥饿重复得最为频繁，它的命令也最为专横。正是饥饿以及缓解饥饿的困难，使得森林中的肉食动物在智力上比草食动物更加优越。正是饥饿，为前者提供了数百种攻击和惊吓猎物的巧妙手段。正是饥饿，使得野蛮人聚集在湖泊上和树林里长达六个月之久，饥饿教他们弯弓织网、设陷捕猎。也正是饥饿，使得开化民族的人民做出行动，教会他们耕地，掌握机械方面的技术，从事棘手的工作。但在从事

[43] 有人或许会问，什么时候女人的垂青不容易用金钱收买？

这些工作的时候，每个人都忘记了导致他承担这项工作的动机，因为心灵不是被需求，而是被满足需求的手段填满了。棘手的并不是吃东西的欲望，而是提供饮食的方法。

快乐和痛苦是且总是人做出行动的唯一本原。[44] 如果上天已经提供了人类所需要的一切东西，如果为身体所需的营养物质就如同空气和水一样，是大自然中的一种元素，那么人们就会让自己永远懒散下去。

饥饿是穷人、也是绝大多数人活动的本原，因而痛苦也是。快乐是那些居于贫困水平以上的人活动的本原，亦即富人活动的本原。那么，在一切快乐中，那毫无疑问是最强烈地作用于我们，给予灵魂最多能量的，是对女人的爱。大自然把最销魂的体验附加于对此种快乐的享受之中，是为了使之成为我们活动最强有力的本原之一。[45]

---

[44] 如果需求是我们唯一的动机，那么我们必须要将艺术与科学的发明归因于它。饥饿赐予我们耕耘土地与锻造犁铧的技艺。也正是因为我们不得不保护自己免受夏暑冬寒之苦，所以才有了建筑房屋、织造衣服的技艺如此等等。

至于车马、服饰、家具之华美，以及音乐、戏剧等等所有奢侈的艺术，我们同样要把它们的发明归因于爱、对愉悦的欲求和对厌恶的恐惧。如果没有爱，如今会有多少种艺术尚不为人所知啊！大自然会变得多么死气沉沉啊！什么都不缺乏的人会失去行动的本原。年轻人要将自己的活力，以及在这一方面相对于长者的优势，部分地归因于快乐的缺乏。

[45] 据说，有一些学者强使自己生活在与世隔绝的状态中。那么，我们如何让自己相信，在这些人中，对才能的热爱是基于对肉体快乐的热爱，尤其是对女人的爱呢？我们何以调和这些矛盾呢？我们可以设想：才子和吝啬鬼可能是一样的，他把自己今日的必需品剥夺了，是为了明日能够超额享受。吝啬鬼是不是想要一栋豪宅，才子是不是渴望一位佳人？如果得到这一切所需要的是巨额的财富和显赫的声名，这两类人就会兢兢业业，一类努力积累财富，另一类则努力提升知名度。那么，在这段用于获得钱财和名誉的时间内，他们会一天天老去，养成一种除非刻意打破，否则便无法摆脱的习惯，而年龄已经让他们对此无能为力了。吝啬鬼和才子终有一天会死去，前者没有自己的房子，后者也没有自己的情人。

不仅仅这在这两类人之间，在卖弄风情的女人和吝啬鬼之间，也有着无限的相似性。二者都比人们所想象的更加快乐，而且快乐的方式相同。吝啬鬼在数钱时，享受的是对每一个可以用金子换来的对象即将实现的占有。（转下页）

这种激情给人带来的改变无出其右，它甚至将野兽也纳入了自己管辖的帝国。一只胆怯的动物会因另一只动物的接近而瑟瑟发抖，即便后者比自己还要弱小；但它会受到爱意的驱使，在爱意的命令下驻足停留，摆脱恐惧，击败那些和它块头差不多，甚至比它还要壮实的同类。任何危险或劳顿都无法挫败爱情。它是生命的发条。随着爱欲的消褪，人也随之失去了活力，直至死亡使他丧失了一切感觉。

肉体上的快乐和痛苦是一切治理活动的唯一真正的发条。确切地说，我们所欲求的并不是富贵荣华，而是富贵荣华所代表的快乐。无论人们怎么议论这件事情，当我们给工人们一笔酒钱，让他们工作起来更加卖力时，我们必须要承认感官上的快乐对我们施加的威力。

我在《论心灵》中曾经说过，我们正是从肉体上的快乐和痛苦中收获所有的愉悦和痛苦，这是我在当时公布的一条重要的真理。紧接着可以得出什么呢？那就是：社会习俗在政治上的败坏并不在于对这些快乐的享用。在一个堕落衰微的民族里都是些什么样的人？他们会通过有害的手段去获得卓越的民族只会凭借高尚的手段去获得的快乐。

当一位作者提出的原则得到了经验的辩护和确证，他是绝对不会被某些道德家的口号驳倒的。

请不要认为，针对肉体感受力的这番讨论偏离了我的主题。我提议的是什么？是要表明，拥有寻常机体组织的每个人都拥有平

（接上页）而卖弄风情的女人在梳妆镜前孤芳自赏时，同样满怀期待地享受着自己的美貌和优雅能够引发的一切崇拜。我建议这两类人就此打住，既不要购置庄园，也不要招引情人，因为他们最终会发现，在享受自己的欲求对象时，他们会产生一种此时还并不了解的厌恶感觉。

处于欲望的状态就是处于快乐的状态。可以凭借财富、美貌和才能获得的房屋、情人和女人，这些是预见到的快乐，当然没那么鲜明，但比实实在在的肉体快乐要更加持久。身体很快就会筋疲力尽，但想象并不会。所以一般而言，在我们所有的快乐中，正是后者在我们整个的生命中给予我们总量最多的幸福。

等的知性能力。为了表明这一点，我已经做了哪些工作呢？我在心灵，或曰知性与灵魂之间做出了区分；我已经证明了我们的灵魂只是感觉能力，心灵则是它导致的结果；人身上的一切都是感觉，因此肉体感受力是他的需求、激情、社交、观念、判断、欲望和活动的本原。总之，如果一切东西都可以由肉体感受力说明，那么诉诸其他任何一种官能都是在做无用功。[46]

人是机器，当肉体感受力使之运动起来时，他便应当履行由它执行的一切。湍流将轮子带动起来，而轮子又把活塞拉动起来，从而也就把水源源不断地导流至蓄水池里。

我已经表明，我们身上的一切都可以还原为感觉和记忆，而我们的感觉仅仅是由五官产生的；为了进一步探索知性的优劣与否是不是由机体的完善程度而定，我们必须要考察，心灵或知性的优越程度是否真的总与感官的敏锐程度以及记忆的广阔程度呈正比。如果经验所证实的恰好相反，那么毫无疑问，心灵之间常见的不平等状态肯定出自其他原因。

是以，先前提出的问题现在就被归结为对该项事实的单独考察，我们也将这一问题的解决归功于这项考察。

第十一节　论记忆在广度上的不平等

这里我仅重申我在《论心灵》一文中已然陈述过的论点，并做出如下观察：

1. 那些记忆力超群的人，譬如亚尔都安家族、隆格里家族和斯卡里格家族，通常都是天资平庸之辈，永远也不可能和马基雅维

---

[46] 人们说，除了感觉能力，人还被赋予了记忆。这我明白。但记忆的器官是属于肉体的，它所司职的是唤回那些旧日的印象，而为了产生这一结果，它必须要激发我们实际的感觉，所以我仍然有理由断言：人的一切都是感觉。

利、牛顿和塔西佗相媲美。[47]

2. 笛卡尔已经证明，为了做出某一方面的探索，博得发明家或天才这样的头衔，我们要把时间更多花在沉思，而非学习上；如果确实如此，那么一个有着过人记忆力的人，也就不具备过人的知性。[48]

要想拥有过人的记忆力，一个人应当通过日复一日的练习去改进它。要想养成某种沉思的习惯，一个人同样应当凭借日复一日的练习去提高它。时间如果花费在沉思上，就不能同时用来把各

㊼ 蒲柏（蒲柏[Alexander Pope，1688－1744]，十八世纪伟大的英国诗人，代表作有《论批评》、《夺发记》、《人论》、《道德论》等。在《论批评》一诗中，蒲柏遵循古典主义美学原则，提出只有自然才是值得研究和描写的对象，诗人不能离开自然。——中译者注）在《论批评》（An Essay on Criticism）一诗中也这么写道：

正如海洋于此处登上了岸，
于彼处便留下宽广的沙滩；
当记忆在灵魂中占据了高处，
知性的权力便濒临着干枯；
热烈的想象力发出光芒之时，
记忆中柔和的轮廓便随之消失。

但这似乎是一个蹩脚的错误。强健的记忆力和丰富的创造力通常都是结合在一起的，前者对后者有着至关重要的作用。如果一个人要坐下来发明一样东西，他就会发现，对自己过去见到、听到和读到过的与某个科学领域相关的一切东西做一次彻彻底底的回顾，这会在最大程度上帮助他在这门科学中获得更多的发明和进步。——英译者注

㊽ 过人的记忆力造就优秀的学者，沉思则造就天才。要想让心灵充满新奇的点子，具有独特的思维，这要能够对对象作出的比较，并能分辨那些不为常人所知的关系。但这并不适用于那些通晓世故之人，这类人的心灵是由鉴赏力和记忆力构成的。一个人如果知道历史中那些波谲云诡的片段，掌握着华丽的辞藻，通晓那些引人入胜的奇闻轶事，那和他作伴肯定是一件莫大的乐事。能理解牛顿、洛克和高乃依的人少之又少。具备深刻洞察力的人并不为大众而改变。如果一个通晓世故之人并不是志存高远的诗人、笔法娴熟的画家、深邃的哲学家抑或伟大的将军，他至少是一个和蔼可亲的人。如果他的声名只在熟人圈子内流传，这是因为他既不写作，也不去改进任何科学，以对人类做出贡献，因而也就不应该期望别人会对他抱以太多的尊崇。

种事实贮存于记忆之中。一个把时间大多花在比较活动和沉思活动上面的人，记忆力通常不佳，因为他很少运用它。进一步而言，过人的记忆力有什么用处呢？最寻常的记忆便可满足伟人的目标。一个理解了自己所使用语言的人已经掌握了大量的观念。一个人要做些什么才能博得“拥有知性的人”这一头衔？他要把自己的观念相互比较，并以此获得某些新颖而有趣的结论。如果记忆里装满了某种语言中的一切词语，也就因此装满了某个民族的一切观念，那它就像画家的调色板一样。画家在这块板子上拥有可使自己绘出一幅佳作的材料，但正因为他有能力使用和处理这些材料，它们才可能产生明暗上栩栩如生的真实感和配色上感人至深的力量，最终才可能成为一幅佳作。

寻常的记忆力比通常想象得要拥有更广博的内容。在德国和英格兰，受过教育的人几乎都能理解三到四种语言。[49] 那么，如果要把针对这些语言的学习纳入一般性的教育计划之中，这只需要学习者拥有寻常的机体组织，因而，大自然赋予人类的记忆力甚至超出了探索至高真理所要求的记忆力。[50] 所以我推断：如果恰如霍布斯先生所指出的，掌握词语的真实意指是拥有卓越心灵的首要条件，又如果每一个人单凭反思自己语言中的词语，都能发现穷其一生也解决不完的问题，那么没人可以抱怨自己的记忆。据说存在灵敏和迟钝两种记忆。确实，我们在追忆本民族语言的词汇时表现灵敏，但在追忆外文词汇时反应迟钝，如果我们很少使用这些词语，那就更是如此。但由此我们可以得出怎样的结论呢？仅仅

---

[49] 如果法国人只能理解本国的语言，这是因其教育之故，而非机体组织。让他们在伦敦或佛罗伦萨待上三年五载，他们将轻而易举地理解英语或意大利语。

[50] 据说，大自然把某些特质或天资赋予了每一个民族。继普鲁士人之后，欧洲每一个民族都在军事训练和提高方面做出某些成功的改变。可是，他们过分陶醉于这些辉煌的提高，但有没有致力于开发那些能够鼓舞士气的手段呢？我对此表示怀疑。不像希腊人和罗马人，欧洲人并没有在战场上赴汤蹈火的动机，因此，军队的勇气也就不会在这同样危险的事业中显露出来，并且对每个战士来说，这种勇气或许只剩下“不第一个逃跑”这唯一一条原则。

是：我们对对象的追忆或迅疾或迟钝，这取决于我们对这些对象的熟悉程度。对记忆而言，只存在一种真实而显著的差别，那就是记忆在广度上的不平等。正如我已然证明的那样，如果拥有寻常机体组织的每个人都被赋予了足以使自己获致最高观念的记忆力，那么天资就并非过人记忆力的产物。关于这个主题，我在《论心灵》第三节第三个讨论中已经做出了非常全面的思考。我的见解似乎已经得到了广泛的接受，因为经验已经确认了它的真实性；经验也证明了，就一般情况而言，我们不应该把心灵或知性上的缺憾归咎于记忆上的缺陷。

那这种缺憾是由于其他器官在完善程度上的不平等所造成的吗？现在我就着手考察这个问题。

第十二节　论感觉器官在完善程度上的不平等

如果人身上的一切都是肉体上的感觉，那么人与人之间的差别只在于感觉的程度。五官是感觉的器官，它们是观念涌入灵魂的通道。但这些通道是不是在一切人身上都一样畅通？如果每个人的视觉、听觉、触觉、味觉和嗅觉诸器官的结构不同，那在视听触味嗅上难道不应该不同吗？[51] 最后，那些器官最灵敏的人难道不应该拥有最敏锐的分辨力吗？[52] 并且，难道不显然只有他们才能拥有这种分辨力吗？

我的回答是，经验在这里与推理发生了分歧。经验清楚地证实了我们的观念来自于感觉，但它并没有证实我们的分辨力总是与

[51] 然而，不要假设人们寻常的机体组织会有极端的差别。每个人的耳朵都不一样，但是演奏会上按特定曲调演奏的所有乐师，歌剧里的所有舞者，军营里的所有士兵，都以相同的幅度做动作。

[52] 如果在那些机体组织完美无缺的人之中却很少有机敏过人者，据说原因在于，知性是由机敏的感官与良好的教育联合作用的结果。就算是这样，但由这个假设得出的是，如果感觉没有达到某种不同寻常的完善程度，那么良好的教育是不可能造就伟人的。可是这已经被经验证伪了。

感觉的完善程度适成比例。比如，女人的生理组织比男人的更加精致，有着更具感受力的触觉，但是却不会在知性[53]上超越伏尔泰，他拥有广博的才学与丰沛的创造力，可以说是所有人里面最杰出的一位。

荷马与弥尔顿很早便成了盲人。早年失明意味着视觉器官的不完善，但他们的想象力是多么地丰富而动人啊！我们在布封先生那里也可做出类似的观察。他虽然近视，但心灵却是如此广阔，文体却是如此优美。[54] 那些有着最完善听觉的人，有哪些会比圣朗贝尔、索林父子、尼维尔诺瓦公爵[55]等人更加出色呢？那些有着最完善味觉和嗅觉的人，有哪些会比狄德罗、卢梭、马蒙泰尔和杜克罗斯[56]更有天分呢？无论我们对经验做出怎样的探寻，经验对我们的回答总是：心灵上的出色与否并不依赖于感觉器官的完善程度，

---

[53] 两性的机体组织在某些方面诚然是非常不同的，但这种不同是不是要被视为造成女性心灵贫弱的原因呢？恰恰相反。很显然，如若如此，由于没有女人和男人在机体组织上相同(就那些与器官感受力相关的事情而言，这一点会得到承认吗？不是有很多女人在机体组织上比一般的男人更加强健吗？——英译者注)，那么没有一个女人会和男人有相同的知性。可是，萨福、希帕提娅、伊丽莎白、叶卡捷琳娜二世的天资和男人的比起来，是否会相形见绌呢？就一般情况而论，如果女人的能力更差，那是因为她们接受了更差的教育。如果把公主和女仆这两类在生活状态上有着天壤之别的女人加以比较，我认为，这两个等级的女性通常和她们的丈夫有着相同程度的知性。为什么？因为在这里，男人和女人接受着同样差劲的教育。

[54] 我们尚未发现，那些跻身于最伟大画家之列的人，其视觉要比其他人的视觉更加敏锐。

[55] 圣朗贝尔(St. Lamberts)指的可能是让·雅克·德·圣-朗贝尔(Jean François de Saint-Lambert, 1716－1803)，法国诗人、哲学家和军官；索林(the Saurins)指的可能是约瑟夫·索林(Joseph Saurin, 1659－1737)及其子伯纳德-约瑟夫·索林(Bernard-Joseph Saurin, 1706－1781)，前者是法国数学家，后者是法国诗人和剧作家；尼维尔诺瓦(the Nivernois)指的可能是路易-儒勒·巴尔本·曼奇尼·马扎林(Louis-Jules Barbon Mancini-Mazarin, 1716－1798)，在英国被称为"尼维尔诺瓦公爵"[Duke of Nivernais]，十八世纪法国外交官和诗人，1742年被选入法兰西学院。——中译者注

[56] 杜克罗斯(Charles Pinot Duclos, 1704－1772)，法国作家，1747年被选入法兰西学院。——中译者注

并且，大自然赋予拥有寻常机体组织的人的感觉已经足够敏锐了，完全可以引导他们在数学、化学、政治学、物理学等领域获得最伟大的发现。[57]

如果心灵的崇高地位非常需要机体器官的保护，那么在一个人投身艰辛的研究工作之前，比如在他进入文学或政治的职业生涯之前，我们就应该考察他是不是拥有老鹰的眼睛，敏感植物的感觉，狐狸的鼻子，还有鼹鼠的耳朵。

人们说，判断一只狗或一匹马的价值，要根据它属于什么样的品种。那么，在我们雇佣一个人之前，我们应该问问他是出自一个天才的还是愚蠢的父亲。但人们从来都没有问过这些问题。为什么？因为那些最富天资的父亲常常会生出愚蠢的孩子，因为机体组织最完善的人常常只拥有极少的知性，因为这些经验证明了这种问题是毫无意义的。我们从中得到的教训是：任何一种性情或脾性都会产生天才，无论是多血质、胆汁质还是粘液质，块头是大还是小，是胖是瘦，是强壮是羸弱，是阴郁沉沉(2)还是活力四射，

---

[57] 如果知性的优劣程度取决于感官的敏锐程度，那么很有可能，空气温度的差异，纬度和营养上的差异，必然会对心灵产生影响，由此，最受上天眷顾的国家就应该产生最富天资的居民。那我们就无法想象：从太初至今，这个国家的居民并没有高居其他民族之上；他们并没有制定出最好的法律，因而也没有得到最优良的治理；他们在时间的长河中并没有征服其他民族，也没有在每一个阶级中都产生为数最多的有名望的人。

抚育出这样一群人的气候仍不为人所知。在诸民族之中，历史并没有向我们指出任何一个民族一直拥有优于其他民族的知性。恰恰相反，从德里到彼得堡，所有民族都是一步步从蒙昧走向启蒙。正如罗伯逊博士评论道，在相同的情境中，每一个民族都拥有相同的法律以及相同的洞察力，正因为如此，我们在现代美洲人之中发现了古代日耳曼人的风俗。

纬度和饮食上的差异因此并没有对人的心灵产生影响，也许它对人的身体产生的影响也比想象中的要少。事实上，那些通过死亡人数去计算城市人口或帝国人口的一大批政治家都观察到，至少在欧洲的大部分地区，人的寿命几乎一样长。

没有一种类型会永葆天资。[58]

但假设一个人有着最极端的感受力,这会导致什么?他时而会有不为常人所知的感觉,他的一些感受是机体组织不那么精致的人无法感受到的。但他会拥有更多的分辨力吗?并不会。因为这些感觉彼此间将一直保存着相同的关系,而在对这些感觉作出比较之前,它们并没有什么价值。[59] 但假设知性是与感觉的敏锐程度成比例的,并且有些真理只能被那些拥有一流机体组织的若干个人掌握。在这种情况下,人类的心灵就没有日趋完善的能力了。让我多说一句,这些人的机体组织是如此精致,他们必然会在科学领域掌握某种程度的知识,而这种知识对常人则是不可言传的。可是目前并没有人发现这种知识。

洛克或牛顿的作品中蕴含的所有真理,是有着寻常机体组织的人都可以理解的,它们在味觉、嗅觉、视觉、听觉和触觉上没有任何不可企及的地方。

让我多说一句:在大自然中不存在完全一样的两种事物[60],那

---

[58] 在《爱弥儿》第300页和323页,卢梭先生说:"一个孩子的精神愈饱满,体格愈强壮,他的头脑也就愈清明,他也愈加受人尊敬。为了享用智力的工具,身体必须健康和强壮。"优良的体魄使得心灵的运作简洁而有效。可是如果卢梭先生参考一下经验,他就会发现,那些病恹恹的人,那些体格脆弱的人,那些残疾的人,和那些最富有活力、身体健康的人有着同样多的知性。帕斯卡尔、蒲柏、布瓦洛、斯卡龙(斯卡龙[Paul Scarron],十七世纪法国小说家、剧作家、诗人,曾患有瘫痪症。——中译者注)便是例证。

[59] 记忆中的某个感知只不过是一项额外的事实,人们可以用另一个事实去取代它。一个事实并没有对人的知性能力有多少贡献,因为这种能力只是一种观察不同对象之间关系的力量。

[60] 构成存在物之间区别的是它们的本原还是它们的发展?我不清楚。我们可以确定的是,牛这个种群随着牧草的丰盛繁茂与否而变强或变弱、改良或退化。我们在橡树中也观察到同样的情况,我们看到,它们中间一些低矮而另一些高耸,一些挺拔而另一些虬曲。总之,如果没有两棵树是完全一样的,这可能是因为它们没有得到完全相同的培育,也没有被置于相似的情境中,经受着同样的风吹,栽种在同样的土地上。而无生命存在物的发展过程正如人类教育的展开过程,后者恐怕从来都不是一模一样的,因为正如我在第一章里证明的,没有任何两个人能够接受全然相同的教导。

些有着一流机体组织的每个人必定在某些方面比其余的人优秀。因此，每个人都有无法为外人道的感觉和观念。然而这种观念并不存在。无论是谁，只要他拥有如此清晰的观念，都可以轻而易举地将其传达给他人。因此，并没有什么观念是那些拥有寻常机体组织的人无法掌握的。

如果说有什么因素能够最有效地作用于心灵，那毫无疑问就是气候和饮食上的差异了。可是正如我已然说过的，以黄油和肉为食、呼吸着雾蒙蒙空气的臃肿的英国人，在知性上并不比精瘦的西班牙人逊色，而后者是以大蒜和洋葱为食的，生活于异常干燥的环境中。肖是一位英格兰的内科医生。他的观察忠实而精准，不久前还在北非伊斯兰教地区旅行，因而值得我们信赖。提及摩尔人时，他说："这个民族在艺术和科学领域的进步很小，这并不是无能或天然的愚蠢导致的。摩尔人有着敏锐的知性，甚至天资。如果说他们并不致力于研习各门科学，这是因为他们没有力争上游的动机，他们的政府没有给他们留有足够多的自由或闲暇去熏陶和提升自己。摩尔人就像大多数东方人一样，生来即为奴隶，天然地敌视不能直接增加自己眼前的私人利益的一切劳动。"

唯有自由才能够在一个民族中点燃荣耀和奋斗的神圣之火。如果在某个时期，伟人们的身影突然显现在帝国之内，就像那些稀有的鸟类被一阵风暴卷入某个国家，那么这并不能被视为物理因素的后果，而应该被视为道德因素的后果。在每一个嘉奖才能的政府治下，这些嘉奖就像卡德缪斯种下的毒蛇利齿一样能够把这样的人培养出来。笛卡尔、高乃依等人之于路易十三，正如拉辛、培尔等人之于路易十四，以及伏尔泰、孟德斯鸠、丰特奈尔之于路易十五，前者使得后者的统治熠熠生辉；不过这是因为，在这些君主的统治之下，艺术和科学接连受到黎赫留、科尔贝以及摄政王奥尔良公爵[61]的庇护。无论存在怎样的说法,伟大之人都不属于奥古斯都或路易十四这样的当政者,而是属于那些对他们加以庇护的当政者。

如果有人认为我们要把伟人的优秀作品归功于青年时代的第一团火光,归功于——如果我可以这么说的话——身体器官的鲜活,那么我们就是在自欺。拉辛而立之年便创作了他的《亚历山大》和《昂朵马格》,而在五十岁时他创作了《阿达莉》,后者肯定不逊色于前者。[62] 此外,微恙即使会在一定程度上损害健康,也无法扼杀天资。

我们的健康状况每年都不一样,但律师输赢的诉讼数目几乎年年相等,内科医生治死或治愈的病人数目也几乎年年相等。富于天资之人只要不被俗务缠身,不沉溺于声色犬马,没有剧烈的情绪起伏,也没有罹患恶疾,那么每年都能创作出近乎相同数目的作品。

无论民族的饮食或居住地的气候有什么样的差别,无论他们在脾性上有怎样的差别[63],这都不会增强或减弱人们的知性能力。因

---

[61] 黎赫留(Armand Jean du Plessis de Richelieu, 1585 - 1642),天主教枢机主教,法国国王路易十三时期的宰相,出色的政治家和外交家。在他任内,法国中央集权制度得到极大的巩固。现被视为法国学术界最高荣誉的法兰西学院亦由他创建。科尔贝(Jean-Baptiste Colbert, 1619 - 1683),法国著名政治家,法兰西学院院士,曾任路易十四的财政大臣和海军国务大臣,同时也是艺术和科学慷慨的资助者。奥尔良公爵(Duke of Orléans, 1674 - 1723),此处指的应是路易十五幼年时期的摄政王菲利普二世(Philippe Ⅱ),他对摄政并无兴趣,而更有兴趣襄助艺术。——中译者注

[62] 据说,在生命的尾声,一个人便不再是过去那个创作者了。六十岁高龄的伏尔泰不再是而立之年的伏尔泰了。即便如此,他依然和过去一样睿智。如果并不完全相似的两个人,能够跑得一样快,跳得一样高,射击射得一样准,击球击得一样远,那么他们在并不完全一样的情况下也可能有着平等的知性能力。

[63] 正如我在下面要表明的,知性能力或分辨能力不过是对不同对象之间的相似或差异、一致或不一致加以分辨的能力。脾性和气候的多样性可能会导致一个民族的风俗与爱好有所不同,生活在树木繁盛的国度中的原始猎人,在一个放牧的国度中很有可能成为牧人;但同样真实的是,在每一个国家,居民总是在相同的对象间感知到相同的关系。因此,从那些四处漫游的土著结成民族(转下页)

此，知性的优越与否并不取决于身体是否强健[64]、器官是否年轻抑或感官有多完善。不过，虽然经验证实了这件事实，但这还不够。我还要证明：如果这个事实存在，这是因为它不能以其他方式存在；并且，我们必须要求助某个目前为止仍然未知的因素，方可解释知性上的不平等现象。

为了确认该观点的真实性，我认为，在已经论证了"人的一切都是感觉"之后，我们必须要得出下述结论：如果人们之间存在差别，那么总是来自于感觉在程度上的差异。

第十三节　论接受感觉的不同方式

人类有不同的偏好，但这种不同可能是习惯和教育导致的结果，也可能是他们的机体组织在感受力上并不相等而导致的结果。譬如，如果黑人在注视一位非洲美人的黝黑面容时，比注视一位欧洲人白里透红的脸色更感到快乐，那么这对他来说则是习惯的结

(接上页)的那一刻开始，当沼泽被抽干、林木被砍倒，气候的多样性对他们的心灵就失去了可以察觉得到的影响。因此，正如我们在希腊和意大利发现的那样，我们在瑞典和丹麦也发现了同样成就卓著的几何学家、化学家、自然哲学家和道德家等等。夏尔丹(夏尔丹[Jean Chardin，1643－1713]，法国旅行家，其十卷本的《让·夏尔丹爵士旅行记》是早期西方学术界关于波斯和近东地区最优秀的作品之一。——中译者注)说："波斯的气候最适宜激发身体和心灵的活力。"但是，波斯人的气候并没有给他们带来比法国人更多的天资。

[64] 如果心灵的优越程度独立于脾性的活跃程度以及感官的敏锐程度，那么我们要到哪儿去寻找导致这种优越程度的原因呢？人们会告知我要到内部组织的完善程度中寻找。但是，我要回答说，如果一个钟的内部完善程度是通过计时的精确程度得到显示的，那么对人来说，内部组织的完善程度则同样(至少就知性而论)是通过五官的完善程度得到显示的，而知性所有的观念都源于这些感官。因此，外部组织的完善程度已经预设了内部组织的完善程度。要证明这后一种完善程度对知性并没有影响，只要表明知性的优越程度完全不受五官的完善程度的影响就够了(而这与经验相一致)。

果。如果人们依其所定居的国家而浸淫在不同种类的音乐中[65],并因此更容易受到某些特殊印象的感染,那么这也是习惯的结果。人为制造出来,由教育的差异产生的各种偏好在此都不是我的考察对象;这里我要着手研究的各种偏好,只是由那些在面对同一个对象时获得的不同感觉产生的。

为了精确地了解这种差异到底是什么,我们必须轮流扮演自己与他人。既然这是不可能的,我们要想得到某些相关的发现,只能倾注全力,去考虑相同的对象给不同的人造成的不同印象。当我们细致地考察这一点,我们将会发现,如果某样东西一个人看成是圆的但另一个人看成是方形的,如果牛奶在一个人看来是白色的但在另一个人看来却是红色的,如果对一些人来说玫瑰看上去像是蓟花一样,而一个身材比例匀称的人看上去却像是一只怪兽,那么人类也就不可能彼此交流观念、互相理解了。但是人们确实是互相理解的,因而相同的对象在他们中间激发的则是近乎相同的印象。

为了更清晰地表明这一点,我们不妨在同一个事例中看看人们在什么地方有所不同,又在什么地方彼此相似。

他们在这一点上彼此相似:他们都要将自身从不安中解脱出来,所以他们都会去找事情做,而做的事情越是有趣,也就越合乎他们的胃口,当然,前提是这些印象不能太尖刻,以致于引起他们的痛苦。

人们在另外一点上又有所不同,那就是:当情绪达到某种程度

---

[65] 卢梭先生在他的《音乐辞典》中提供了一个与此有关的令人瞩目的例子。他说,在瑞士人中间有一种被他们称为"放牧调"(Rans-des-Vaches)的曲调,他们对这支曲调是那么地珍爱,以至于不允许自己的军队演奏这种调子,违者格杀勿论。因为这种调子会激发听者炽烈的思乡之情,令他们怆然泪下,擅离职守甚至一死了之。要在这种调子中找寻那些能够产生如此惊人后果的强音,这只是徒劳之举。这些效果绝不会在他国人身上出现。它们源自习惯,在那些怀有这种调子的心灵里唤起他们的国家、他们的青年时代、他们从前的快乐时光以及生活方式,从而产生了一种因想到往日不可追而痛彻心扉的哀伤。

时，一个人将之视为过度的快乐，但有时另一个人却将之视为痛苦的开始。我朋友的眼睛可能会被一束光刺痛，但这束光却给我带来快乐，然而我们全都承认光是大自然中最给人以快乐的对象。可是，既然我们在感觉上有所不同，那么判断为什么能达成一致的呢？这是因为感觉的差异程度并不具有重要的意义；柔嫩的视觉在微弱的光照中感受到的，和强韧的视觉在炽烈的午间阳光中感受到的，两者属于同一种快乐。当我们从自然领域转移到道德领域时，我们将会看到，相同的对象在对人们施加影响时，它们在方式上差别更小，因而我们也会在中国人[66]那里发现我们欧洲人的所有谚语。至此我总结道：我们不需要考虑那些不同民族在机体组织上完全不值一提的差异，因为在比较相同的对象时，每一个民族都得出相同的结论。

无论在什么地方，只要人们拥有相同的需求，政府也鼓励相应的技艺，那他们就会发明出相同的技艺，而这也证明了心灵在本质上是平等的。为了确认这一真理，我可以援引那些在不同民族的法律和政府中所观察到的相似性。布瓦伏尔先生说：亚洲这片遍布着满剌加人的地域被我们古老的封建法律管辖着。满剌加的居民和我们的祖先一样不是从事耕稼之人，但跟他们一样拥有鲁莽而坚定的勇气。[67] 因而，勇气并不像有些人断言的那样是欧洲人特

---

[66] 有些谚语与东方的风俗和政府有着直接而特殊的关联，除了这些，中国人的谚语和日耳曼人的谚语几乎都是一样的。

[67] 波瓦伏尔先生（波瓦伏尔[Pierre Poivre，1719－1786]，法国园艺学家，曾赴中国和交趾支那传教。——中译者注）说：如果满剌加人（满剌加[Malacca，十四至十五世纪马来亚封建王国，约在今马来西亚马六甲州。——中译者注]更靠近中国，那么中华帝国很快就会被征服，而政府的形式也要发生相应的变化。这位作者说，满剌加人在偷窃和劫掠上迸发出的激情无人能及。但他们是唯一由强盗构成的民族吗？任何人只要读过历史，都会发现一个令人不快的事实：对掠夺的热爱人人都有，而游手好闲构成了这一现象的根基。一般而言，相较于日复一日地耕作，以劫掠和侵扰为生，一年里有三四个月暴露于最可怕的危险之中，这更让他们感到高兴。可为什么并非所有的民族都是强盗呢？因为如果要想劫掠，就必须毗邻那些可供劫掠的民族，比如那些富庶的农耕民族。否则，他们要么耕作，要么饿死，别无其他选择。 （转下页）

殊的机体组织产生的。人们彼此间的相似之处比通常想象得要多。他们之间的差异在于感觉的不同程度。例如，诗歌几乎给每个人都留下了令人愉悦的印象。人人都带着几乎一样的热情重复着《失乐园》第三卷开头的“光明赞歌”。但有人会说，如果这个为众人所欣赏的段落令每个人都一样地愉悦，这是因为，诗人在描绘由光芒产生的壮丽效果时，他所使用的词语并没有表达光的任何一种特定的强度，而是让每个人随心所欲地用一缕令自己的视觉最感舒适的光去为对象配色。即便如此，可如果光并没有给每个人都带来强烈而活跃的印象，它还会被普遍视为大自然中最值得崇敬的对象吗？几乎所有的民族都将神灵的宝座放置于回旋的火光之中，这难道不就证明了人们在面对相同的对象时所获得的印象是一致的吗？[68] 如果这种一致性（一些粗心的哲学家从至善至美的观念中得出这种一致性）并不存在，种种有关偏好的准则将立于何处呢？

以简单又恢弘的方式表现大自然的画作令所有人为之动容，但这些图片是不是给每个人都带来了一模一样的印象呢？并没有。不过我们从经验中获悉，这些印象几乎是类似的，所以令一些人极端合意的对象多多少少也能取悦他人。也许有人会说：诗歌中那些美妙的描绘在不同人身上唤起的印象看似没有差别，但这只是表面现象，造成这种现象的原因部分在于词语的含义不够确定，部分在于与那些借由相同对象的外观而产生的不同感觉严格对应的

（接上页）

每一个民族都有属于自己的满剌加人。在罗马天主教国家中，教士就像他们一样从丰收的农作物中洗劫什一税。那些满剌加人用暴力夺走的东西，司铎们则用诡计和恐吓拿走。

[68] 为了证明在看到相同对象时人们产生的感觉有所不同，人们便以那些给自己笔下的形象都打上黄色调或灰色调的画家为例，但如果这种涂色上的缺陷意味着视觉器官不够完善，而一切对象在他们看来都带着黄色和灰色的色调，那么他们调色板上的白色颜料看上去也是一样，他们就会把白色颜料涂上去，即便他们看到了灰色。

不同表达在意义上比较灵活[69]。可即便承认这一事实,人们仍然普遍地重视某些作品,相应地也重视某些偏好的规则,而对这些规则的遵守在每个人身上皆唤起了美感。如果对这个问题加以彻底地检视,那么从相同的对象对人们产生影响的不同方式中似乎可以得出,印象中的差异更多源自人们精神上的特点,而非肉体上的特点。

本节的结论是:虽然人们拥有多样的偏好,但这只需要预设人们在感觉的程度上有零星的差别即可。相同的俗谚在不同的民族流传,这些民族也有着类似的法律和政府;每个人对诗歌有着相同的偏好;表现自然的画作均简单而恢弘——这些都证实了相同的对象会给每个人留下几乎相同的印象;如果人们之间存在着差别,那么这仅仅在于他们感觉的程度有所不同。[70]

第十四节 在我们的诸种感觉之间所察觉到的微小差异,对我们的知性并无影响

面对相同对象的人们毫无疑问可以获得不同的感觉,但他们因此会在这些相同的对象之间感知到不同的关系吗?并不会。正如我在其他地方已经说过的,让我们假设雪在一些人眼里比在另

---

[69] 如果有人再一次问我,为什么每一种语言中意指不明的词语会那么多,那么我会对我在本章第五小节中就这一论题提出的观点做出如下补充说明:需求推动着语言的形成;在语词发明之初,人们急于用最简单的方式交流他们的观念;人们发现,如果尽可能多地创造词语,比如创造出用来表达尺寸、光照、重量等等不同程度的词语,那它们就会给记忆带来过于沉重的负担;因此必须容忍某些词语保留着模棱两可的含义,这样一来,它们的运用范围更广,语言学起来也更简单。

[70] 如果大自然如人们所设想的那样赋予了人们不平等的理解能力或分辨能力,为什么在舞蹈、音乐、绘画等艺术领域中,极少有学习者能够与导师比肩?(这个论点几乎是站不住脚的。长久以来,拉斐尔的老师佩鲁吉诺只是通过这位学习者更高的成就才被人铭记。还可以举出更多类似的例了。——英译者注)如果大自然果真赋予了学生不平等的能力,为什么相比于导师在学生研习艺术的过程中给予的略微更多的关注,这种不平等却显得无足轻重呢?

一些人眼里更白，但他们仍会一致同意，在一切物体中，雪是最白的。

人们要想在相同的对象之间感知到不同的关系，那么这些对象必须使他们对某一性质产生一些非同寻常的印象。燃烧的木头让一些人感到冰冷，因寒冷而凝结的水却让另一些人感到灼热。大自然中的一切对象会让每个人获得全然不同的关系链条。一个人之于另一个人就像人类之于某些昆虫，这些昆虫的眼睛拥有独特的构造，它们看到的对象在外形上无疑相当不同。

若是如此，那么不同个体也就不再具有相似的观念和情感了。人们也就无法交流知识，无法提升理性，无法在艺术和科学的宏伟建筑中共事。但经验证明，人们每天都在做出各种探索，提升艺术与科学的水准，因此，人们在各种对象之间所感知到的关系是相同的。

与一位曼妙女郎的交欢可能会在我朋友的灵魂中激发出一种迷醉，而它并没有在我的灵魂中产生这种迷醉之情，可无论是对我还是对他，这种交欢都是一切快乐中最为鲜活的快乐。当两个人受到力道相同的打击，他们可能会产生不同的印象，但是如果打击的强度是之前的两倍、三倍或四倍，两个人所感受到的痛苦也会随之变为之前的两倍、三倍或四倍。

假设人们观看同一个对象时彼此感觉上的差异比事实上的差异还要大，那么很显然，彼此间保存着相同关系的若干对象触动我们的方式，也会以恒定的比例发生改变。有人会说，这种感觉上的差异难道不会改变我们精神上的感受吗？而这种改变难道不会造成心灵上的差异与不平等吗？我的回答是，由机体组织的差异所导致的感受上的一切区别[71]，正如经验已然证明的那样，不会对心灵产生任何影响。所以，我们可能更喜欢红色抑或更喜欢黄色，但

---

[71] 只有依赖于教育和偏见而产生的感受才会对心灵产生任何可以感觉得到的影响。

仍然可以成为像达朗贝尔和克莱罗[72]那样的几何学家；我们可能没有同样敏锐的味觉，但我们可以成为同样出色的诗人、画家或哲学家。一个人无论是爱吃酸的还是爱吃甜的，爱喝牛奶还是爱吃凤尾鱼，他都可能成为一样出色的演说家或者内科医生，如此等等。我们的这些偏好无非是一些不相干的、不重要的事实而已。我们的观念也同样如此，直到我们要对这些观念作出比较。既然我们要费心去比较它们，我们就必须被某种兴趣所激发。但当人们拥有这种兴趣，并对这些观念加以比较时，他们为什么得出了同样的结论呢？因为，即便人们有着不同的感受，器官的完善程度也彼此不同，他们仍然可以获得同样的观念。事实上，只要对象是以一定的比例等级呈现给我们，并且这个比例等级没有被破坏，我们的感觉彼此间就会一直保存着同样的关系。把一朵颜色暗淡的玫瑰和另一朵玫瑰放在一起比较，前者在每个人眼里都是暗淡的。我们对相同的对象做出相同的判断，所以我们总是能够获得一样多的观念，因而也能获得程度相当的知性。

拥有寻常机体组织的人就像某些发声体，虽然彼此并非一模一样，但仍然能产生同等数量的声音。[73] 综上所述，人们总是在相同

---

[72] 达朗贝尔（Jean-Baptiste le Rond d'Alembert，1717－1783）和克莱罗（Alexis Claude Clairaut，1713－1765）均为法国数学家。——中译者注

[73] 某些物体能产生同等数量的声音，但这些声音并不属于同一个类别。我们的心灵亦是如此。心灵可以呈现出一样多的观念或形象，但由于偶然性在记忆中填满了各式各样的对象，因此这些观念或形象是不同的。

在我的记忆中再现的材料如果只有冰天雪地、北方的暴风雨、维苏威火山或赫克拉火山的火焰，我能据此创作出一幅怎样的图画呢？守卫着阿米达花园入口的群山。（阿米达[Armida]是意大利文艺复兴时期的伟大诗人托尔夸托·塔索[Torquato Tasso]的史诗《耶路撒冷的解放》中的人物。——中译者注）但如果我的记忆中呈现的都是祥和的景象，春天的花朵、银色的波浪、青苔遍地、橘香四溢，我会根据这些令人愉悦的对象创作出什么呢？爱情将里纳尔多（里纳尔多[Renaud]是《耶路撒冷的解放》一诗中的男主人公。——中译者注）引向的闺房。因而，观念与想象的种类并不取决于心灵的天性，因为所有的人都有相同的天性，而是取决于偶然性铭刻在我们的记忆中的那些对象的种类，以及将它们联结在一起的兴趣。

的对象间感知到相同的关系，不相等的感官完善程度并不会对他们的知性产生什么影响。让我们为“知性”一词赋予更清晰的观念，以便这条真理能更为醒目地呈现在世人面前。

第十五节 论知性或者判断[74]

知性本身是什么？一种能够分辨出不同对象之间的相似与差异、一致与分殊的能力。对一个人的知性而言，什么是生成它的本原呢？他的肉体感受力，他的记忆，尤其是他将感觉联结在一起的兴趣。[75] 因此，对人来说，知性或判断无非就是对诸种感觉作出比较的结果，而判断或知性是否良好，这取决于对感觉的比较是否公正。

诚然，并不是每个人都拥有完全相同的感觉，但每个人都以同样不变的比例感知对象，因而每个人都有同等的知性能力或判断能力。[76]

---

[74] 在本节中，爱尔维修对“知性”一词的使用较为随意，有时指对感觉进行比较的能力，有时指通过这种比较得出的结果。出于尊重原文的考虑，一律将 understanding 翻译成“知性”，在此提请读者自行区分这两层含义；至于对 judgment 一词的处理，则在适当的语境中或译成“判断力”或译成“判断”，它们与知性的两层含义相对应。——中译者注

[75] 让我们设想，在每一种艺术与科学的门类中，人们已然将迄今为止所有已知的对象和事实作出比较，人们最终发现了其中所有的关系，人们也就不再会做出新的联结，我们所谓的判断力也就不再存在了。一切都会是科学，人类的判断力不得不处于蛰伏的状态，在发现新的可供比较和联结的事实之前，判断力仿佛一洞枯竭的矿井，在新的矿脉形成以前，不得不忍受被废置的命运。

[76] 根据知性的定义，如果知性的运作均可以被还原为对对象之间的相似与差异、一致与分殊所做出的观察，通常所说的“天赋异禀”也就不成立了。

人类对各种才能的获致是相同原因造成的结果，此即对荣誉的欲望，以及这种欲望赋予人类的注意力。注意力可以被平等地导向各种事务，诗歌、几何、物理、绘画等等，就像管风琴演奏家可以用手平等地拉动管风琴的音栓。如果我们要问，为什么一个人很少掌握不同种类的天资，那我的回答是，这是因为判断力以某一种学识为第一要务，正如——如果我可以这么说的话——愚钝以无知为第一要务，而人们极少能掌握两种不同的学问。很少有人能够像（转下页）

第二章　拥有寻常机体组织的每个人，都拥有平等的知性能力

事实上，如果确如经验所证明的那样，每个人在同样的对象之间感知到的是同样的关系；如果他们都认同几何学的真理；如果他们的感觉在程度上的差异并不能改变他们对对象加以审视的方式；如果（举一个具体的例子）在太阳从大海的怀抱中向上跃升的那一刻，同一片海岸上的所有居民在同一个瞬间都被闪耀的日晖所震慑，并认为太阳是大自然的一切对象中光彩最为夺目的那一个；那就必须要承认，所有的人都对同样的对象形成了，或者说可以形成同样的判断；也就必须要承认，他们可以获得相同的真理。(77)而且，虽然并不是每个人事实上都有相同的判断(78)，但人们至少平等地拥有进行判断的力量，亦即一种做出判断的能力。(79)

（接上页）布封或达朗贝尔那样，将牛顿或者欧拉这种人的学识和优秀作家的高超技艺结合起来。因此，我并不会重复那句古老的俗谚"人生为诗人，成为演说家"，恰恰相反，我要断言，既然我们所有的观念都来自感官，那么一个人日后所是的样子，并不是生为的，而是成为的。

(77) 为了获得某些观念，我们必须要沉思。是不是每个人都能做到这一点？当人们被强烈的兴趣所激发时，人们是能够做到的这一点的。这种兴趣赋予了人们全神贯注的力量，而正如我已然说过的，如果没有这种力量，一个人可能学问满腹，但绝不会拥有判断力。只有沉思才能向我们揭示出那些首要的、普遍的真理，以及科学中的要点和原理。我们总是将大哲学家的头衔授予那些发现这种真理的人，因为在科学的各个门类中，正是各种原理的普遍性及其应用的广泛性——总之，正是其整体上的伟大意义——确立了哲人的天资。

(78) 正如我已然说过的，有些人将判断力的差异归结为物理上的原因，即不同纬度的差异。但此处已经给出了关于知性的定义，如果仍旧要证明这一点，他们必须能够指出这样一个国度，该国居民在对象之间，以及对象和自身之间既不会感知到相似与差异，也不会感知到一致与分殊。而这样的国家目前尚不为人所知。

(79) 正是因为分辨能力举世罕见，所以才被当做大自然赋予的特殊礼物。炼金术师，或者说那些玩弄把戏的人，在无知的年代是十分非凡的人物，所以他们被当做巫师和超自然的存在者。但这并不是因为用虚幻的假象和灵活的动作让傻瓜们大吃一惊并上当受骗是一件多么困难的事情。在这件事情上真正令人震惊的，是有些人可以将这种无聊的技艺当做严肃的职业。对判断力来说也一样：获致判断的能力是很常见的，但那种强烈而持久的想要获致判断的欲望则是最罕见的。据说天才很少，为什么？因为很少有政府按比例去回报那些为培养伟大的才能而必须要花费的辛劳。

我拿炼金术师与玩弄把戏的人和那些拥有分辨能力的人作比较，并不是想羞辱后者，我只想表明到底是什么原因使得人们在过去那么长时间里（转下页）

我不会继续纠缠这个问题，关于这一方面，我仅满足于重复我在《论心灵》中已经做出的一项观察。

如果你向一些人提出某个简单明了的问题，并且这些人对这个问题涉及到的真理保持中立的态度，那么他们都会形成相同的判断[80]，因为他们均在相同的对象之间感知到相同的关系。因此，每个人生来便具有公正的判断力。“公正的判断力”一词，正如“开明的人道精神”一样。这种精神会对刺客施以刑罚吗？它在这一刻只顾着去救助无数正派的公民。就广义的“人道”一词而言，关于正义的观念，以及关于几乎一切美德的观念都被包括在内了。“公正的判断力”一词也是如此。就其广义而言，这个表达同样涵括了一切不同种类的判断力。我们至少可以确信，如果在我们身上发生的只是感觉以及对感觉的比较，那么除了那种进行比较，并且是公正地进行比较的判断力以外，也就不存在其他的判断力了。

拥有寻常机体组织的人拥有平等的判断能力，从我对于这种平等的判断能力的论述中得出的一般性结论正是之前已经得到承认的结论：

人的一切都是感觉；

人们只通过五官去思考，或者说去获得观念；

五官完善程度的高低抑或人们对事物的感觉程度的变化，并不

（接上页）把分辨力视为大自然的礼物。我想要摧毁的是那些玄之又玄的东西，而不是睿智给我们带来的好处，正是因为后者之故，医药、外科以及每一种有用的艺术与科学都得到了改善。因此，地球上没什么比可靠的判断力更受人尊敬，因此，也没有哪个民族在确切了解了自己的利益之后，会对判断力不表示尊崇，而得到判断力改进的艺术和科学有多大的效用，这种尊崇就有多高的程度。

[80] 如果人们围绕着同一个问题产生不同的意见，产生这种差异的原因要么是他们没有理解彼此，要么是他们并没有看见或回想起相同的对象，要么是他们对这个问题本身提不起兴趣，在探究这个问题时只投入了少量的注意，也极少诉诸自身的判断力。

现在，让我们假设，强烈而同样的动机迫使他们投以注意，他们理解彼此，并且眼前看到抑或记忆中浮现的是相同的对象，那么我要说，既然在对象之间感知到相同的关系，他们会形成相同的判断，因此我的结论是，人人都有进行判断的力量，就是说，有相同的获致判断的能力。

能改变对象之间的关系。

既然判断是由针对这些关系的知识构成的，那么很显然，判断力的优劣与否与机体组织的完善与否无关。正因为如此，女人虽然能够比男人获得更加精细的感受，但在理智能力上并不优越于男人。我认为，要想否定这个结论是很困难的。

但是，人们会说，如果对几何学命题的普遍赞同可以被我们视为对“拥有寻常机体组织的人在同样的对象之间感知到同样的关系”这一命题的证明，那为什么不把人们在道德、政治和形而上学上的不同见解类似地视为对“至少在这些科学领域中，人们在同样的对象之间并没有感知到同样的关系”这一命题的证明呢？

第十六节　在道德、政治和形而上学领域中造成见解不合的原因

人类运用判断力的过程总是相同的。将判断力运用于这种研究也好，运用于那种研究也罢，都不会改变这种过程。如果在某些科学领域中，人们在自己进行比较的相同对象之间感知到相同的关系，那他们必然会在一切科学领域中都感知到相同的关系。然而，观察到的情况并不符合这种推理。但这种矛盾仅仅是表面上的。真实的原因唾手可得。举个例子，在探求这种原因时我们看到，如果人人都赞同几何学论证的真理性，这是因为人们对这些论证的真假保持中立的态度。

或是因为，人们不仅把清晰的观念，而且把相同的观念附加于这门科学所运用的术语之上。

或是因为，因为他们对圆形、正方形或三角形等等有着相同的概念。

在道德、政治和形而上学领域，情况则恰好相反，如果人们见解不合，这是因为，在这些事务中，人们并不总是乐于以对象本身所是的样子来看待这些对象。

或是因为，人们对他们要着手处理的问题常常只拥有一些模糊

混乱的观念。

或是因为，人们总是人云亦云，并没有独立的见解。

最后，或是因为，人们并没有把相同的观念附加在相同的术语之上。此处我仅以“好的”、“利益”和“美德”为例。

论“好的”一词

让我们就其最宽泛的含义去考察这个词语。为了确认人们能否对该词形成相同的观念，我们先去看一看孩童是怎样获得这个观念的。

为了将他的注意力引向这个词语，我们给他糖果[81]。以其最基本的意指来说，该词只是用来描述那些令孩童的味觉感到愉悦的东西，这些东西在他的嘴巴里产生了一种合意的感觉。

当这个词语获得更加宽泛的意思时，它被不加区别地用来描述一切令孩童感到愉悦的事物，诸如某种动物、某个人或是他的玩伴。一般而言，只要这个表达的用法被限定于有形的对象，例如某个东西、某种工具或是某种食物，人们就会对它形成几近相同的观念。该词至少是以一种受到限定的方式，使得有关那些可以为人们带来直接好处的东西的观念在记忆中浮现。[82]

最后，当人们进一步去考察这个词语更宽泛的意思，并将该词用于描述道德和人类的行动时，我们会发现，它必然包括关于某种公共效用的观念，而为了在“什么是好的？”这一问题上达成一致，我们必须先在“什么是有用的？”这个问题上达成一致。可是绝大

[81] “糖果”在法语中被称为 bons bons，亦即“好，好”。（法语中 bon 即为“好”的意思。——中译者注）

[82] 名词“好”由形容词“好的”派生而来，很多人将其作为真实的存在物，至少作为某些对象内在的性质。人们现在还是不知道在大自然中并没有“好”这种存在物，它不过是人们为那些会给自己带来好处的东西所赋予的名称。简言之，“好”就像“伟大”一样，是一个相当模糊的表达，也没什么含义；除非在某个时候，我们虽说没有感知到“好”，可是有必要把它用在某个特定的对象之上，否则它并不会给我们带来清晰的观念。

多数的人甚至不知道，一般意义上的效用是衡量人类行为好坏。

由于缺乏可靠的教育，人们对道德意义上的好只拥有混乱的观念。人们随心所欲地使用“好”这个字眼，它仅仅让人们回想起他们曾经听说过的各种对“好”的运用(3)；由于与他们生活在一起的那些人拥有各种各样的利益与立场，这些运用也总是彼此殊异、相互矛盾。如果人们在用“好的”一词来描述各种德性时，旨在就该词的意指达成共识，那么就必须要有一部严谨的词典来确定该词的意思。在这部著作的内容得到吸收之前，围绕这一问题的各种争论不可能得到解决。“利益”一词也是如此。

利益

正派的人非常少见，所以对大多数人来说，“利益”一词所引发的必定是关于金钱利益，或是关于某种同样粗鄙的对象的观念。高贵伟岸的灵魂会有这种观念吗？并不会，这个词语只会在他的心灵中唤起自爱的情愫。美德在利益中只会感知到那强大而普遍的发条，它是人类行动的源头，时而将人引入歧途，时而将人导向美德。但是，当耶稣会士反对我的见解时，他们有没有为这个词语附加上一种同样广阔的观念呢？我不知道。但我知道的是，那时作为银行家、商人以及破产者的他们应该已经丧失了任何一种有关高贵利益的观念。对他们而言，这个词语只能引发有关阴谋诡计和金钱利益的观念。

如此卑劣的利益驱使他们追击一位受到迫害的人[83]。不过他们或许暗中采纳了他的见解。1750 年他们在鲁昂举办的一次娱乐活动便是证明。这次活动的主旨是“快乐使青年养成真正的美德”。第一幕表现的是公民的美德，第二幕表现的是尚武的美德，而第三幕表现的则是适合于宗教的美德。在这场娱乐活动中，他们通过舞蹈证明了这条真理。在活动中，拟人化的“宗教”作为“快乐”的伴侣与之共舞。詹森派信徒曾说，为了让“快乐”更加讨人欢

[83] 此处指的应是作者自己。——中译者注

心，耶稣会士还让她穿着短裤。[84] 如果快乐能够像他们认为的那样对人的一切加以操纵，那么利益对人又有什么不能做的呢？我们中的一切利益不是都能被还原为对快乐的追求吗？[85]

快乐和痛苦是世界的推动力量。上帝为有德之士创造了天堂，为邪恶之人设置了地狱，以此向世人宣布快乐和痛苦确实如此。

---

[84] 我们必须公正对待耶稣会士，上述控诉并不成立。他们极少是登徒子。耶稣会士受自身规则的制约，对快乐漠然置之，他们只是全然醉心于勃勃的野心。他们渴望用强力或欺诈的方式使世间有钱有势之人俯首帖耳。在他们眼中，世间那些生而便居于高位的大人物只不过是傀儡而已，只要他们高兴，他们便通过命令和忏悔的绳线去操纵这些傀儡。他们对大人物表面上的尊敬掩盖了内心中的鄙夷。大人物对此却心满意足，并在不知不觉中变成了纯粹的机器。耶稣会士无法通过引诱的手段去获得的东西，他们就通过强力去攫取。翻一翻史书吧，你会看到，这些耶稣会士在中国、日本、埃塞俄比亚以及每一个由他们传播和平福音的国家里煽风点火。我们发现，在英格兰，他们布满了本来可将议会炸得粉碎的地雷；在荷兰，他们曾暗杀奥兰治王子，在法国则是亨利四世；而在日内瓦，他们曾发出要攻占这座城池的信号；他们的双手常常武装着匕首，却极少去选择快乐；一言以蔽之，他们的错误并不在于虚弱，而是在于恶行。

[85] 那么耶稣会士为什么要对我拍案而起呢？他们为什么要走进每一间深宅大院，声讨《论心灵》一书，禁止每一个人阅读，就像卡奈依神父对霍金科特元帅所做的那样不断念叨着："抛弃心灵，大人，抛弃心灵！"（卡奈依神父和霍金科特元帅是十七世纪法国散文家和文学评论家圣艾弗蒙［Charles de Saint-Evremond，1613－1703］的讽刺小品文《霍金科特元帅和卡奈依神父的一段对话》中的人物，文中卡奈依神父劝说将军"要像避开瘟疫一样避开那些抖机灵的人，也就是那些用心灵考察一切事物的人"。——中译者注）这是因为，一心渴求发号施令的耶稣会士总想让人们闭目塞听！事实上，如果人们确切知悉了那推动着耶稣会士的本原；如果他们知道那或卑下或高尚的利益总是引导着他们的行为，而他们也总是服从这种利益；知道塑造自身天资和美德的是他们的法律而非各种教条；知道如果有了罗马或者斯巴达的政府形式，罗马人和斯巴达人就仍有可能出现；最后，知道如果赏罚分明、荣辱得当，就总是可以把个人的利益与公众的利益统一在一起，也可以推动人民去追求美德；那么，还能有什么办法能够对人民掩盖僧侣势力百无一用甚至充满危险的真相呢？人们难道会一直都不懂，对一个民族的幸福来说，真正重要的并不是培养祭司，而是制订贤明的法律和培养公正的执政官？耶稣会士对这一原理看得越清楚，他们也就越是担心自己的权威，他们也就越热衷于把能够证明这条原理的证据掩盖起来。

天主教会也同意上述观点，因为在博须埃和费奈隆的争论[86]中，他决断道：我们并不是为了上帝(4)而爱上帝，换言之，我们对上帝的爱并非独立于由上帝颁布的奖赏与惩罚。所以说他们并不怀疑，人类由于受到自爱之情的驱使，总是遵从由自己的利益确立的法则。[87]

关于这一问题出现了各种不同的见解，这证明了什么？仅仅证明了人们并没有相互理解。而在谈论美德时，这种情况几乎没有得到丝毫的改善。

美德

这个词语常常在心灵中激发出迥异的观念，它以我们所处的状态和境遇、我们生活于其中的社会以及我们出生于其中的时代或国家为转移。根据诺曼底地区的习俗，如果弟弟像雅各一样趁着哥哥饥渴交加时剥夺了后者的长子继承权，那么所有的法庭都会宣称他是一个骗子。如果一个人效法大卫，导致情人的丈夫牺牲，那他并不会被视为有德之士中的一员，反而会被视为一个恶棍。说他造成了好的结果也无济于事，刺客有时也造成了好的结果，但绝不会被推举为美德上的模范。

除非我们将精确的观念固定于该词之上，否则我们在谈论美德时，总像毕洛主义者在谈论真理："它就像'东方'，随着我们观看它的位置而定。"

在教会兴起伊始，基督徒惧怕其他教派，他们担心不被容忍，那

---

[86] 此处指的是法国主教博须埃(Jacques-Bénigne Bossuet，1627－1704)与费奈隆(François de Salignac de la Mothe-Fénelon，1651－1715)围绕寂静主义展开的历时两年之久的争论。后者认为，人类的生活应当以热爱上帝为最高目标，而对惩罚的恐惧和对永生的向往都与对上帝的纯粹热爱毫无干系，博须埃则对此表示反对。1699 年，宗教裁判所正式谴责费奈隆用以阐述观点的作品《圣徒箴言集》，教皇英诺森十二世列出其中二十三条命题，将之斥为异端。随后，费奈隆立即宣布放弃自己的观点，这场笔墨官司以博须埃的胜利告终。——中译者注

[87] 指挥官渴望获得晋升？所以他们期盼战争。但下级军官在战争中的目标是什么？每年涨薪 30 至 40 利弗尔，渴望将帝国夷为平地，渴望那些与自己亲密无间地生活在一起，但军阶高于自己的朋友们死去。

时他们宣讲的是什么呢？对邻人的宽恕与爱。“美德”一词在他们的心灵中唤起的是对于人道精神与温和气质的观念。其导师的行为亦坚定了他们对这些观念的信仰：耶稣对艾赛尼派、犹太人和异教徒的态度都一样温和；他对罗马人也并不怀恨在心；他原谅了犹太人的伤害，原谅了彼拉多的不公；他劝世人奉行仁爱。可今天依旧如此吗？并不是。如今在法国、西班牙和葡萄牙，对邻人的仇恨以及打着热忱与政策的旗号实施的野蛮行径，都被包括进美德的观念之中了。

无论一个人信奉的宗教是什么，早期的教会都会尊敬该人的正直品格，极少在意他的信仰。圣茹斯汀⑧⑧曾言：“有德之人即为基督徒，即便他是一个无神论者。”（Et quincumque secundum rationem et verbum vixere Christiani sunt，quamvis athei.）

耶稣在他的寓言中表明，自己更加青睐不信教的撒玛利亚人⑧⑨，而不是献身于宗教的法利赛人。圣保罗与耶稣几乎一样随和，圣茹斯汀亦然。在《使徒行传》第十章第二小节，科内留斯被列为虔敬之人，因为他正派(5)，虽然他尚未成为基督徒。《使徒行传》第十六章第十四小节对吕底亚的叙说也是如此，虽然她当时尚未听说过圣保罗，也没有改信基督教但她侍奉着上帝。

在耶稣生活的那个年代，人们并不认为野心和虚荣可居于美德之列。上帝之城并非人间之城。在犹太，耶稣不渴求财富、头衔和权势。他要求他的信徒放弃财货，跟随着他。如今，这些信徒对美德抱有怎样的观念呢？天主教所有的高级教士都密谋获取头衔与荣誉；所有的隐修会都在宫廷暗中捣鬼，包揽生意，并依恃自己的银行聚敛财富。耶稣及其使徒关于正派的观念可不是这样。

在后者生活的年代，迫害还没有打着慈善的幌子。使徒并没有

---

⑧⑧ 此处指的应是生活于公元二世纪的早期基督教护教士“殉道者圣茹斯汀”（Saint Justin Martyr，100－165），他认为“基督教的种子”先于耶稣基督的道成肉身，此种见解允许他将很多古希腊哲学家视为不自觉的基督徒。——中译者注

⑧⑨ 耶稣到处宣称自己是犹太教祭司的敌人。他到处抨击这些祭司的贪婪与残忍。耶稣因诚实而受罚。天主教司铎啊！你们的表现难道不是和犹太教祭司同样野蛮吗？真心尊崇耶稣的人难道不是一样地憎恶你们吗？

教唆提比略关押外邦人[90]或不信教者。在那个年代，一个人若是强迫他人接受自己的见解，用恐怖手段统治，设立宗教裁判所，烧死自己的兄弟们，并夺取他们的财产，他就会身败名裂。僧侣出于骄傲、贪婪和残忍而给出的判决，原本读来会令人感到不寒而栗；而如今，在设有宗教裁判所的国家里，骄傲、贪婪和残忍均被置于美德之列。

耶稣憎恶虚假，因此他不会像教会那样要求伽利略手持火炬，在真理之神的圣坛前放弃那些他已然发现的真理。教会不再与虚假为敌，它把那些虔诚的骗子称为圣徒(6)。

上帝之子耶稣是谦卑的(7)，而他那心高气傲的代表[91]则一本正经地对主权者发号施令，随心所欲地将恶行合法化，并对刺客赞不绝口。他对克莱门特行宣福礼[92]，因此，他的美德与耶稣的美德并不是一回事。

被赛西亚人尊为美德的友谊，在修道院中却得不到同样的认可。后者制定的规则甚至将其视为犯罪(8)。病痛缠身的老人在自己的小房间里受尽折磨，被友谊与人道所抛弃。如果僧侣要求人们去憎恶彼此，那他们在寺院里的生活对这一指令的贯彻可谓忠实到了无以复加的地步。

耶稣要求他的信徒将凯撒的归凯撒，他禁止通过强力或欺骗去攫取他人的财产。但彼时含有“正义”之义的“美德”一词，在圣伯纳德[93]生活的年代却不再具有相同的意指。圣伯纳德号令身后的

---

[90] “外邦人”(Gentiles)在旧约中泛指以色列人以外的民族，因为以色列人是上帝的选民，所以其他的民族就成了“外邦人”。到了新约时代，福音由犹太人传向外邦，是否为“外邦人”便不再以民族区分，而是以信仰区分。——中译者注

[91] 这里指的是教皇。——中译者注

[92] 此处涉及法国刺客雅克·克莱门特(Jacques Clément, 1567－1589)行刺法王亨利三世一事。在行刺过程中，克莱门特被国王的随从当场杀死。克莱门特刺杀国王的行为被国王的支持者视为疯狂而野蛮的行径，却得到了教皇西斯笃五世(Pope Sixtus Ⅴ)的称赞。——中译者注

[93] 克莱沃的伯纳德(Bernard of Clairvaux, 1090－1153)，法国修道院院长，教皇尤金三世(Pope Eugene Ⅲ)曾将宣讲第二次十字军东征的任务委托给他。——中译者注

十字军,要求各个民族抛弃欧洲,劫掠亚洲,推翻伊斯兰国家的君主,摧毁他们的君权;但这些民族明明并没有权利这么做。

在粉饰自己的命令时,这位圣徒向那些愿意交出十英亩土地的人们许诺,他们会在天堂获得一百英亩。当他凭借这个荒唐而又充满欺骗性的许诺获得一大批继承人的合法遗产时,关于抢劫与不公的观念定然被包含在有关美德的念头里(9)。

当教会允许西班牙人进攻蒙特祖玛和印加,剥夺他们的财富并登上墨西哥与秘鲁的王位时,他们还会对美德产生其他什么观念吗?彼时掌控西班牙的僧侣本可以迫使他们把黄金、自由、国家与君主归还给墨西哥人和秘鲁人(10)。他们至少可以痛斥西班牙人的行径。这些神学家做了什么?一言不发。在其他时候,他们表现出更多的公正吗?并没有。方济各会修士亨内平神父[94]一直报告说,让野蛮人皈依的唯一方法就是让他们成为奴隶。[95]如果当今的神学家与耶稣持有相同的美德观,那这位方济各会修士亨内平还会想出这样一种不公而又野蛮的方法吗?圣保罗表达得很清楚:要让外邦人皈依,劝导是唯一可行的办法。哪有人会凭借暴力去证明几何学真理?谁不知道美德的说服力来自美德本身?那在什么情况下,监禁、折磨和屠杀这些手段才能派上用场?当人们鼓吹犯罪、错误和谬论的时候。

正是仗着手里的剑,穆罕默德将教条证明为真理。基督徒当时说:一种允许人们迫使他人信仰的宗教是伪宗教。他们在话语中谴责穆罕默德,却又用行动为他辩护。在穆罕默德那里被他们称之为恶行的,在他们自己这里却被称为美德。人们会相信恪守清规戒律的伊斯兰教徒在行为举止上比天主教徒还要温文尔雅吗?土耳其人不是必须要对基督徒(11)、不信教者、犹太人和外邦人表示宽容吗?而那些在宗教信仰中把人道精神视为义务的僧人,却

---

[94] 亨内平神父(Father Hennepin, 1626－1705),罗马天主教传教士,曾在北美洲腹地开展探险活动。——中译者注

[95] 参见《对路易斯安那野蛮人风俗的描述》第105页。

必须在西班牙把自己的兄弟都烧死，在法国又要把詹森派教徒和自然神论者投入监狱！

如果基督徒秉持着与上帝之子相同的美德观，如果那些听命于野心的司铎对福音中的建议并不是充耳不闻，那他们还会犯下这么多暴行吗？如果“美德”一词先前被附加上清晰、精确且固定的观念(12)，那么关于美德，人们也就不会总是形成各种不切实际的观念了。

第十七节　对天主教的教士来说，“美德”一词只会让他们想到那些完全属于自己的好处

布列塔尼高等法院中那位卓越却又不幸的总检察官[96]曾说，如果几乎一切宗教团体在制度上均受到一种与公共福利相悖的利益所驱使，那它们又怎么能形成关于美德的可靠观念呢？在高级教士的队伍中，极少有人能与费奈隆比肩(13)，也极少有人具备费奈隆的美德、人道精神以及公正无私的情怀。我们或许能在僧侣中数出不少圣徒，但没几个是正派的。每个宗教团体都贪恋财富和权力，他们的野心不受束缚。[97] 由各个教皇发布的、有利于耶稣会的一堆胡说八道，就证明了这一点。可如果耶稣会野心不浅，那教会又会差到哪儿去呢？只要翻阅一下教会的历史，也就是由神父

---

[96] 此处指的是德·拉夏洛泰(Louis-René de Caradeuc de La Chalotais, 1701－1785)，1752年任布列塔尼高等法院的总检察长。拉夏洛泰于1761年和1762年两次为高等法院草拟《关于〈耶稣会规程〉的报告》(Compte rendu des constitutions des Jésuites)，抨击耶稣会对法国政治与教育的不良影响。1763年，拉夏洛泰出版《论国民教育》，阐述他的教育主张，不久被捕流放。1774年被赦免。——中译者注

[97] 谦卑的教士们宣称自己是国家中最主要的机构。然而(正如明辨是非之士所观察到的那样)，对于国家行政来说，只有三个机构是绝对必要的。一是执政机构，他们确保我们的财产不会被邻居霸占；二是军事机构，他们同样承担着确保我们的财产不被外国人侵夺的任务；三是民政机构，他们被委以征税的重任，以提供维持前两个团体所需的费用。可对国家来说，宗教机构的账单比这三个机构的总和还要多，这又是为了什么目的呢？为了维持良好的民风。可是，宾夕法尼亚虽不见教士，但民风依然良好。

的谬误与争论、教士阶层的阴谋以及各个教皇犯下的罪行构成的历史，那么在每一处都可以发现，精神势力是世俗王国的敌人[98]，它忘记了自己的王国并不在此世，它还一直换着花样极力为自己聚敛此世的财富和权力，不但从凯撒那里拿走属于凯撒的东西，还肆无忌惮地攻击凯撒。如果迷信的天主教徒还有可能对正义与不义保留着任何观念，那他们在阅读这部历史时将会深受打击，并对僧侣势力感到恐慌。

君主是不是承诺要在这一年减税？而一年过去了，他是不是公然违背了自己的诺言？那教会为什么不公开谴责他不守承诺呢？因为教会只顾着促进自己的利益，对公共福利、公平正义以及人道精神都漠不关心。如果君主是暴君，教会会宽恕他；但他如果是教会所谓的异端，就会被诅咒、废黜乃至暗杀。然而，异端之罪又是什么呢？仅仅是一个明白事理、公正无偏的人用他自己的话表达了某个**特殊的观点**。我们决不能期望从这种教会获得什么关于公道的清晰观念。教士们只会为那些能够增加权力和收益的行动打上美德的标签。除了司铎阶层的利益，还有什么会导致索邦神学院做出矛盾的决定呢？[99] 如果没有这种利益的羁绊，他们还会一度

---

[98] 教会宣称自己是唯一能够对“什么是罪孽？什么又不是罪孽？”这个问题做出判定的法官，它借着这个名号，自认为可以掌握最高司法权。事实上，如果没人有权利去惩罚善行、酬报恶人，对人们的善恶做出判定的法官就是一个民族唯一合法的法官，那么君主和执政官便全然沦为了他人判决的执行者，他们承担的职能也就和刽子手没什么两样了。这曾是一个很宏大的计划，它披着宗教的面纱，一开始并没有引起执政官团体的警觉。表面上，教会服从他们的权威，背地却伺机褫夺，直到人们承认它是唯一对人类行为的价值做出判定的法官，而这项认可将会合法化教会的一切主张。主权者拿什么力量与教会力量抗衡呢？只能是武装力量。两种力量的意志与法律总是相互矛盾的，而屈服于这两种力量的人民不得不等待强力去决定自己要服从哪一方。

我承认，这个计划尚未得到彻底的执行。然而，虽说世俗王国与精神王国之间的区别无足轻重，可是每一个天主教国家都确实拥有两个王国，每个居民的头上也有着两个专断的主人。

[99] 在笛卡尔之前和之后，针对几乎每一部天才般的作品，索邦神学院作出的矛盾的判决，其数目之多令人咋舌。

维护，并一直容忍耶稣会大逆不道的教义吗？他们还会掩饰它令人生厌的本性吗？他们还会等着执政官将这一点指出来吗？

在接受耶稣会的教义时，索邦神学院展现出的更多是愚蠢而不是无赖。他们都是笨蛋，这点我同意；但当我们考虑一下他们在攻讦哲学著作时所表现出的愤怒，以及他们对耶稣会士撰写的作品所保持的沉默时，我们还能把他们当做正派的人吗？索邦神学院的博士们在专家会议中赞同那些虔敬者的道德[100]，所以他们或是在根本没有审阅这些作品的情况下便裁定其内容可靠(14)(在这种情况下，我们要如何看待这些愚蠢的法官呢?)；或是在审阅之后确实认为作品内容可靠(在这种情况下，我们要如何看待这些无知的法官呢?)；或是在审阅之后发现它们其实很糟糕，但出于恐惧(15)、利益或野心之故又对其表示赞同(在这种情况下，我们要如何看待这些狡诈的法官呢?)。

在一份标题为"基督教，或雪耻的宗教"的刊物中，如果那位署名"高夏"的神学家，亦即那位被雇来与欧洲最受尊敬的哲学家和作家作对的人，总是对那些牵涉到耶稣会士的事情保持沉默，这是因为他期望从后者那里获得庇护和照顾。

众所周知，利益一直左右着神学家的判断。所以索邦神学院的那些人不能再标榜自己是道德家了，因为他们甚至不明白道德的本原是什么。某些日晷上的铭文写道："我教那些我并不知道的东西。"(Quod ignoro, doceo)这应当成为索邦神学院的校训。对这些青睐耶稣会道德的人而言，还有什么别的说法更适用于他们为人们走向天堂与美德而提供的指导？让这些博士继续把神学家的美德发扬光大吧。那些美德只存在于一地一世，而真正的美德则在每个时代、每个国家都被认定为美德(16)。美德之名只应当授予那些有利于公众、符合普遍利益的行动。神学是不是一直不让人

---

[100] 诚然，在这些博士中不乏博学多才、品行正直之士，但他们很少有机会出席这些会议。正如伏尔泰先生所观察到的那样，与会者通常是学院里资质最差的那些人。

们获得有关这一类美德的知识呢？它是不是一直把人们关于美德的观念弄得不清不楚呢？在任何一处地方，司铎都把公共教育的排他性特权往自己身上揽，这既是神学的利益所导致的结果，又与这种利益相吻合。法国喜剧演员在塞维尔建立了一座剧院，大教堂教士和代理司铎让他们把它拆了。其中一位教士说：在这里，我们的剧团只需要属于自己的演员，其他的一概不要。

一位古代圣贤曾喟叹道：人啊！谁能说得清你们究竟能愚蠢到什么样的地步？神学家知道，他并不在乎这一点，还利用人们的愚蠢去赚钱。

神学家以宗教之名追求的，是财富和权力的增长。[101] 如果他们的准则随境遇而改变，他们对美德的观念前后不一，耶稣的道德与司铎的道德也不是一码事，那我们不会感到惊讶。不仅仅是天主教徒，每一个教派和每一个民族在缺少有关正直品格的确定观念时，其关于正直品格的见解就会随着时代和国家的不同而大相径庭。(17)

第十八节　论不同民族关于美德形成的不同观念

在东方，尤其是在波斯，独身是犯罪。波斯人说，没什么比独身还要违背大自然与造物主的设计。[102] 爱是肉体的一项需求，也是必然会分泌出来的一种东西。真的有人可以用禁欲的誓言去对抗大自然的誓言吗？上帝做任何事情都不会是白费工夫，他既然赐予了我们器官，就乐于见到我们去使用它们。

古希腊贤明的立法者梭伦对僧侣的贞洁嗤之以鼻(18)。“如果说梭伦的法律明文规定奴隶不许喷香水，并禁止与年轻人发生

---

[101] 为什么每一个僧人都狂热地维护关于创始人的那些虚假的奇迹，可当有人证实了幽灵存在，他们却又冷嘲热讽呢？因为相信这件事对他来说毫无利益可言。去掉利益，就只剩下理性，而理性是不会轻信的。

[102] 在波斯，一个小伙子刚进入青春期，人们就会给他纳一个妾。

爱情，"普鲁塔克，这位历史学家补充道，"那么这并不是因为梭伦在爱情中发现了任何不正派的东西，甚至在希腊式的爱情中[103]也没有。"这些高傲的共和主义者虽然不知羞耻地卷入各种类型的爱情中，但他们不会去做卑鄙的间谍或告密者来给自己蒙羞。他们不会背叛国家的利益，或侵犯同胞公民的财产或自由。一个希腊人或罗马人不会腆着脸去接受奴隶制的束缚。真正的罗马人对亚细亚的暴君连看上一眼都会感到恐惧。

在监察官加图生活的年代，欧迈尼斯[104]来到罗马，一路上所有的年轻人都拥在他的周围，单单加图对他唯恐避之不及(19)。人们问道："加图，你为什么要避开这位备受追捧的主权者、优秀的国王、罗马人的挚友？""尽管他很受你们的欢迎，"加图回答，"**但每一个专制君主都是吃人肉的家伙**(20)，**一切有德之士都应该躲得远远的。**"

要想穷举不同国家(21)与不同个人(22)关于美德的不同观念，这恐怕是白费力气。我们只能说，由一群游手好闲的人组成的隐修会，其创始人却比米诺斯、墨丘利、利库尔戈斯等等更受天主教徒的尊崇，那这些教徒对美德显然不具备公正的观念。除非这个词语被附加上精确的观念，否则由于偶然性施加在人们身上的教育并不一致，每个人形成的观念必定千差万别。

一个年轻的女孩由其愚蠢而固执的母亲抚养长大。在这个女孩的理解中，美德仅仅意味着修女在斋戒和诵经时的那种严格的态度。那对她来说，这个词语只能激发出关于纪律、苦行服和主祷文的观念。

相反，另一个女孩由开明且爱国的父母抚养成人。这对父母只用那些有益于国家的例子去说明什么是美德，也只会赞赏诸如阿

---

[103] 此处指的应是古希腊社会中盛行的男性之间的同性爱情关系。——中译者注

[104] 欧迈尼斯一世(Eumenes I)，自公元前263年起为小亚细亚贝加蒙城(Pergamon)的统治者。——中译者注

丽雅和波西娅[105]这样的人物。这个女孩必将拥有与前一个女孩非常不同的美德观。一个会歆羡在阿丽雅身上表现出来的美德的力量与榜样性的夫妇之爱,另一个却将这位阿丽雅视为异教徒、一个属于此世的女人、一个自杀者、一个注定要遭受天谴的人、一个人们应当厌恶与躲避的人。

在两个年轻男人身上重复上面的实验。让其中一个苦心钻研圣徒的生平,去见证肉身的魔鬼给这些人带来的折磨;让他看着他们不断鞭笞自己,在荆棘中翻滚,把雪捏成女人,等等。而另一个人则致力于格调高雅、富有教益的研习活动;他把诸如苏格拉底、西庇阿、阿里斯提德、泰摩利昂这样的人物视为学习的典范;若要更接近我生活的年代,那就是米隆、哈利、毕布拉克以及巴利庸(23)这些人。"这些受人尊敬的执政官,这些因热爱祖国而受害的卓越之士,他们凭借明智而公正的准则,解决掉的派系斗争——据枢机主教雷茨所说——比西班牙和英格兰的黄金所引发的还要多。"这样一来,两个人对于美德的观点将会大相径庭。因此"美德"一词在我们心中肯定会引发不同的观念(24),这取决于我们读的究竟是普鲁塔克还是《金色传奇》[106]。"所以,"休谟先生说,"在每个时代和每个国家,人们为品格迥异的人都设立了圣坛。"

在异教徒中,获得神圣荣誉的是赫拉克勒斯、卡斯托耳、赛瑞斯、巴克斯和罗慕路斯[107],而在伊斯兰教徒和天主教徒中,被赋予同样荣誉的,是无名的苦修僧,是卑劣的僧侣,简言之,是一位名叫多

---

[105] 阿丽雅(Arria),古罗马时代的女性人物。罗马帝国皇帝克劳狄乌斯(Claudius)指控阿丽雅的丈夫席西纳·帕伊图斯(Caecina Paetus)不忠诚并要求他自杀,帕伊图斯在最后关头犹豫不决,无法动手,阿丽雅夺过帕伊图斯手中的匕首刺向自己,然后跟他说:"这并不痛,帕伊图斯!"波西娅(Porcia),小加图的女儿,行刺凯撒的刺客布鲁图(Marcus Junius Brutus)的第二任妻子。——中译者注

[106] 《金色传奇》(the Golden Legend)是中世纪晚期一部以圣徒言行为内容的畅销书。——中译者注

[107] 卡斯托耳(Castor)是罗马神话中的英雄人物,巴克斯(Bacchus)是罗马神话中的酒神,罗慕路斯(Romulus)是罗马城的建造者之一。——中译者注

米尼克或是安东尼的人[108]。

古代的英雄们在杀死怪物、惩治暴君之后，凭借自己的英勇与智慧、善举与人道，才敲开了奥林匹斯山的大门。而如今，僧侣们靠斋戒、斥责和怯懦，靠盲目而卑劣的屈从，敲开了天堂的大门。

这场发生在人类心灵之中的巨变，无疑令马基雅维利感到震惊，所以他在《论李维》第四卷中说："任何一种宗教，如果它把折磨和谦卑视为义务，只在民众中激发负面的勇气，那么它就会让心灵萎靡不振，让精神遭到贬低，让民众沦为奴隶。"如果确如休谟先生所观察到的那样，社会的风俗和法律未尝改变过宗教的特征与资质，那么结果毫无疑问不出上述预言之所料。

在这两节内容中，我们已经见识到，"好的"、"利益"与"美德"这些词语被附加上了多么不确定的观念。我已经表明，这些一直被人们随意使用的词语，会随着我们生活的社会以及我们打算运用这些词语的方式的不同，而激发出，并且也应该激发出不同的观念。无论是谁想要探讨这一类的问题，都应该首先澄清这些词语的意指。如果没有这种准备性的工作，这类争端中的每一个都是无法解决的。故而在探讨道德、政治和形而上学领域的几乎一切问题时，人们对彼此理解得越少，对这些问题争辩得就越多。

一旦词语得到了定义，那么问题几乎在被提出的时候就得到了解决。这证明：所有的心灵都是公正的；每个人都在相同的对象之间观察到了相同的关系；以及，人们在道德、政治和形而上学领域
(25)见解不一，这只是因为这些词语的意指尚未得到确定，这些词语被胡乱地使用，抑或语言自身存在瑕疵。针对这一弊端，我们能做出什么样的补救呢？

---

[108] 此处多米尼克指的应是圣多米尼克（Saint Dominic，1170－1221），西班牙司铎，多明我会的创始人；而安东尼指的是"隐士安东尼"（Anthony the Hermit，468－520），他于二十岁时便过上了隐修的生活。——中译者注

第十九节　只有一种方法能够确定词语的意指，并且只有一个民族能够使用该方法

为了确定词语的意指，我们需要编撰一部词典，通过词典把确定的观念附加在不同的表达之上(26)。只有自由的民族才能承担这项艰巨的任务。英格兰或许是欧洲唯一一个能够不负众望去实施这一善行的国家。但在那里，无知是不是就得不到庇护了呢？在每一个民族都有一些人乐于把虚假的黑暗与真理的光芒混淆在一起。盲人渴望的是普世皆盲，恶棍渴望的是四方皆愚，有更多的人上当受骗。英格兰和葡萄牙一样，都有一些不够公正的大人物，但在伦敦，为了反对一位作家，他们又能做些什么呢？置身于法律筑起的城墙之后，每一个英国人都可以英勇地面对大人物的权力，嘲笑他们的无知、迷信和愚蠢。英国人生而自由，就让他受惠于这种自由，并去启蒙世界吧；今人向希腊人中的天才致敬，后世则会向英国人致敬，就让他细细品味这种敬意，并让这番前景驱使他努力奋斗吧。

人们说，现在是哲学的时代。欧洲的所有民族都培育出哲学领域的天才，它们似乎都在忙着追寻真理。但在什么样的国度，真理的发表不会受到责罚？只有一个，那就是英格兰。

英国人啊[109]，运用你们的自由吧，运用那把人和卑劣的奴隶以及豢养的动物区别开来的天赋吧，把光芒带给世界上的各个民族。这样的善举必定会让你们获得永世的感激。一个民族拥有足够的美德，允许他们的作家在一部词典里固定住每一个词语的精确意指，以此驱散那些仍旧笼罩在道德、政治、形而上学、神学等诸领域上空的神秘阴云，对这样一个民族，我们怎么能吝惜自己的喝彩呢(27)？喝彩是为这一部词典的作者们准备的，他们为那么多因词

[109] 英国人说：任何一个禁止人们去思考和论述行政事务的政府，毫无疑问不会受到好评。

语的滥用而导致的无休无止的争端画上了句号(28)。他们凭一己之力便能够把关于人的科学限定在他们确实知道的范围内。

这部将会被翻译成所有语言的词典，普遍收集了人类几乎所有的观念。让精确的观念被附加在每一个表达之上吧，而那常常凭借词语的魔法把世界弄得一团糟的神圣学派，将会成为失去力量的魔法师。赐予他能力的法宝将会失灵。那些愚人长久以来一直顶着“形而上学家”的称号在虚幻的国度中漫游，他们乘着空气泡泡，穿越每一个领域，通透无限的奥义。然而到了那个时候，他们不会再说自己看见那些其实并没有看见的东西，了解那些其实并不了解的东西，他们不会再给世人带来麻烦。那时，道德、政治和形而上学领域中的命题就和几何学命题一样易于论证，人们对这些科学都拥有相同的观念，因为所有的人(正如我已经表明的)必然会在相同的对象之间感知到相同的关系。

对于上述真理的另一个证明是：从几何学对于物质世界的论证抑或形而上学对于理智世界的证明中可以看出，在把这两个世界中的几乎相同的事实结合在一起时，所有人无论何时都会得出几乎相同的结论。

第二十节　人类在理智王国中的涉猎和发现几乎总是相同的

在人类的心灵幻想出的那些国家里，我首先要驻足于由各种仙子、鬼怪和妖精组成的国家。人类喜爱故事：人人都读故事，听故事，编故事。一种对幸福的难解的欲望殷勤地带领着我们在这片充满奇人异事的土地上漫游。

那些虚幻的念头总是属于同一个类型。所有的人都渴求无穷无尽的财富，不受约束的权力以及没有终点的快乐。这种欲望总是领先于实际的占有。

芸芸众生皆曰：“如果我们的愿望在形成的那一刻就能实现，那我们得多幸福啊！”可是无知的人啊，你们一直都不明白，你们的一部分福祉就存在于欲望本身啊！欲望就像仙子们送给年轻公主的金色小鸟，这只鸟栖息在距离她三十步远的地方。她过去抓它，蹑手蹑脚地前行，正准备抓住它，可这只鸟又往前飞了三十步远。她在这项追逐游戏上消耗了数月时光，并感到幸福。如果这只鸟一开始就被抓住了，那位公主就会把它关进笼子里，一周之后就会对它感到厌倦。吝啬鬼和交际花都不断追逐这只幸福之鸟。他们抓不住它，并在这种追逐中感到幸福，因为他们免于餍足。如果我们的欲望每时每刻都能得到满足，我们的心灵将会在闲散中萎靡不振，并在不安中沉沦下去。人必须要有欲望，在一个已经满足的欲望之后总要跟随着一个新的易于满足的欲望(29)。很少有人承认自己有这种需求，然而正是在这种欲望的接续中，他们获得了福祉。

人们一直急不可耐地想要满足自身的愿望，于是不断建造空中楼阁。他们想让整个大自然去关心自己的幸福，但他们又无法做到这一点，于是便沉浸在幻想出的事物中，沉浸在仙子和鬼怪中。如果人们认为这些事物确实存在，这是因为他们抱着一种难解的希望，希望自己可以在一位巫师的帮助下获得一盏神灯，就像《一千零一夜》里所记载的那样，这样一来，他们就可以随心所欲地满足自身的福祉。

因此，对幸福的欲求导致了一种贪婪的好奇心以及对奇迹的热爱，它在不同的民族中创造出许多超自然的存在者，这些存在者虽然拥有诸如仙子、鬼怪、精灵、妖精等不同的名字，但其实都是相同的，而且它们在每个地方也都有着一样的神通。这恰好证明了，人们在这一方面的发现是近乎相同的。

哲学叙述

在这类更加严肃也更加重要的叙述中间存在着一样的相似性，它们有时和上面提到的那些叙述一样琐碎，但又不如后者有趣。我要列出的那些构思精巧同时又令人生厌的叙述包括：道德上的美感[110]，人性的良善以及有关物质世界的若干理论体系。应该仅仅依靠经验来建构这些叙述，可是如果哲学家并不向经验请教，或没有勇气在无法观察的地方收手，那么就算他想建构一个理论体系，他也只能建构出一个浪漫的故事。

这位哲学家用假设来取代经验的空白，用猜测来填补那些巨大的空隙，而这些空隙是当下的乃至过去的无知在其理论体系的各个部分中遗留下来的。至于这些假设，它们基本上属于同一类。无论是谁阅读了古代哲学家的作品，都会发现他们几乎悉数采纳了近乎一样的思路，而不一样的地方则在于他们在构建整个宇宙时所选用的材料有所不同。

泰勒斯在整个自然中只看到了一种元素，亦即水一般的流体。海洋之神普鲁吐斯将自己变形为火、树、水以及动物，他是泰氏体系的标识。赫拉克利特在光这一元素中同样发现了普鲁吐斯，他眼中的大地是一个归于稳固状态的火球。阿那克西美尼将气体作为无定形的能动者，它是一切元素的共同祖先。气凝缩为水，再凝缩则为土。不同密度的气是一切存在物存在的原因。那些跟在第一批哲学家后面，像他们那样承担起设计和建筑宇宙宫殿之职的人，也犯了相同的错误：笛卡尔即为一例。

脚踏实地地从一个事实迈向另一个事实，我们才能获得伟大的发现。我们必须沿着经验的轨道前进，决不要跑在经验的前面。但人类的心灵自然是耐不住性子的，天才尤其如此，他们不能接受如此缓慢却又如此确定的进步(30)；对于唯有经验才能揭示的一

---

[110] 只能在“愚人的乐园”里发现道德上的美感，弥尔顿让祈祷书、圣衣、念珠和赎罪券在这里不停地回旋。（参见弥尔顿《失乐园》[朱维之译，上海译文出版社，1984]的第三部分：“他们无非是些未成熟的、痴呆的、穿着黑、白、灰色衣的身戴骗人的假法宝的隐士和托钵僧。[……]正要举步登上天堂的阶梯时，看吧！从左右吹来一阵猛烈的横风，他们被斜吹到十万里外的远空中去：那时看见僧帽、头巾、袈裟，连同它们的穿戴者一起被吹翻扯烂，还有圣骨、念珠、免罪券、特免证、赦罪证、训谕，全被高高卷起，都成了风的玩具，他们飘过这世界的背面而远落在广大的地狱边缘，被称‘愚人的乐园’。”——中译者注）

切，他们宁可去猜。可他们忘记了：世界体系的发现取决于对原初事实的了解，从这种了解中可以演绎出大自然中的一切事实；而且，只有通过机缘、分析和观察，原初事实才能导向一般性的原则。[11]

在着手建构宇宙的宫殿之前，人们应当从经验的矿藏中发掘出多少材料啊！终于是时候让每个人都去做这份工作了，他们会很乐意去构建这座计划中的宏伟建筑的某个部分。最热切地追随着经验的学徒会明白，没有经验的帮助，他们只能在虚幻的国度里漫游，在这里，各个时代的人都看到了相同的幻影，并总是犯下同样的谬误。而这种相似性立即证明了，各个国家的人在把相同的对象联结在一起时所采用的方法是一致的，他们也拥有相同的分辨力。

宗教叙述

这类叙述不如第一类叙述那么引人入胜，也不如第二类叙述那么构思精巧，然而却比这两类叙述都更受人们的尊崇。它们让民族

---

[11] 在此，我们的作者说得好像并不了解牛顿有关宇宙的理论体系，该体系是建立在清晰且不可否认的实验之上的。但这可能吗？——英译者注（英译者似乎认为实验方法并非爱尔维修在此所提倡的方法，毕竟，爱尔维修在文中强调的是跟随经验，“决不要跑在经验的前面”；而实验方法显然有“猜测经验向我们揭示的一切”之嫌，虽然严格地说，实验方法也是经验主义方法论的一部分，但英译者此处或许不经意地提醒了我们，被动地“收集”经验和主动地“生成”经验，两者之间存在重要的差异，尤其当后者牵涉到有关人类主体性的问题时。可参考康德《纯粹理性批判》[邓晓芒译，杨祖陶校，人民出版社，2004 年]第二版序言：“当伽利略把由他自己选定重量的球从斜面上滚下时，或者，当托里拆利让空气去托住一个他预先设想为与他所知道的水柱的重量相等的重量时，抑或在更晚近的时候，当施塔尔通过在其中抽出和放回某种东西而把金属转变为石灰又把石灰再转变为金属时，在所有这些科学家面前就升起了一道光明。他们理解到，理性只会看出它自己根据自己的策划所产生的东西，它必须带着自己按照不变的法则进行判断的原理走在前面，强迫自然回答它的问题，却决不是仿佛让自然用襻带牵引而行；否则的话，那些偶然的、不根据任何先行拟定的计划而作出的观察就完全不会在一条必然法则中关联起来，但这条法则却是理性所寻求且需要的。”——中译者注）

兵戎相见，令人类血流成河，使世界荒无人烟。在“宗教叙述”这个名称下，我主要考察所有的伪宗教，这些叙述彼此间总是最为相似的。

我们可以为这类叙述的发明找到各种各样的原因(31)，但我要指出的第一个原因是对不朽的欲望。借用沃伯顿[112]以及其他博学之士的说法：对“上帝是犹太律法的作者”一说的证明，就是摩西的律法并没有提到奖赏和惩罚，也没有提到来世，因而也没有提到灵魂的不朽。他们补充道：如果犹太教是人类创造出来的制度，那么人们就会让灵魂得到不朽。一种强烈而鲜明的利益会诱使他们去相信这一点(32)，该项利益即为对死亡和湮灭的恐惧。不需要天启的指点，单凭这种恐惧就能让人们发明出灵魂不朽的教条。人向往不朽；如果他周遭所有的身体并没有每时每刻都在向他表明相反的事实，他恐怕真的会相信自己是不朽的。虽然被迫屈服于真相，但他并未改变对不朽的欲望。埃宋的回春镬[113]即证明了这种欲望有多么久远。为了让这种欲望得以延续下去，就有必要把它建立在某种基础之上，该基础至少要具备一定的或然性。为了实现这一点，人们便用一种极端精细的物质来构造灵魂，他们认为该物质是一种无法毁灭的原子，能够在其他部分均散灭的情况下

---

[112] 沃伯顿(William Warburton, 1698 - 1779)，英国神学家，文学评论家，格洛斯特主教。作者此处指的应是沃伯顿在其自1737年开始出版的著作《摩西的神圣使命》中提出的观点。在该书中，沃伯顿采用了一个看似悖谬的观点维护基督教义的正统，以反驳自然神论。他认为，在摩西五经中并没有关于来世的记载，这令摩西的犹太教在各种古代宗教中独树一帜，而从这一点也可以得出，摩西接受了上帝的启示。——中译者注

[113] 埃宋(Aeson)，古希腊神话中伊奥科斯城的国王。被弟弟珀利阿斯篡夺了王位之后，埃宋让其子伊阿宋前往卡戎那里接受教育，伊阿宋长大之后回到伊奥科斯，珀利阿斯答应他，如果他能够寻获金羊毛，自己就让出王位。伊阿宋接受了这个挑战。就在他寻找金羊毛的旅途中，珀利阿斯意图谋害埃宋，但最后埃宋自杀了。另根据奥维德《变形记》中的叙述，埃宋一直活到伊阿宋及其妻子美狄亚返回伊奥科斯城。美狄亚割开埃宋的喉咙，并把他放在一口大锅里，随后埃宋复活成一个年轻的男人。美狄亚告诉珀利阿斯的女儿们，她会在她们年老体弱的父亲身上重施这一魔法，但当珀利阿斯的女儿们割开其父亲的喉咙之后，美狄亚拒绝将他复活。——中译者注

持续存在。简言之,它成了生命的本原。[114]

这种被冠以"灵魂"之名的存在物[115],在人去世之后,会把自己与身体统一在一起时所受到的一切影响保留下来。这一理论体系认定人们不太会怀疑灵魂的不朽,因为经验与观察都无法对该信念构成反驳,究其原因,无非是这两者都不能对无法感知的原子形成任何判断。但它的存在其实并没有得到过论证;不过,对于我们愿意相信的事情,我们又需要证明什么呢?而且,什么样的论证能够强大到足以证伪我们心爱的观点呢?确实,我们从未在散步途中遇见过任何灵魂;但为了给这件事找一个理由,我们便在创造了灵魂之后,自认为有必要创造一个供灵魂栖居的国度。每一个民族甚至每一个个体根据自己的倾向以及自身需求的特性,都提出了独特的计划。[116]野蛮民族有时把栖居地置于辽阔的森林中,漫天野禽,水美鱼丰;有时又把栖居地置于平坦开阔的国家里,这里牧草遍野,在牧场中间,成片的草莓堪比一座大山,人们把它划分为不同的部分,以供养自己和家人。

更少受到饥饿的困扰、人口更多、教育水平也更高的民族,会在这片栖居地里放进大自然中一切令人愉悦的东西,并赋予它"极

[114] 人们关于来生的见解,在不受天启的影响时,会因应条件的不同而彼此相异。好人自然乐意相信有来生,因为有来生符合他们的利益。而坏人则会费尽心机去否定来生,因为他们认为没有来生更符合自己的利益,可是在经历了那么多次失败的挣扎后,他们的心灵必然处于疑虑重重、一片混乱的状态之中,因为他不可能那么笃定地认为来生并不存在。坚定地相信来生,同时也会不断地思索来生,而这构成了现世生活中最有价值的享受之一;既然如此,如果一个人在这方面的享受被某些人剥夺了,他是不是应该把这些人视为一切敌人中最阴险的敌人呢?——英译者注

[115] 野蛮人认为任何事物——他们的标枪,大锅或者建造房屋的材料——都有灵魂。参见亨内平神父的著作《路易斯安那游记》第 94 页。

[116] 那些不用心的读者最好能记住:这里有关来生的一切论述,只涉及到不同民族的不同猜测,与我们从天启中获得的教导并不相关。这里只是要说明,在虚构的作品中,人类心灵在一切时代和一切民族中都以几乎相同的方式运作。——英译者注

乐世界”之名。贪心的凡人会以赫斯珀里得斯姐妹[117]的花园为蓝图来设计这片地方，在里面植满树木，金色的枝桠缀满了钻石。更看重口腹之欲的民族会往里面放进蜜糖做成的树木、牛奶淌成的河流，并用肥美的动物加以装点。按照这种方式，每个民族在灵魂的国度中所放置的东西，恰恰是他们在尘世中所渴望的对象。想象力虽然受到不同需求、不同倾向的指导，但在每一个地方都是以相同的方式运作，因而在发明伪宗教时只会产生极其微小的变异。

如果我们接受德·布罗斯主席[118]在他那部出色的作品《拜物教的历史，或对尘世间对象的崇拜》中提出的见解，那么拜物教不仅仅是第一批宗教，这种在几乎整个非洲，特别是尼格罗兰地区[119]留存至今的崇拜，也曾是普遍的宗教。[120] 他补充道：我们知道，人们在绿柱石中崇拜的是维纳斯[121]，而希腊人在多多那森林中崇拜的则是橡树。我们也知道，对于猫狗、鳄鱼、蟒蛇、大象、狮子、鹰隼、苍蝇、猴子等动物，人们都设有圣坛把它们当作神来供奉。不仅在埃及是这样，在叙利亚、腓尼基以及几乎整个亚洲都是如此。我们还知道，湖泊、树木、海洋以及各种奇形怪状的石头，也同样成为了欧洲和美洲诸民族崇拜的对象。因此，第一批宗教之间的这种一致性证明了人类心灵之间的更大的一致性，而我们在更加现代的或更加精致的宗教形式中也能够发现同样的一致性。以凯尔特人的

---

[117] 赫斯珀里得斯(Hesperides)是古希腊神话中的仙女，共有姐妹三人。她们受天后赫拉的委托，在三姐妹的花园里负责照料由赫拉种下的一株金苹果树。——中译者注

[118] 德·布罗斯(Charles de Brosses, 1709－1777)，法国作家，自1741年起任第戎高等法院主席，自1761年起为第戎自然科学、艺术和人文科学学院成员。——中译者注

[119] 尼格罗兰(Nigritia)，旧时欧洲地图中使用的术语，指称位于撒哈拉沙漠以南、黑人聚居的非洲西部地区。——中译者注

[120] 如果catholic一词想要表达的意思是“普遍的”(该词作普通形容词时，意为“包罗万象的、普遍的”；当首字母大写时，该词作专有形容词，意为“天主教的”。——中译者注)，那么教皇便是错误地主张了自己对该称号的所有权。拜物的宗教，以及异教徒的宗教，才真的是普遍的。

[121] 在古希腊，作为绿柱石家族一员的祖母绿是献给爱神维纳斯的珍宝。——中译者注

宗教为例，我们在托尔神中可以看到波斯人信奉的密特拉神，在魔狼芬里尔中可以看到阿里曼，在巴尔德中可以看到希腊人的阿波罗，在芙蕾雅中可以看到维纳斯，在兀尔德、贝露丹迪和诗蔻迪三姐妹中可以看到命运三女神。[122] 三姐妹就坐于一座泉眼旁边，泉水滋养着那棵著名的白蜡树（“世界之树”[123]）的树根，繁茂的枝桠在大地上投下阴影，直插云霄的树冠亭亭如盖。

因此伪宗教几乎到处都是一样的。这种一致性源自何处呢？源自人们被近乎相同的利益所驱使，把近乎相同的对象放在一起比较，并拥有相同的工具——换言之，拥有相同的判断力——将这些对象联结在一起，因而人们必然得出相同的结论。恰恰因为人类一般都很自大，所以在没有任何特殊的天启，因而也没有任何证明的情况下，每个人都把人视为最受上天眷顾和照料的对象。但愿我们不会像某个僧侣那样偶尔重复道：“与行星相比，托钵僧如何？”

为了将人类傲慢的主张建立在事实的基础之上，我们是不是必须去设想，舍弃天堂、降临人间的神曾以鱼、蟒蛇或者人的形态与凡人对话，就像某些宗教所认为的那样？为了证明上天对人间的居民抱有兴趣，我们是不是必须发表一些著作，而按照某些骗子的说法，这些著作囊括了上帝向人类提出的训诫与要求的义务？

如果我们接受伊斯兰教徒的说法，那么这样一本在天堂中完成的书曾被天使加百列带至人间并赠给穆罕默德。这本书叫古兰经。当我们打开这本书，我们发现可以对它做出一千种诠释。该书语义含混，殊难理解。可是人类是多么盲目啊，他们仍将此书奉为神作。在这部作品中，上帝以暴君的面目示人，他的奴隶们由于

---

[122] 此处托尔神（the god Thor）、魔狼芬里尔（the Wolf Fenrir）、巴尔德（Baldr）、芙蕾雅（Freia）以及兀尔德（Urðr）、贝露丹迪（Verðandi）和诗蔻迪（Skuld）三姐妹分别为北欧神话中司战争和农业的神、毁灭众神的元凶、光明之神、爱与美之神以及命运三女神。——中译者注

[123] 在北欧神话中，世界之树（Yggdrasill）的枝干构成了整个世界。此树的树种是白蜡树（Fraxinus），高达天际。它有三条粗大的根，其中第一条树根深入阿斯嘉特（Asgard），亦即“神之领域”；根下有兀尔德之泉，每日诸神会聚在泉水旁边开会讨论，命运三女神也居住在这里。——中译者注

没有弄懂那些本来就没办法弄懂的东西，不断受到他的惩罚；并且，写下书中词句的上帝完全是一个愚蠢的立法者，他制定的法律必须不断得到诠释才行，因为如果没有伊玛目[124]的注释，书中的段落就无法得到理解。伊斯兰教徒对这样一部著作抱有的崇敬之情，还要延续多久呢？

结论：如果伪宗教提出的形而上学在每个地方都是一样的，如果人类的心灵在灵魂的国度中的各项游历以及理智领域中的各种发现也是如此；那么让我们进一步考察一下，各个国家的神职团体为支持这些伪宗教而设下的骗局(33)，彼此间是不是保存着同样的相似性。

第二十一节　伪宗教的祭司们设下的骗局

在各个国家，相同的利益动机和相同的事实结合在一起，为神职团体提供了欺骗民众的相同手段。各个国家的祭司均利用了这些手段。[125] 个人的欲望可能是适度的，他满足于他所拥有的一切。但团体却总是野心勃勃的，它一直努力增加权力与财富，速度则或缓或急。无论何时，祭司阶层都渴望变得有钱有势。[126] 他们凭借什

---

[124] 伊玛目(Iman)，最早是对穆斯林祈祷主持人的尊称，意为领拜人，后引申出学者、领袖、表率、楷模、伊斯兰法学权威等含义。此处文字是作者站在意欲摧毁一切传统宗教的立场上对伊斯兰教的攻击，表明作者在认识上的局限性和偏见。——中译者注

[125] 在西印度群岛，祭司们将某些美德以及赎罪的功能附加在熄灭的燃木上面，并高价兜售这些木头。在罗马，耶稣会士匹普神父同样贩卖献给圣母玛利亚的小祈祷文。他让母鸡把这些祷文吞食下去，并宣称这会让它们更好地下蛋。

[126]
是什么让教义清楚又平常？
只消每年两百英镑。
再次被证伪前，那被证实的教义又怎样？
只消再加两百英镑。

——《休迪布拉斯》
——英译者注

(《休迪布拉斯》[Hudibras]是英国诗人塞缪尔·巴特勒[Samuel Butler，1612-1680]的戏拟英雄叙事长诗。故事的主人公休迪布拉斯爵士是一位堂吉诃德式的人物，他与随从拉尔夫[Ralph]决定　路前行，制止英格兰的一切嬉戏娱乐。诗人安排两个人物之间不断发生斗嘴，讽刺了英国内战时期圆颅党、长老会、清教徒以及其他势力之间的争斗。——中译者注)

么样的方法来满足这种渴望呢？通过贩卖希望和恐惧。祭司是该类商品的批发商，他们意识到，这项生意肯定能让他们赚得盆满钵满。如果希望能够让一个在大街上叫卖中大奖机会的小贩维生，能让一个在绞刑台上贩卖回春神药的庸医糊口，那它同样会成为东亚佛僧的谋生之道，这些和尚在他们的寺庙里贩卖对地狱的恐惧和对天堂的希望。如果庸医单靠贩卖这两种商品之中的一种——希望——便大发横财，那同时经营着希望与恐惧的祭司必然赚得更多。他们说，人是怯懦的，因此做这些临终商品的生意就能赚到最多的钱。但我们要把恐惧卖给谁呢？卖给罪人。又要把希望卖给谁呢？卖给悔罪的人。确信了这一点之后，他们考虑到，众多的买家也就意味着众多的罪人，而既然病人的礼物让医生发了财，罪人的供奉和补偿也会让祭司发财。因此对祭司而言，罪人是必需的，就像对医生而言，病人也是必需的。罪人会一直受祭司的奴役，罪孽数量的增加又推动了赎罪券、弥撒等事物的销售，祭司的权力和财富也随之增加。但如果祭司们只把那些确实贻害社会的行动算作罪孽，那神职人员的权力就不值一提了，它只会影响到骗子和恶棍。所以祭司要把诚实的人也笼罩在自己的权力阴影之中，为了实现这一点，就有必要创造出一些诚实的人可能会犯的罪。因此祭司们规定，两性之间最微不足道的轻浮行为以及对快乐的单纯渴望都应当成为一项罪。他们进一步创制了一大堆迷信的仪轨，并要求每个人都去遵守，他们宣称：没有遵守这些仪轨，这是一切罪孽中最严重的一种；而且要像犹太人那样，在可能的情况下，违反仪式法规的行为应当比最严重的罪行受到还要严苛的惩罚。

不同民族的仪式与仪轨的数量几乎一样繁多，它们在各地几乎都是相同的：它们确保祭司阶层能够在最大程度上掌控各项国家制度，并让这种掌握显得很神圣(34)。

然而，在不同民族的祭司中间，有些人比其他的人更加老道，他们不仅要求民众遵守某些仪轨，还要求他们信奉某些教条，这些教条的数目在不知不觉中增加，不信教者和异端的数目也随之增加。[127] 之后，教士们做了什么？他们规定，应当惩罚异端，没收他们的财产，而这项法律增加了教会的财富。他们进一步命令，要处死不信教者，而这项法律增加了教会的权力。从祭司谴责苏格拉底的这一刻开始，富有天资的人、拥有美德的人，甚至连国王本人都在神职人员的权力面前瑟瑟发抖。愕然与恐慌支撑着该种权力的宝座，它们在民众的心灵中散布无知的阴云，成了教宗势力不可动摇的支柱。当人们被迫熄灭内在的理性之光，并且对是非曲直浑然无知时，他自然就会向祭司请教，无条件地遵循他的教导。

可为什么人们不转而求教于自然法呢？各种伪宗教本身就建立在那个共同的基础之上。这我同意，但自然法无非就是理性本身(35)。当一个人被禁止使用理性时，他又怎么去相信他的理性呢？谁又能透过神职势力在自然法周围布下的层层迷雾，感知到自然法本身呢？人们说，这种法律是一切宗教的画布。即便如此，祭司们在这幅画布上装点了太多的谜团，以至于全然遮蔽了底布。无论是谁去翻阅历史，他都会发现民众的美德随着迷信程度的增加而成比例地减少。[128] 如何能够让一个迷信的人接受与义务相关的教导呢？在错误和无知的夜幕中，怎么能够感知到正义的路途呢？在一个所有的学问都被局限于祭司阶层的国度里，人们绝不可能对美德形成清楚公正的观念。

祭司们的利益并不在于人们做出符合道德要求的事情，而在于人们不去思考。他们说，**亚当的子民必须知道得极少但信仰得很多**。[129]

---

[127] 在欧洲，我们说上帝位于天堂，而在保加利亚，这种说法就是异端和不敬的表现。

[128] 迷信依然是最具智慧的民族所信奉的宗教。英国人不向圣徒忏悔或祈祷，他们的信仰表现在周日不工作也不唱歌。一个在周日演奏小提琴的人会被人们视为不敬，但如果他在酒吧里和侍女厮混了一天，他就是个优秀的基督徒。

[129] 司铎不会允许上帝根据每个人的事功来回报他们，而是要根据他们的信仰来回报他们。

我已经表明，祭司攫取权力的手段是一致的。现在让我们看看他们维持权力的手段是否也是一致的。

第二十二节　论伪宗教的祭司为维持权力而采取的手段所具有的一致性

在每一种宗教中，祭司提出的首个目标，就是扼杀人类的好奇心，并阻止人们去逐条审查那些一看便知荒唐透顶的教条。

为了实现这个目的，就必须迎合人类的激情。为了让人们永远盲目下去，就必须使人们相信，盲目是符合人类利益的，从而使人们渴望变得盲目。对一个僧人来说，这简直易如反掌。实践美德比遵循仪轨麻烦得多。跪在圣坛前面，献上牺牲，在恒河中沐浴(36)，在每周五吃鱼肉，这些举动相比于像卡米拉斯[130]那样原谅同胞公民的忘恩负义，像帕皮里乌斯[131]那样对富人冷眼相对，或者像苏格拉底那样教导人类，要没那么困难。这位僧人说：那么就让我们去迎合人类的恶习吧，这些恶习可以庇护我们；让我们用供奉和赎罪代替美德，而我们可以通过某些迷信的仪轨，将最邪恶的罪孽从肮脏的灵魂中涤荡干净。这样的教义不可能不增加和尚的财富与权威。他们发现这条教义至关重要，他们公开宣扬它，民众亦欣然接受；这是因为，祭司们对民众的纪律越严苛，对违背仪轨的行为实施的惩罚越严厉，他们对民众的道德要求也就越是宽松，对罪

---

[130] 卡米拉斯(Camillus，公元前446—公元前365)，全名马库斯·福利乌斯·卡米拉斯(Marcus Furius Camillus)，古罗马战士、政治家。根据李维和普鲁塔克的记载，卡米拉斯曾四次凯旋。他因在法莱里(Falerii)一役中没有劫掠战利品而受到民众的憎恶，并因拒绝了土地重新分配和罗马人定居维爱(Veii)的计划而遭到政敌的弹劾。——中译者注

[131] 帕皮里乌斯指的可能是盖乌斯·帕皮里乌斯·卡尔波(Gaius Papirius Carbo)，他与盖乌斯·格拉古共同执行平民保民官提比略·格拉古的农业法，该法律试图将富人的一部分财富转移给穷人，对富有地主的财产构成了威胁。——中译者注

行也就越是纵容。[132]

因此，每一个寺庙都成了恶棍的庇护所，只有不虔信的人无处藏身。既然在所有的国家里，不信教者几乎绝迹，恶棍却为数众多，那么大多数人的利益自然就与祭司的利益相一致了。

一位航海家说，在热带有两个相对的岛屿。在其中一个小岛上，如果一个人不相信某些荒唐之事，忍不住要去挠抓最让人难受的痒处，那他就不会被视为一个正派的人。美德主要表现为人们在克制自己的色欲时所具备的忍耐力。在另一个小岛，没有什么信仰会被强加到居民头上。他们哪里痒了，去抓便是，甚至可以逗弄自己直到自己笑出来。但一个人如果不做对社会有益的事情，就不会被认为是有德之人。难道民众不应该分辨出这种与宗教相关的道德要求有多么荒唐吗？我的回答是：祭司身着肃穆的外衣，举止朴拙，言辞含混，而且只以上帝与宗教的名义说话；如此这般，他便迷惑了民众的眼睛与耳朵。虽然他口中的"道德"与"美德"只不过是空洞的字眼，但这并不要紧，它仍然可以把愚笨强加给世人，因为它们是以极其克制的语调说出来的，而且是由一个惯于悔罪的人说出来的。

这都是一些伎俩，或者——如果我可以这样说的话——这是精彩绝伦的哑剧表演，在这层遮掩下，祭司们隐藏着自己的野心与私利。他们的教义在某些方面更为严苛，而这种严苛更方便他们欺骗俗民。这是金玉其外的潘多拉盒子，但里面装着狂热、无知、迷信以及接二连三蹂躏人世的一切恶行。现在我要问，当我们看到伪宗教的祭司在每个时代都采用相同的手段去增加自己的财富和权力[133]，去维持自己的权威、增加奴隶的数量；当我们发现，在每一

[132] 如果说天主教徒普遍没有道德，这是因为在教皇的宗教中，司铎不断用迷信的仪轨代替了对真正美德的践行。

[133] 如果各地的祭司都让自己去保管和分配慈善物资，这是因为他们可以从中挪用一部分，并通过对剩余物资的分配，让穷人向自己伸手要钱。在祭司们看来，每一种攫取金钱和权威的手段都是合乎法律的。天主教教士向那些财富已经被他们耗尽的人收取修葺教堂的费用，却一点儿也不害臊。教堂是教士的农田，但跟富足的地主不同，他们找到了一种让别人供养自己的手段。

个国家里，各种伪宗教中存在同样的谬误，它们的祭司中存在同样的骗子，民众中也存在同样轻信的人(37)；那么，我们还有没有可能去想象，知性就像某些人所设想的那样在本质上是不平等的？

可如果把知性与才能看成是由特殊的原因导致的结果，那么我们怎么能说服自己去认为，那些拥有杰出才能的人，因而也就是那些拥有特殊机体组织的人，会相信带有异教色彩的寓言，会采纳流俗的见解，有时甚至会为某些最明显的错误所折磨所累？如果我们设想知性是机体组织的产物，那么这样的事实便无法得到解释，而如果将知性视为一种习得，那么这些事实便既简单又明了。具有某方面天资的人在他们从未钻研过的领域与问题上并不具备什么优势，这没什么好惊讶的。基于这样的设想，那么一个分辨力强的人相对于其他人的一切优势(这当然是相当大的优势)，便得自于注意的习惯，以及对在考察某个问题时应当采用的最佳方法的了解。这种优势如果不在追求特定真理时发挥出来，也就成了无用的摆设。

伪宗教的祭司们一致采用某些骗术(38)，人们在理智领域中见到相似的幻影(39)，民众中间也存在同等的轻信心理，这些事实都证明了大自然并没有像某些人设想的那样赋予人们不平等的判断力。在道德、政治以及形而上学领域，如果人们对相同的对象形成了不同的判断，那是缘于他们各自的偏见，以及附加于相同表达之上的各种不确定的意指。

我只想补充一点：如果判断可以被还原为关于对象之间真实关系的科学或知识；如果无论个人拥有怎样的机体组织，对象在触动他们时，彼此间的恒常比例都不会被机体组织改变，正如几何学所论证的那样；那么必然可以得出——感觉器官或高或低的完善程度对我们的观念并无影响，拥有寻常机体组织的每个人因此有着平等的判断能力或知性能力。如果还有什么方法能让这条真理更加显然，那就是增加证明的数量，以强化证明的有效性。让我们通过另一组命题来着手这项尝试。

第二十三节　没有任何真理是不能被还原为事实的

几乎所有哲学家都同意，一旦将最崇高的真理简化并还原为最平凡的词项，就可以将它们转换为事实，而在这种情况下，它们向心灵呈现出的命题无非诸如“白是白”、“黑是黑”之类(40)。因此，某些真理表面上的含混并不缘于真理本身，而是因为描述真理的方式是含混的，以及在表达真理时所使用的词语不够恰当。真理确实能够被人们还原为简单的事实，而如果拥有寻常机体组织(41)的每个人都能够同样清楚地感知到每个事实，那么也就不存在不能被领悟的真理了。如果所有的人都能掌握同样的真理，他们的知性能力在本质上必定都是平等的。

但真的可以将每一条真理还原为上述那些清晰的命题吗？我将在哲学家们已经给出的证明之外再补充一个证明，这是从人类心灵或知性的可完善性中演绎出来的。经验证明，知性是可以完善的。而这种可完善性的前提是什么呢？有两个前提：

第一，对每一个心灵来说，每一条真理本质上都是可以领悟的。

第二，每一条真理都可以得到清晰的描述。

每个人都拥有足以让自己习得一门技艺的能力，这种能力证明了知性是可完善的。如果古代数学家最崇高的发现如今都留存于几何学的基础部分，并被每一个学习该门科学的人所理解，这是因为这些发现被还原成了事实。

真理一旦被简化到这种地步，如果其中有些是能力平平的人所不能领悟的，那么人们就可以说，经验表明，就像只有鹰隼才能飞越云霄、凝望太阳，只有富于天资的人才能深入理智领域的堂奥，并承受崭新的真理所散发出的耀眼光芒。但在经验上，这种情况是最不可能发生的。富于天资的人果真发现了真理？真理果真得到了清晰的描述？那么在这一刻，所有能力平平的人也都捕捉到了这条真理，并将之据为己有。天才是喜爱冒险的首领，他在充满各种新发现的土地上穿行。他打开了一条路，而只拥有普通能力的人可以成群结队地紧跟着他的脚步。所以，他们拥有必要的力量去追随他的旅程，否则就只有天才才能在那里穿行了。迄今为止，他唯一的特权只是先行踏出第一步而已。[134]

但到底是在什么时候，普通的心灵能够获得最高级的真理？当这些真理摆脱了词语的含混，并被还原为多多少少简单一些的命题时，它们就从天才的帝国走向科学的帝国。在那之前，尚不为人所知的真理在充满各种新发现的领域内游走，等待着某个能够捕捉到这些真理，并把它们带往尘世的天才，就像那些灵魂在天上的居所中游走，等待着激活一具身体，并在光芒前现身的那一刻。真理一旦降临人间，被优越的心灵感知到，它们就成了共同的财产。

伏尔泰先生说，相比于上一个时代，如果这个时代的人通常能写出更好的散文，那么现代人要将这种优势归功于什么呢？要归功于前人为他们树立的典范。上一个时代的天才之作已经转换成了科学(42)，可如果它们并没有进入——如果我可以这么说的话——流通的过程，那么现代人也就不能吹嘘自己的优越性了。当天才的发现被转变为科学时，原本在天才的庙宇里存放着的每一项发现，如今都成为了公共的财产。庙宇向世人敞开。无论是谁想要学习，学习便是；而且他每天在科学的道路上前进的距离肯定是差不多远的。学徒期的时间安排便证明了这一点。就绝大多数的技艺目前所达到的完善程度而论，如果可以把它们看成是由一百个前后排成一排的天才所获得的发现孕育而成的，那么为了运用这些技艺，匠人就必须把它们统一于自身，并且知道如何恰当地应用这一百个天才的观念。还有什么比这个更能证明人类的心灵以及心灵领悟各类真理的能力都是可完善的呢？

如果我从技艺转向科学，那么同样明显的是：曾经，真理的发现使得人们将探索真理的人奉若神明；现在，真理已是普普通通。

[134] 从这一段可以推论出，每个人只要有这个意愿，就可以理解崇高的几何学和深奥的流数术中存在的一切真理，只要它们得到了恰当的说明。

各个地方都在教授牛顿的理论体系。

发现新真理的人和天文学家一样，好奇心抑或对荣誉的渴求呼唤着他前往自己的瞭望台。他将小型望远镜对向天空，在浩瀚无垠的太空中凝视一颗前人从未发现过的恒星或卫星。他喊来自己的朋友，他们登上瞭望台，透过望远镜，凝视着那颗恒星。人们拥有几乎相同的器官，必定会发现相同的对象。

如果有一些观念是普通人无法获得的，那么人们在时代的流转中所发现的某些真理，就只有极少数拥有相同机体组织的人才能领悟。在这一方面，其他所有的人都将屈从于一种不可战胜的无知。除了另一个毕达哥拉斯，没有人能知道三角形斜边的平方等于其他两边的平方和。人类的心灵也就不具有可完善性了。简言之，有些真理就只是为某些人保留的。但经验恰恰向我们表明，最崇高的发现在得到清晰的描述时，能够为每一个人所掌握。所以，当我们说出“**这条真理简直再平凡不过了。之前我怎么会对此毫无察觉呢**？”这样的话时，我们才会感到既惊讶又羞愧。有时，这种言辞无疑是在表达嫉妒，正如克里斯托弗·哥伦布的例子所表明的。当他前往美洲时，朝臣们说：“**没有什么是比这项计划更荒唐的了**。”而当他返回时，他们却说：“**没有什么是比这项发现更简单的了**。”虽然这种言辞常常是在表达嫉妒，但它在某些时候不也是一种肺腑之言吗？当我们突然被某种新观念的明见性所打动，并且很快就习惯于认为这个观念不过如此而已，我们难道不是发自内心地觉得自己其实一直都知道这个观念吗？

如果我们对某条真理的表达有着清楚的观念——我们不仅在记忆中拥有这种观念，而且还能时常回想起与产生该观念的比较活动相关的一切观念——并且如果我们不被任何利益或迷信迷住了心窍，那么这条当下被还原为最平凡词项（即被还原为诸如“白是白”、“黑是黑”这样简单的命题）的真理一旦被提出，就几乎立刻为人们所掌握。

事实上，虽然人们尚未将洛克与牛顿的理论体系发展至最明晰的程度，但这两种体系得到了人们普遍的教授与理解，因此，拥有寻常机体组织的人能够领悟那些最伟大天才所拥有的观念。而掌握这些观念(43),就意味着拥有平等的知性能力。但如果人们能够获得这些真理,如果人们的知识一般总是与人们想要学习的欲望成比例,那是不是可以得出:所有的人能够平等地获得迄今尚不为人所知的真理呢?这条反对意见值得我们考察一下。

第二十四节　为了领悟那些已知的真理而必需的知性,足以发现那些未知的真理

真理总是人们通过对不同对象之间的相似或差异、一致或分殊做出公正的比较得出的。当一位导师要向他的学生们解释一门科学的原理,并论证已知的真理时,他就在他们眼前摆出了那些需要比较的对象,而通过这种比较,已知的真理便可以被演绎出来。

但当发现真理的人在寻求崭新的真理时,他必定以类似的方式在眼前摆出需要比较的对象,通过这种比较将真理从中演绎出来。不过,是什么把这些对象呈现给他的呢?偶然性,她是一切发现共同的母亲。因此,人类的心灵是跟随论证真理的思路也好,是去发现真理也罢,它在这两种情况下似乎都要比较相同的对象,观察相同的关系,简言之,执行相同的操作。[135] 因此,为了领悟那些已知的真理而必需的知性,足以发现那些未知的真理。确实很少有人获得未知的真理,但究其原因,则可以追溯到他们置身其中的不同情境,以及被冠以"偶然性"之名的一系列状况,抑或是人们想要凸显自己的欲望并不一样,因而对荣誉的热衷程度也并不一样。

这种激情可以办到一切。没有任何一个女孩会愚蠢到连爱情

[135] 我甚至要补充一点:跟随对已知的真理进行论证的思路,比起发现真理,需要更多的注意力。例如,我们假设这条真理是一条数学命题。在这种情况下,探索真理的人对几何学已经熟谙于心,几何图形时常在他的记忆中浮现。他似乎是不由自主地回想起它们。他全神贯注地观察它们的关系。而对于学生而言,同样的几何图形并不会时常在他们的记忆中浮现,他必然要将一部分注意力用于回想这些图形,将另一部分注意力用于观察它们的关系。

都没办法让她机智起来。难道爱情不是把一切手段都提供给了她，让她瞒过父母的巡视，见到自己的恋人，和他说说话？最愚蠢的人常常会成为最具有探索精神的人。

卓越的判断力依附于一定程度的注意力，没有激情的人是无法达到这种程度的。这种卓越更可能产生于习惯性的注意，而不是超乎寻常的努力。

但是，如果所有的人都有平等的知性能力，那么究竟是什么导致了我们在不同的人身上发现的知性上的差异呢？

第二章注释

(1) 根据巴尼亚人的说法，如果人类，尤其是欧洲人总是彼此恐惧、互不信任，时刻准备着自相残杀，这是因他们的始祖库特里和陶迪卡斯特里[136]所负载的精神仍然驱使着他们。这位库特里是布鲁斯的次子，神为他设定的使命是使大地的四分之一人丁兴旺，并让他向西方迈进。他遇到的第一个对象是一位名叫陶迪卡斯特里的女人，她持着一个叫做“夏谢里”的武器，而他则拿着一柄剑。他们刚发现彼此，就厮打在了一起，一直打了两天半的时间。到了第三天，他们打累了，就一起交谈、相爱、结婚、躺在一起。他们生了孩子，而这些孩子就像他们的祖先一样，在相遇的时候总要攻击对方。

(2) 有时，那些脑筋最聪明、思考最缜密的人是忧郁的，这点我承认。但并不是因为他们忧郁所以才聪明又缜密，而是因为他们聪明又缜密所以才忧郁。事实上，使一个人拥有分辨能力的并不是忧郁，而是他自身的需求。单凭需求就能让他远离天性中的懒散。如果我在思考，这并不是因为我身体强壮或是虚弱，而是因为思考在一定程度上符合我的利益。当人们说厄运是**人类伟大的老师**，人们所说的不过是厄运以及想要从厄运中解脱出来的欲望要求我们去思考。为什么对荣誉的欲望经常产生同样的效果？因为荣誉对某些人来说是一种需求。此外，人们并不认为拉伯雷、丰特奈尔、拉·封丹和斯卡龙是忧郁的，但没人否认他们或多或少要比别人更聪明。

(3) 我在此关于“好”的论述同样适用于“美”。我们对“美”形成的不同观

---

[136] 作者此处有关库特里(Cutteri)、陶迪卡斯特里(Toddicastrée)、布鲁斯(Pourons)以及夏谢里(chuchery)的叙述，似援引自书商弗朗西斯·柯克曼(Francis Kirkman)于1671年出版的小说《英国恶棍麦里冬·拉特路恩的生平(续)，及其他奇闻》，而在此书中，巴尼亚人(Banian)据说是位于印度东部的一个民族，上述有关人类祖先的故事则来自巴尼亚人的宗教传说。——中译者注

念，几乎总是源自我们在幼儿时期听说的对美的各种解释，当我们听说某个拥有特定体态的女人一直受到人们的称赞，这种体态就作为美的典范固定在我们的心灵之中，我们也总是按照与该典范的相似程度来评判其他女人。因此才有了我们在偏好上的多样性，这也是为什么我们会偏爱一个体态优雅的女人，但其他人却偏爱身形健硕的女人。

(4) 教会的这项决定表明，强加于我的某项判决是有多么荒谬。他们说，我怎么能认为友谊的基础是需求和互惠呢？但如果教会和耶稣会士自己都认为，尽管上帝至善而全能，但也不是因其自身而受到人们的爱戴。那么，我对朋友的爱会不带任何私人的理由吗？那么这种理由具有什么样的特点呢？它并不引发仇恨，仇恨是一种烦恼而悲伤的情感；相反，它会产生爱意，而爱意是一种快乐的情感。那些强加于我的针对这个问题的判决是多么荒谬啊，在此对这些判决做出回应都让我感到羞耻。

(5) 早期教会对人类的信仰没那么吹毛求疵，西内修斯[137]的生平便是对这一点的证明。他生活于公元五世纪，是一位柏拉图主义哲学家。时任亚历山大里亚城主教的西奥菲勒斯渴望通过劝人改宗为自己获得荣誉，因而恳求西内修斯接受他的洗礼。这位哲学家同意了，但前提是他能保留自己的见解。没过多久，托勒密城的居民请求西内修斯出任主教。西内修斯拒绝了主教一职，他在写给兄长的第一百零五封信中阐述了自己的理由："我越是对自己加以审视，越是发现自己并不适合担任主教一职。迄今为止，我将自己的生活分为研习哲学和追求娱乐两个部分。当我走出自己的密室，我就投身于快乐之中。但人们说，主教不应该感到欢乐，他是一个神圣的人。除此之外，我没有能力全然勤勉于民政和内政。我有一位挚爱的妻子，我也不可能放弃她，或者只与她秘密地相见。这些西奥菲勒斯是知道的，但还不止于此。心灵不能放弃那些已经向它论证过的真理。但哲学的信条与一位主教应当教授的信条是相悖的。我怎么能宣扬灵魂是照着身体的样子创造的、世界末日、耶稣复活等等这些我并不相信的东西呢？我可不能让自己成为一个伪君子。

"人们说，哲学家可以迁就俗民的缺点，并向他们隐瞒那些他们无法相信的真理。是的，但在这种情况下，虚伪就是绝对必要的。如果我可以保存我的见解，还可以和朋友谈论这些见解，并且如果人们不会迫使我向民众传授那些令他们沉湎于谬误的寓言，我愿意成为主教。但如果一位主教必须宣扬那些与他的思考相悖的东西，必须和民众一样去思考，那么我就要拒绝主教一职。我不知道是不是有些真理不宜向俗民公开，但我知道的是，一位主教不应当宣扬那些与他的信仰相悖的东西。真理应当和神一样受到人们的尊敬，而我会

---

[137] 西内修斯(Synesius)，古罗马时期的哲学家，曾受教于希帕提娅(Hypatia)，公元410年后出任利比亚地区托勒密城的主教，著有《书信集》、《散文和赞美诗》等作品。——中译者注

在上帝面前抗议：我永远不会在我宣讲的内容中推翻我的观点。"西内修斯虽然有抵触情绪，但还是被授以主教一职，而且他遵守了自己的诺言。他创作的赞美诗不过是对毕达哥拉斯、柏拉图以及斯多葛学派所提出的理论体系的阐述，虽然经过了一些调整，以便适应基督徒的信条和崇拜。

(6) 虔诚的毁谤也是一项新近创造的美德。卢梭和我都成了它的受害者。在我们的作品中，有多少段落是被那些神圣主教的训谕不实地引用了！所以，现如今存在着神圣的毁谤者。

(7) 自诩谦卑的教士就和第欧根尼差不多，人们可以从他袍子上的洞看到他的骄傲。

(8) 关于这个主题，读一读圣本笃会规的最后几章吧。你会在那里看到僧侣是不是既顽固又邪恶。这是他们没办法避免的。

绝大多数的人，如果衣食无忧、不愁吃喝，就会变得迟钝；如果那些自己无法承受的祸患发生在别人身上，那他们是不会对此感到难过的。此外，一个僧人过着一种与世隔绝的修道院生活，他的幸或不幸都与他的亲属和同胞公民完全不相干。所以，僧人必定对俗世中的人抱着一种漠不关心的态度，就像旅行者并不关心丛林里的野兽。正是修士的律法让隐修会背负着不人道的罪名。事实上，导致人们产生善意情感的到底是什么呢？是人们在或远或近的将来可以给予彼此的帮助，这是让人们在社会中彼此联结的本原。如果法律将我的利益与公共利益分离开，我就从那一刻起变得邪恶起来。专横政府的恶劣性质正在于此，这也是为什么我们会说僧侣和专制者一般而言是最不人道的那批人。

(9) 先前人们相信，由于时代不同，上帝对美德也会抱有不同的观念；教会在巴塞尔会议上已经清楚地表明了这条教义。胡斯派运动[138]是导致这次会议召开的原因，该派教徒反对承认任何没有在圣经中出现的教义。与会的神父借枢机主教卡桑之口向他们说明："圣经是绝对必需的，但这并不针对教会的存续，而是为了让教会能够更好地进行管制。对于经文的阐释应当一直根据教会当前的状态来进行，而教会则通过改变自身的观点来要求我们相信上

---

[138] 胡斯派运动(Hussites Movement)是十五世纪早期发生在捷克的宗教改革运动，因其发动者胡斯得名。15 世纪初，胡斯提出改革教会，反对教会敛财腐化，主张用捷克语举行仪式，教徒可领饼酒等，1415 年被处以火刑。改革的拥护者把反天主教与争取民族解放结合在一起，掀起了胡斯战争。1431 年教皇尤金四世在巴塞尔主持召开天主教会议，以巩固教会权力。1432 年 5 月，会议为了分化胡斯派运动，派代表与胡斯派进行谈判。胡斯派运动主要有两大派，以农民、手工业者、城市贫民为主的激进的塔波尔派，以及代表中小贵族和上层市民利益的温和的圣杯派。圣杯派与教皇妥协，塔波尔派拒绝妥协，两派最终分裂。直到 1452 年，塔波尔派的根据地被攻陷，战争方告结束。——中译者注

帝也改变了他自己的观点。”

(10) 他们大肆吹捧由宗教导致的归还行为。我有时看到铜被还了回去,但从来没看到金子也被还回去。僧侣尚未归还人们的遗产,天主教君主们也没有归还从美洲人那里劫掠过来的王国。

(11) 用不宽容的武器去对抗不宽容,这完全是正义的,正如一个君主应该用军队去对抗敌人的军队。

(12) 打开《百科全书》,读到“美德”一词的词条,我就十分惊讶地发现,该词条并非对美德的定义,而是关于这个主题的一堆感叹。该词条的编写者呼喊道:**人啊!你想知道什么是美德吗?反观自身吧!它的定义就存在于你的内心深处**。但它为什么没有同样存在于这位编写者的内心深处呢?如果这项定义就在那里,那他为什么不把它给予我们呢?我承认,极少有作者能像他这样抬高读者、贬低自己。如果这位作者对“美德”一词做出了更多的反思,那他原本会察觉到,一个人拥有美德就意味着他知道人们应当为彼此做些什么,因而社会的建立是美德存在的前提。在社会建立之前,人们对尚不存在的社会能做出什么样的好事或坏事呢?生活在丛林中的人,赤身裸体,没有语言,或许可以轻易地获得关于强大或弱小的清晰观念,但不会获得关于正义和公平的观念。

一个人如果出生在荒岛上,之后又被孤独地抛弃在那里,那他会无善无恶地在荒岛上生活,既不会行善也不会作恶。那么,我们要如何理解“高尚”和“恶毒”这两个词语呢?对社会有益或有害的行动。这个观念既清晰又简单,在我看来,它比一切有关美德的模糊而浮夸的感叹都更值得青睐。

一个布道者若在讲道中没有对美德下一个清晰的定义,一个道德家若认为所有人都是善良的,并且不相信有人会是不公正的,那么有的时候他们这么做是因为蠢,但更多的时候是因为坏——这样一来,他就会仅仅因为自己是人而被人们看成是一个正派的人。

也许,一个人如果想要为人性绘出值得信赖的肖像,那就应当拥有美德,并在一定程度上是无可非难的。

关于这个事情,我所知道的是,最正派的人并不是那些设想人类拥有最多美德的人。如果我想确认自己的美德,我就会把自己设想成罗马或希腊的一位公民;我会自问:如果处在和科德洛斯、雷古鲁斯、布鲁图或利奥尼达斯[139]相同的状况中,我是否会做出相同的行动。在这种情况下,任何一丁点的迟疑都会让我明白,我的美德不堪一击。在任何一类事物中,强大的都很罕见,平庸的则很常见。

---

[139] 雷古鲁斯(Marcus Atilius Regulus),古罗马政治家和将军,于公元前267年和公元前256年担任罗马共和国执政官。利奥尼达斯(Leonidas),公元前五世纪的斯巴达国王,曾带领斯巴达军队参加第二次希波战争。——中译者注

(13) 费奈隆先生的人道精神是尽人皆知的。某日,一位代理司铎当着费奈隆先生的面,吹嘘他在自己的村庄内取缔了周日的舞蹈。这位大主教说:代理司铎先生,让我们待人不要这么苛刻,让我们自己戒掉舞蹈,但如果农民们喜欢跳舞,就让他们跳吧;我们为什么不容许他们暂时遗忘自己的不幸呢?费奈隆是公正的并且一直是道德高尚的,但他有一段时间生活在屈辱之中。在天资上与他分庭抗礼的博须埃,不如他诚实,却总是受到垂青。

(14) 耶稣的道德和耶稣会士的道德毫无共同之处,两者互相摧毁。从各个高等法院给出的摘要中可以明显看出这一点。但是教士们为什么不断重申,同样的打击既摧毁了耶稣会又摧毁了宗教呢?这是因为,在教会的语言中,宗教和迷信是同义词。而迷信,或者说教皇的权力确实可能因为这次针对该隐修会的驱逐行动[140]而遭到削弱。

除此之外,让耶稣会士不要想当然地认为法国和西班牙会重新将他们召回。他们回来之后会颁布什么样的禁令?怒火中烧的耶稣会士又会做出怎样过分的残忍之事?对于这些,人们心知肚明。

(15) 人们对耶稣会士怀有的恐惧似乎让后者免于任何打击。要想勇敢地面对他们的憎恨与阴谋,就必须要有诸如夏福兰[141]这样的人,高尚的灵魂、大度的公民、公众的朋友。要想摧毁这样一个隐修会,单凭勇气是不够的,天资也是一项必要条件。必须向民众表明,尊重和虔敬只是表面的掩饰,里面包裹的其实是一把弑君的匕首;必须穿过耶稣会士在王位和圣坛周围散布的氤氲香火,去揭露耶稣会士的虚伪;必须让胆小审慎的高等法院鼓足勇气,让他们在非凡之事与不可能之事之间做出清晰的区分。

(16) 美德是这样,判断力也是如此。运用于诸如几何学、物理学等等不同科学领域的判断力属于每一个国家,但运用于诸如魔法、神学等等虚假科学的判断力则只属于某一个地方。两者之间的关系,就像非洲那些被称为"考利"的贝壳货币与金制或银制货币之间的关系,前者只在某些黑人民族中流通,后者则在整个地球上流通。

(17) 我们应当将一个健全的道德体系中的原理建立在什么基础之上呢?建立在众多的事实与观察之上。因此,我们或许应当承认,某些原理之所以模棱两可、站不住脚,是因为人们过于仓促地提出了它们。和在其他科学领域一样,在道德领域,我们在构造理论体系之前应当做些什么?为体系的建构搜集必要的材料。如今我们不可能不知道,由实验得出的道德体系建立在对人和

---

[140] 1759 年,葡萄牙驱逐耶稣会;1762 年,巴黎高等法院取缔耶稣会;1767 年西班牙驱逐耶稣会,三国君主均向教皇呼吁取缔耶稣会。——中译者注

[141] 夏福兰(Henri Philippe de Chauvelin),法国教士、政治家,曾任巴黎高等法院成员。他于 1762 年在高等法院攻击耶稣会,维护詹森派,拉开了法国取缔耶稣会的大幕。——中译者注

物的研究之上，它远胜于由思辨与神学得出的道德体系，正如实验哲学远胜于模糊而不确定的理论。神学的帝国一直被视为一片由黑暗笼罩的区域，正是因为宗教的道德体系从来都不把实验当做自身的基础。

(18) 僧侣自己对于贞洁的尊崇都并不总是一样的。其中一些被称为"玛米亚尔"[142]的僧侣认为，男人抚摸修女的乳房并非罪孽。任何一种伤风败俗的行为，迷信都可以在某个地方把它变成一种合乎美德的行为。在日本，佛僧可以爱上男人，但不可以爱上女人。在秘鲁的某些州，表达希腊式爱情的行为是虔诚的行为；这是向诸神表达的敬意，它在他们的寺庙里公开上演。

(19)《英国史》的作者、杰出的麦考利夫人是伦敦的加图。她说："我纯洁的视线从来没有被专制君王或君主的身影玷污过。"

(20) 期待在暴君身上看到人道与学识，这是一切民族都做过的荒唐事。试图培养优秀的学者，却不惩罚游手好闲之徒，也不奖励孜孜不倦的人，这就是愚蠢的。废除惩罚偷盗和谋杀的法律，又要求人们不去偷窃和谋杀，这是自相矛盾的举动。渴望君主能够勤于国务，又渴望他投身其中并不会得到任何利益，亦即渴望他不会因荒疏国务而受到惩罚——总而言之，渴望一个凌驾于法律之上的人，或者说不受法律约束的人一直都是仁慈而高尚的，就等于渴望得到一个不带原因的结果。把人绑起来丢进虎穴，老虎就会把他们吃掉。专制者就是老虎。

(21) 卡尔梅克人想娶多少老婆就娶多少老婆，此外，他们能养多少小妾就养多少小妾。在他们中间，乱伦并不是罪。他们眼中的男人和女人只不过是雄性动物和雌性动物。父亲可以无所顾忌地迎娶女儿，它不受法律禁止。

(22) 每个人都说自己对美德拥有最公正的观念，任何与自己想法不同的人都是错的。每个人都嘲笑自己的邻居。每个人都做出一副颐指气使的样子，只有让自己顶上别人的名字时才会嘲笑自己。对伽利略作出谴责的宗教法官，无疑也会对那些审判苏格拉底的法官的邪恶和愚蠢做出谴责。他没有想到自己有一天会像他们一样，沦为同时代人和后世的笑柄。索邦神学院的那些人谴责过卢梭、马蒙泰尔、笔者以及其他一些人，他们会因此认为自己很可鄙吗？他们不会。但外国人会这么认为。

(23) 巴里翁被流放到昂布瓦斯，把他遣送到那里的黎赫留是当时的宰相，枢机主教雷茨[143]说，黎赫留竟敢惩罚执政官们"在向国王呈现真相时表现出

---

[142] 玛米亚尔(mamillare)在中古法语中表示"乳头状的"、"与乳头相关的"，当时人们或许将它用于戏谑或侮辱，来称呼持有这类观点的僧侣。——中译者注

[143] 枢机主教雷茨(Cardinal de Retz，1613－1679)在其回忆录中记载了此事。根据1817年于费城出版的《枢机主教雷茨回忆录》(Memoirs of the Cardinal de Retz)中的注释，巴里翁(John James Barillon)是当时的审讯团负责人(President of the Inquest)。据回忆录中的记载，巴里翁因被两名伪币制造者指控意图与他人合谋刺杀黎赫留而被后者囚禁在昂布瓦斯(Amboise)。——中译者注

的高贵的坚定，而这些真相是执政官就职誓言要求他们用生命加以守护的”。

（24）如果美德确实对国家有益，那么，呈现出关于美德的清晰观念，并在人们尚处于最稚嫩的幼儿时期时，就将这些观念镌刻在他们的记忆之中，这些做法必定也是有益的。我在《论心灵》一书的第三章第十三小节中已经对美德下了一个定义，在我看来这是唯一公正的定义。我在那里说道：“美德无非是对公共幸福的欲望。普遍的福利是美德的目标，而它所命令的行动则是它用以实现这个目标的种种手段。”我进一步补充道：“因此，关于美德的观念在各个地方必定是都是相同的。”

如果在不同的时代和国家，人们仿佛形成了不同的美德观，如果哲学家继而“认为美德观是一种很武断的事情，这是因为他们把美德用来实现其目标的手段，亦即美德所命令的行动，误认为是美德本身。这些行动有时候当然是非常不一样的，因为民族的利益随着时代和境遇而变，也因为公共的善在一定程度上可以通过不同的手段得到促进。”

外国的商品今天被允许进入德国，这能给德国的商业带来好处，也符合国家的利益，但它们可能明天就会遭到禁止。如果在某些条件下，购买外国货损害了民族利益，那么购买者可能明天就会被宣布为罪犯。“因此，同样的行动可能先是对民族有益，继而又对民族有害，它们一会儿配得上‘高尚’一词，一会儿又配得上‘恶毒’一词；而美德的观念没有经受任何改变，它依然保持原样。”没有什么观念会比这个观念还要符合自然法。我们怎么能够想象得到，这些如此可靠、如此符合公共善的原则却会遭到谴责。我们又怎么能够想象得到，当一个人“把真正的正直定义成为国效力的习惯，并认为每一个贻害社会的行动都是恶毒的”，这样的人却会面临起诉。这样的作家不会自相矛盾地提出有悖于公共善的准则，这难道不是显而易见的吗？然而，妒忌和虚伪的威力如此之大，以至于那些对我施加迫害的教士却不加反对地容忍那位厚脸皮的贝拉明[144]跻身枢机主教之列，因为他认为：“如果教皇禁止行善并要求作恶，那么罗马教会就不得不抛弃美德并追求恶行，否则就被视为犯下罪孽，除非它意愿违反其良知去犯罪（nisi vellet contra conscientiam peccure）。”根据那位耶稣会士的观点，教皇因此有权摧毁自然法，有权扼杀人们对于正义和不正义的任何观念，简言之，有权让道德领域重新陷入混乱的局面，而哲学曾费了很大力气才将它从中解救出来。教会应当赞同这些原则吗？教皇为什么容许发布这些原则呢？因为它们迎合了教皇的骄傲。

教皇的野心总是汲汲于权力，它在选择增加权力的手段时决不会有任何顾虑。某些讨得权力欢心的行为准则可恶至极，它们与公共善全然相悖；可这

---

[144] 贝拉明（Robert Bellarmine，1542－1621），意大利耶稣会士，天主教会枢机主教，反宗教改革中的重要人物。——中译者注

些准则不是在每一个国家都得到了权力的宽容吗？一些卑鄙小人向君主不断进言："您对臣民拥有无限的权力，您可以随心所欲地剥夺他们的财产，给他们戴上枷锁，让他们接受最残酷的折磨。"可是有哪个国家总是会去惩罚这样的人呢？狐狸在向狮子重复下面这些话时，总归不用担心受到惩罚：**陛下，您把他们变成乞丐，这真是大大抬举了他们。**

Vous leur fites，Seigneur.
En les croquant beaucoup d'honneur

正义、公共善以及诸民族之间的法律为君主的权威设置了界限，而那些试图确立这些界限的话语，是唯一需要冒着危险才能重复给君主听的话语，

(25) 我所谓的形而上学并不是某一类由埃及的祭司传授给毕达哥拉斯，再由毕达哥拉斯传授给柏拉图，再由柏拉图传授给我们，而现在一些学派仍在教授的行话；我和培根一样，都认为形而上学是关于任何一门艺术或科学的首要原理的知识。诗学、音乐和绘画将他们的首要原理建立在恒常的、一般性的观察之上，所以它们也有各自的形而上学。

至于经院形而上学，它是科学吗？并不是，而是我刚才提到的"行话"。能够容忍这些行话的，要么是装得下胡言乱语的虚伪心灵，要么是把词语当做实物的无知者，要么是那些想要把人耍得团团转的恶棍。有理智的人则会对这些行话嗤之以鼻。

一切不是建立在观察之上的形而上学，都只不过是滥用词语的艺术。在虚幻的国度中，正是这种形而上学不断追逐着肥皂泡泡。除了空气，它绝不能从中得到其他任何东西。

如今，这些行话被放逐到神学的各个学派里，但它们死钻牛角尖的特点仍然分裂着这些学派，或许有一天会再次激起狂热的精神，让人类再次血流成河。

我把这两类形而上学比作德谟克利特的哲学与柏拉图的哲学，它们是两类不同的哲学。第一种从地面逐步升向天空，另一种则从天空逐步降至地面。柏拉图的理论体系是建立在浮云之上的，而理性的气流已经驱散了这些浮云和他的体系。

(26) 人们一直被词语统治着。如果一克朗中的银子重量减少了一半，但是数值仍是那么多，那么士兵会认为他拿的饷银并没发生什么变化。执政官即便有权将这些饷银判定为某个量，也就是说，有权将其判定为这么多重量的银子，他也不敢将其判定为总值的一半。人们同样被词语及其不确定的意指耍得团团转。作家一直谈论着"**健全的道德**"，却没有为这些词语附加上清晰的观念。他们是不是不明白，"健全的道德"是一种暧昧不明的表达，任何民族都可以对此形成不同的观念？如果存在普世皆然的健全道德，那么也存在只属于一地的健全道德，因而，我可以在君士坦丁堡有一个后宫而不违反健全的

道德，但在维也纳则不行。

(27) 神学家的争论从来只是，也只可能是词语上的争论。如果这些争论已经在地球上屡次引发了巨大的浩劫，那原因正如拉夏洛泰先生所言：君主在神学家的蛊惑下[145]参与到了这些争吵之中。让政府贬低这些争论吧；而当神学家做出诸如互相斥责、彼此指控对方是异端等等这些事情之后，会厌倦这种彼此都不理解，也不会得到理解的讨论。对嘲笑的恐惧会让他们保持沉默。

(28) 我们同样要把几乎所有针对无神论的指控都归结为词语上的争论。任何一个拥有知性的人都不会不承认大自然中存在一种主动的力量。所以并没有什么无神论者。

有些人说：运动就是上帝。这样的人并不是无神论者；原因在于，由于我们对运动没有一个清晰的观念，它只能通过它所产生的效果将自己体现出来，所以事实上我们并不能对运动有所领悟；原因还在于，世界上的一切事物都是要借助运动才能进行。

有些人支持相反的说法：运动不是上帝，因为运动并不是某个存在者，而是某种存在的模式。这样的人也不是无神论者。

有些人认为运动是物质的本质，他们把运动视为一种无形的推动力，这种力弥漫于物质的每一个部分；这样的人仍不是无神论者。我们是不是看到恒星持续改变他们的位置，围绕着它们的中心不停地转动？我们是不是看到一切物体都在不同的形态中不断被摧毁，再不断被产生？总之，我们是不是看到大自然处于永恒的酝酿与消融的过程中？既然如此，那么谁能否认运动像广延一样内在于物体？谁又能否认运动是存在物的原因？事实上，休谟先生曾言，如果我们总是将两个彼此伴随着发生的事实称为原因和结果，而既然只要有物体的地方就会有运动，那么我们就应当把运动视为物质的普遍灵魂，视为唯一渗透于物质实体之中的神性。但持有最后这种观点的哲学家是无神论者吗？并不是，因为他们同样承认在宇宙中有一种未知的力量。那些对上帝甚至都不具有观念的人是无神论者吗？并不是。因为如果那样的话，每个人都会是无神论者；因为没有人对神性拥有清晰的观念；因为在这种情况下，任何模糊的观念就相当于没有观念；最后，正如罗比涅先生证明的，承认上帝是不可领悟的，就是以一种不同的表达方式说我们对于上帝并不具有观念。

(29) 人要想过得幸福，就必须要有欲望，这种欲望让他忙碌起来，他凭着自己的劳动或才能可以获得自己的欲望对象。在这种类型的欲望中，最适合把人从无聊中解脱出来的就是对荣誉的欲望。它在所有的国家里同等地涌现出来。对荣誉的追求有时会让一个人面临太大的风险；在一个对诸如伏尔泰、孟德斯鸠

---

[145] 或许，君主的混账行径至少同样频繁地造成了此类事情的发生，他们鼓动一方去反对另一方，同时削弱两者的实力，从而增加自己的实力。——英译者注

这样的人加以迫害的王国里，还有什么理性的动机能激发他去追求荣誉呢？英国人说，只有对于那些不思考的富人来说，法国才算得上是一个宜人的国家。

(30) 我绝对不是在谴责那种追求理论体系的精神，我对伟大人物身上的这种精神表示敬仰。我们要把无数的发现确定无疑地归功于那些试图摧毁或维护理论体系的努力。

所以，如果可能的话，就让人们继续通过单一的本原去说明大自然中的一切物理现象吧。但是，对这些本原总要留有几分怀疑，只把它们视为不同的钥匙，我们可以挨个地尝试，直到最后找到可以打开自然圣殿的那一把。但首先我们不要把传说和体系混同在一起，后者必须得到大量事实的支持。只有这些体系才应该在公立学校中得到教授，不过前提是：如果它们在一百年前已经被经验证伪了，那我们就不要继续认为它们成立。

(31) 某个枢机主教曾被问道：为什么在一切时代都有祭司、宗教和巫师呢？他的回答是：因为总归是有蜜蜂也有雄峰，有劳力也有懒汉，有恶棍也有傻瓜。

(32) 虽然我并没有考察过承认灵魂不朽的教条是否符合公众的利益，不过我的观察是，至少人们并不认为该教条总是能够带来政治上的好处。它起源于柏拉图学派，而埃及国王托勒密·斐拉德尔弗斯(146)认为它相当危险，所以他禁止人们在自己的领地教授它，违者以死罪论处。

(33) 众所周知，古代德罗伊德教(147)的祭司就像如今的天主教司铎，两者都被同样的精神驱使着。古代德罗伊德教的祭司先于天主教司铎发明出了开除教籍的惩罚措施；他们和司铎一样，想要对人民和国王发号施令；而且他们和宗教法官一样，声称在一切建立起德罗伊德教的民族中掌握着生杀大权。

(34) 某天，德国宫廷的教士在和他们的君主交涉，我也在场。我戴着那个神奇的指环，它可以让人们说出和写出他们内心的真实想法，而不是自己原本想让别人听到和读到的那些东西。如果不是因为我的指环，我毫无疑问绝对不会听到或读到下面这段话。

这些教士认为，自己已经让君主确信：在他的领地里，宗教已经销声匿迹了，堕落与不虔诚却大行其道，宗教节日被工作亵渎了，出版自由动摇了权位和圣坛的基础，所以主教命令主权者拿起法律的武器对抗思想自由，以保护教会，毁灭它的敌人。但我在他们的演说中似乎听到的是下面这段文字。

“君主，您的教士有钱有势，以后还会更加如此。他们哀叹的不是道德与

---

(146) 托勒密·斐拉德尔弗斯(Ptolemy Philadelphus)，即托勒密二世，公元前 283 年至公元前 246 年为埃及国王。——中译者注

(147) 德罗伊德教(Druidism)是古代凯尔特人信奉的原始宗教，该教的祭司被称为“德罗伊德”(Druide)。德罗伊德教一度在高卢、不列颠和爱尔兰等地广泛传播，随着罗马对高卢和不列颠的征服，以及基督教的兴起，该宗教便趋于式微。——中译者注

宗教的式微，而是自身权威的缩减。他们渴望拥有最大的权威，而您的人民并不尊重神职人员的权威。因此我们公开宣称，他们是不虔诚的。我们奉劝您重新激发出他们的虔诚，而为了这个目的，您要授予您的教士以更多针对人民的权威。也许现在并不是对您的人民进行指控并激怒您去打压他们的最好时机。您的战士们从来没有像现在这么勇猛，如今您的工匠更为勤勉，您的公民对公共福利也更为热忱，因此也更为高尚。他们无疑会告诉您，最直接地臣服于教士的民族，亦即现代罗马人，既没有同样的胆量，也不会同样热爱自己的国家，所以也不具有同样的美德。也许他们还会补充道，在教士阶层颐指气使的西班牙和葡萄牙，无知、懒惰和迷信把这两个国家变成了一片废墟与荒原。总之，在一切民族中，那些受到普遍的敬仰与尊重的民族正是那些受到启蒙的民族，而天主教会总是会把不虔诚的帽子扣在这些民族的头上。

“君主啊！把您的耳朵捂上，永远不要听信这些言论。与您的教士保持和谐的关系，您就可以让黑暗在您的领地上蔓延，您还会明白，一个能干、殷实又不迷信的民族在司铎的眼中是不道德的民族。禁欲的美德理应得到所有的尊重，可是那些殷实而勤勉的公民会抱有这种尊重吗？

“他们会说，在这一方面，当下的时代与先前的时代并没有什么两样。查理曼因为对司铎阶层宽容大度而被奉为圣徒，但他就像弗朗西斯一世和亨利八世那样亲近女色。法国国王亨利三世的品味更加不堪。亨利四世、伊丽莎白女王、路易十四和安娜女王爱抚情妇或情人的手，正是那双把自己的敌人碾成齑粉的手。他们还会补充道，僧侣自己几乎总是沉湎于某种被禁止的隐秘快乐之中。总之，如果不改变居民的自然构造，就很难让他们避开那种把自己领向女人那里的可恶倾向。然而，有一个方法可以阻止它，这就是让他们变得贫穷。结实健康、营养充足的身体没办法赶走肉体的恶魔，只有通过祈祷和斋戒才能实现这一点。

“那么，就请陛下遵循某些邻国的做法，允许我们把您的臣民所有的剩余物品都剥夺殆尽，对他们的土地征收什一税，劫掠他们的财产，只让他们获得最最基本的必需品。如果陛下被这些虔诚的诤言所打动，会考虑我们的祈祷，那就愿上帝赐福予您！没有任何褒扬能够配得上如此高尚的行动。但在这样一个腐败把一切心灵都玷污了、不虔诚让每个人的心肠都变硬了的时代，我们还能不能对陛下和您的众位大臣抱有希望，认为你们会采信我们的逆耳忠言，采用一种如此简单的方法来确保臣民禁欲？

“至于那些亵渎宗教节日的行为，我们的诤言似乎也是很荒谬的。那些在礼拜日和宗教节日工作的人没有喝得醉醺醺的，也不去追逐女色，他不伤害任何人，他为祖国和家庭效力，并促进了民族的商业。

“两个人口与实力相当的国家，让其中一个就像西班牙那样，一年之内弄出一百三十个宗教节日，有的还持续两天，另一个恰好相反，一个圣徒日也没有。后者将会比前者多出八十到九十个工作日，能够以更低的价格供应商品，土地也会得到更好的照料，收获的作物也更多，贸易差额对他们也更加有利。后者因此比前者更加富强，说不定有一天会给它颁布法律。民族利益和教士阶层的利益毫无共同之处。那些只惦记着向别人发号施令的司铎会做些什么呢？把君主的心灵变得狭隘，甚至连他身上的自然之光都要熄灭。一个被这样的君主统治着的民族，迟早会成为拥有更高经济和教育水平而迷信程度更低的邻近民族的猎物。所以，天主教教士的荣光总是摧毁着国家的荣光。司铎是不是对那些亵渎宗教节日的行为大声痛斥呢？但不要上当了。对他们施加影响的，并不是对上帝的热爱，而是对自身权威的热爱。我们从经验中获知，一个人拜访圣殿的次数越少，他对司铎的尊重也就越少，这些司铎对他的权威也就越少。既然是权力支配着司铎的激情，那么，宗教节日在劳动者的眼中是不是堕落的一天，一个人离开寺庙之后是不是去寻花问柳、频频光顾酒吧，酩酊大醉地度过一天中剩下的时光，这些都是无关紧要的。罪孽更多，赎罪和供奉也就更多，司铎获得的财富和权力也就更多。教会感兴趣的是什么？增加恶行。它对人的要求是什么？变得愚蠢与邪恶。不虔诚的人对我们的指摘，陛下要保持警惕。至于出版自由，如果您的教士一直都激烈地表示反对，如果他们不停地告诉您，这种自由动摇了法律的根基，让宗教变得荒唐可笑，那就不要信任这种自由。

“和那位值得信赖的《英国探险家》一书的天才作者一样，您的教士不是没有察觉到，真理经得住嘲笑，嘲笑并没有败坏真理，它是真理的试金石。针对某个论证的嘲笑正如丢在大理石上的泥土，某一刻它把大理石弄脏了，等它风干，经过雨水冲刷，污点也就不见了。承认宗教是经受不住嘲笑的，就等于承认宗教是虚假的。天主教会不是一再重申“阴间的权柄，不能胜过他”[148]吗？是的。但司铎并不等于宗教。嘲笑可能会削弱他们的权威，束缚他们的野心，因此他们一直冲着出版自由大呼小叫，并恳求陛下禁止臣民著述与思考，剥夺他们在这方面的人类特权，继而让每一个可以教导人类的人闭上嘴巴。

“这么多的要求看上去是一种很轻率的举动，是在嫉妒您的人民所拥有的幸福，而陛下您又只想统御理智的居民，可是您要知道，让您受到臣民的爱戴、博得外国人尊重的行为，会被教士当做一项归咎于你的罪名。您要畏惧来自这个强大团体的复仇，为了您的将来，还是向他们交出您的剑吧。到那时，神职人员对您的臣民的虔诚满怀信心，他们可以再次获得昔日针对民众的权威，看到这种权威一天天增长起来，直到最后利用这种权威让您俯首称臣。

“我们更加热切地盼望陛下会对我们的恳求表示关注，并批准我们的要求，因为这将把我们从一种并非毫无根据的隐秘不安中解脱出来。贵格会可

---

[148] 参见《圣经》和合本（以下均同）“马太福音”第 16 章：17. 耶稣对他说，西门巴约拿，你是有福的。因为这不是属血肉的指示你的，乃是我在天上的父指示的。18. 我还告诉你，你是彼得，我要把我的教会建造在这磐石上。阴间的权柄，不能胜过他（权柄原文作门）。——中译者注

能会在您的领地上建立起来，他们可能会提议向城市、市镇和乡村免费提供道德上和宗教上所有必要的教导。他们甚至有可能组成某些金融团体，以折扣价从事这种教导事业，并让它越来越便宜。谁敢说执政官们之后不会一时兴起想要夺走我们的收入，用它抵消一部分国债，从而让您的人民成为全欧洲最令人尊敬的民族？陛下，您的人民幸福而令人尊敬，这对我们来说是无关紧要的，但神职团体有钱有势，这对我们来说可就至关重要了。”

在我看来，这就是教士们的交涉所包含的内容。我不会费神去琢磨这份演讲；它是一种伎俩，每个国家的祭司在以上天的名义不断索要尘世的权力和财富时都会用到它。他们总是对人类的软弱，尤其是当权者的软弱抱有信心，对此我表示很钦佩。但最让我感到惊讶的是，（当我回想了一下那些无知的年代）我发现在这一方面，大多数主权者总是不受教士权力的掌控。

(35) 有一些人说，在我们出生的那一刻，上帝就在我们的内心镌刻了自然法的种种规范。但经验证明了相反的事情。如果说上帝应被视为自然法的作者，那也是指他是作为人类理性之母的肉体感受力的作者。当人们在社会中彼此联结时，这种感受力就如同我已经说过的那样，要求人们在自己中间制定规约和法律，而所谓“自然法”，就是这种规约与法律的集合。但在不同的民族中，这些法律都是一样的吗？并不是。它们的完善程度总是和人类心灵的进步程度成比例的，总是和这个社会所获得的关于有益或有害之事的知识范围成比例的，而在一切民族中，它都是时间、经验和反思的产物。

为了让我们把上帝视为自然法的，因而也是一切正义的直接作者，神学家们是不是应该承认上帝拥有激情，譬如爱意或者仇恨？他们是不是应该把上帝描绘为一个容易受到各种偏好左右的存在者，亦即一个由各种不相容的性质拼凑而成的大杂烩？难道我们能够在这样的上帝身上分辨出那位正义的作者？那我们是不是能够努力调和那些无法调和的东西，把真实和虚假混同在一起，同时又没有察觉到这种联系是根本不可能的？那些对神学家的矛盾不加理会的人们，是时候只去听从智慧的教诲了，因为圣保罗曰“该趁早睡醒；（无知的）黑夜已深，（科学的）白昼将近；我们当带上光明的兵器”，(149)去摧毁黑暗的幻影，而为了达到这个目的，让我们把天性的自由归还给人类，让他们可以不受约束地行使自身的理性。

(36) 是不是在几乎所有的民族中，有关圣洁的观念都被附加在对宗教仪轨、净身礼等仪式的遵守之上？人们是否还是不明白，那些一直很高尚、很仁慈的公民，只能是那些性格开朗的人？事实上，在那些献身宗教的人当中，谁是最值得仰慕的呢？那些对上帝充满信心、忘记有地狱存在的人。相反，在那

---

(140) 参见《罗马书》第13章：11. 再者，你们晓得现今就是该趁早睡醒的时候，因为我们得救，现今比初信的时候更近了。12. 黑夜已深，白昼将近；我们就当脱去暗昧的行为，带上光明的兵器。——中译者注

些人里面，谁又是最令人反感、最冷酷无情的呢？那些看见地狱一直向自己敞开的人，这些人怯懦、焦虑而又不幸。为什么那些献身宗教的人普遍是对家人的折磨，他们不停地斥责自己的仆人，也把自己搞得一肚子怨气？因为他们总是对恶魔提心吊胆，生怕自己会被恶魔带走，恐惧和不幸让他们变得恶毒起来。如果年轻人一般比老年人更加高尚和仁慈，这是因为他们欲望更多，身体也更健康。一位英国人说，大自然很明智地把人的寿命限制在八十到一百岁之间。如果上天把人类的晚年时光延长了，人就会变得过于邪恶。

(37) 在鞑靼，被称为“达赖喇嘛”的高级神职人员是不朽的；而在意大利，被称为“教皇”的高级神职人员则是一贯正确的。在蒙古人的国家里，大喇嘛的副手接受了“呼图克图”的头衔，亦即“转世活佛”[150]，而在欧洲，教皇也拥有

---

[150] 需要赘述两点：1)此处“大喇嘛的副手”一词对应的法文原文是“vicaire du grand Lama”，字面意思即为“大喇嘛的代理人”。1790 年于伦敦出版的《贝尔的新万神殿：有关古代的神、半神、英雄以及传奇人物的历史词典》(Bell's New Pantheon Or Historical Dictionary of the Gods, Demi Gods, Heroes and Fabulous Personages of Antiquity)简要地记录了一段有关达赖喇嘛派遣自己的副手呼图克图到蒙古一带，但呼图克图却自立门户的历史。这里指的可能是作为蒙古两大活佛世系之一的哲布尊丹巴呼图克图得以确立的过程。1614 年，西藏高僧多罗那他在蒙古喀尔喀部传经，历时约 20 年，深得喀尔喀部诸领袖人物的信奉和支持，被尊称哲布尊丹巴；1649 年，作为哲布尊丹巴转世的罗桑丹贝坚赞赴西藏学法；1650 年，罗桑丹贝坚赞觐见了藏传佛教格鲁派领袖五世达赖喇嘛罗桑嘉措，后者要求其改宗，作为正式承认其活佛地位的条件；1651 年，罗桑丹贝坚赞改宗格鲁派，达赖承认其为第一世哲布尊丹巴；1657 年，罗桑丹贝坚赞回蒙古传法，逐渐成为当地的政教领袖；1688 年，喀尔喀部受准噶尔汗国噶尔丹的攻击，罗桑丹贝坚赞率喀尔喀三汗所属部众臣服于清朝；1691 年，康熙帝册封其为呼图克图大喇嘛，统管外蒙古喀尔喀部宗教事务。2)此处“转世活佛”一词对应的法文原文是 vicaire du Dieu vivant，字面意思是“在世之神的代理人”。该词不可能是对“大喇嘛的代理人”的重复，只可能意味着，接受呼图克图的称号，就意味着从大喇嘛的代理人升级为在世之神的代理人。而如果我们将“代理人”理解为“化身”，而“神”理解为“佛”，那么意思便一目了然——呼图克图是活佛的化身或者说转世。而呼图克图(Khutuktu)是藏语“朱必古”之蒙语音译，其字面意思正为“转世者”或“化身”。值得一提的是，人们习惯称为“活佛”的，实则是蒙藏佛教对修行有成就，能够根据自己的意愿而转世的人，他圆寂之后可以有若干个化身，最终在人间找到的依托就是“转世活佛”。可见，爱尔维修是在基督教的语境中对活佛进行理解，所以才认为教皇会接受类似“呼图克图”的头衔，但教皇明明是上帝或者说最高存在者在人间的最高代表，他怎么可能是某个人的“化身”？也许爱尔维修认为，在蒙古人眼中，活佛是与上帝类似的最高存在者，但这实属生活在一神教文化中的人对东方宗教的误解。——中译者注

类似的头衔。在巴格达、鞑靼和日本，被称为“哈里发”、“喇嘛”和“天皇”的高级神职人员怀着贬低和制服国王的企图，曾让皇帝亲吻他们的双脚；他们骑在骡子身上时，曾勒令皇帝牵着笼头带领他们穿过大街小巷。难道教皇没有迫使过西方的君主向他们俯首称臣吗？因此，在每一个国家，高级神职人员都提出过同样的主张，而君主们也都做出过同样的屈服。

为争夺哈里发的职位而引发的争端曾让东方血流成河，为争夺教皇的职位而引发的争端同样让西方血流成河。六个教皇曾暗杀了他们的前任，并让自己占据了他们的位子。巴隆尼乌斯[151]说：这些教皇当时并不是人，而是怪物。

最强大的宗教被称为正统，而最弱小的宗教则被称为异端，这种事情我们不是到处都见到过吗？在每一个地方，神职人员的权力都曾激发出狂热，而狂热则制造出谋杀。在每一个地方，人们都曾因神学上的谬论遭受火刑的折磨，并以这种方式为人类的固执和勇气提供同等的证明。

人们在各个地方的表现都一样，这不仅体现在宗教事务上。当人们被风俗习惯上的某项变革搅得人心惶惶时，在他们中间便可发现同样的相似性。满洲的鞑靼人征服了中国人，要剪掉后者的头发；但中国人摆脱了前者戴在他们身上的枷锁，把那些可怕的鞑靼人打得溃不成军，击败了这些征服者。沙皇想把俄罗斯人的胡子剃了，俄罗斯人奋起反抗。英格兰国王想让苏格兰高地的人穿上短裤，后者揭竿而起。因而，无论在哪里，东西方的人民都是一样的，建立与推翻帝国的原因也都是相同的。

就在中国被征服之时，高居皇位的君主是个什么样的人呢？一个软弱的可怜虫；他是一尊偶像，人们不敢让他知晓他的境况有多么糟糕，而他的亲信则不断向他进献香火；他的身边尽是一些心怀鬼胎的朝臣，这些人没有判断力，没有知识，也没有勇气。当罗马和君士坦丁堡被阿列拉和穆罕默德二世[152]攻陷与劫掠时，对西方和东方的这两个帝国发号施令的是谁呢？属于同一个类型的君主。这也许就是路易十四晚年统治下的法国所处的状态，当时国境的四周都传来了失利的消息。

各个民族的政府从对人民的欺压中获得的利益，令这些民族相继陷入了衰退与无知的状态，这又证明了每个地方的人都是一样的。如果某个大臣很软弱，担心人民会睁开双眼，揭露他的无能，他就会把他们的眼睛蒙得死死的；

---

[151] 巴隆尼乌斯(Caesar Baronius, 1538－1607)，意大利枢机主教，历史学家，精于罗马天主教会史，著有《教会年鉴》。——中译者注

[152] 阿拉列(Alaric)，自395年起任西哥特人首领和国王。他是第一个征服罗马的日耳曼人，410年他曾率军劫掠罗马。穆罕默德二世(Mahomet the Second)，奥斯曼土耳其帝国第七代君主，二十一岁时(1453年)便指挥奥斯曼土耳其大军攻陷君士坦丁堡灭拜占庭帝国。——中译者注

所以人民的愚蠢并不是物理原因造成的，而是道德原因造成的。

当偶然性让一些人获得了相同的职务，同类别的原因不也赋予了他们相同的精神面貌吗？在西班牙、德国甚至英格兰，在位者最关心的是什么？为自己聚敛财富。公共福利只有退居其次的份儿。

如果那些在司法机构中担任低级职位的每一个人几乎都做出同样的傲慢行为，在行政事务上也同样无能，那么原因是什么呢？是他们机体组织上的缺陷吗？并不是，而是他们所接受的教导上的缺陷。所有这些擅长玩弄骗人伎俩、一般只会照着先例做出判决的人，只有颇费一番工夫才能认识到法律的基本原理。他们记忆有余但判断不足。

心灵和肉体一样，只有那些得到运用的部位才会变得强壮，轿夫的腿和屠夫的手臂便是明证。如果法律界人士的理性肌肉一般来说都很虚弱，这是因为它们没怎么得到过运用。

无数的事实都证明了，各个地方的人在本质上都是一样的，气候上的差异对人的心灵没有明显的影响，甚至对人的偏好都影响甚微。伊利诺斯人就像冰岛人一样坐在他用来装白兰地的小酒桶旁边，直到把酒喝得精光。几乎所有国家的女人都和法国女人一样，她们取悦他人的欲望是相同的，对服装的嗜好是相同的，对美貌的在意是相同的，对乡村的反感是相同的，对首都的向往也是相同的；在首都，她们总是有一大批仰慕者围在身边，会觉得自己确实更具有影响力。

当我们放眼寰宇，在所有人的内心中都察觉到相同的野心，在所有的心灵中都察觉到相同的轻信心理，在所有的祭司中都察觉到相同的两面三刀，在所有的女人中都察觉到相同的卖弄风情，在人民的每个等级中都察觉到相同的对财富的热爱；既然如此，我们怎么还能怀疑，所有的人彼此都是相似的，差异只存在于人们所接受的多种多样的教导？怎么还能怀疑，在每一个国家，人们的器官都近乎相同，对器官的使用也近乎相同？出于这个理由，我们怎么还能怀疑，中国人和印度人的双手在制造器物方面与欧洲人的双手具有同样的灵活性？因此，虽然人们不断重申心灵的不平等是纬度的差异造成的，但这并没有得到任何证明。

(38) 祭司在每个地方都耍着一样的花招。他们在每个地方都要急不可耐地想要把俗民的财富据为己有。为此，罗马教会兜售允许亲戚结婚的许可证；为了把许多灵魂从炼狱中拯救出来，从而免除这些人犯下许多罪孽，它便举办了许多弥撒仪式，换言之，它便获得了许多六便士硬币。供奉提那勾勾神的宝塔[153]就像罗马一样，里面的祭司为了同等数量的金钱，兜售着近乎相同的

---

[153] 下文提及的《旅行的一般历史》(l'Histoire générale des voyages)是一套自1746年至1759年在巴黎陆续出版的十五卷丛书，该套丛书大量收录了有关欧洲人自十五世纪起海路旅行与陆路旅行的叙述，其中包括西班牙探险家和作（转下页）

愿景。

《旅行的一般历史》(第九卷，第462页)的作者说："在供奉提那勾勾神的宝塔里，有一场牺牲仪式献给了十二月的朔月，仪式之后的第三天，他们在六个漫长又宽敞的街道上摆放了无数个由黄铜长杆悬挂起来的天平。在那里，每一个捐赠者为了免除自己的罪孽，都钻进了天平的一个秤盘，然后根据自己所犯罪行的不同性质，在另一个秤盘里放进不同种类的物资或金钱作为平衡物。如果他因饕餮贪食和打破斋戒而受到良心的谴责，那么平衡物就由蜂蜜、糖、鸡蛋和黄油构成。如果他因感官上的快乐而有罪，他便用棉花、羽毛、布匹、香水和美酒衡量自己。他是不是不够慈善呢？那他就用金钱衡量自己。他游手好闲吗？那么平衡物就是木头、大米、煤炭、牲口和水果。最后，他骄傲吗？那他就用鱼干、扫帚、牛粪等等衡量自己。所有那些供罪人充当平衡物的东西都归祭司所有。各种各样的捐赠加在一起有一大堆。甚至那些给不了任何东西的穷人也没有免除这种施舍的义务：他们供奉自己的毛发。超过一百个祭司坐在那里，手持剪刀把毛发剪下来。这些毛发也堆成了一个个小山。超过一千个祭司按顺序排成行，把这些毛发编成粗绳、穗带、圈环、手带等等，这些东西供那些献身宗教的灵魂购买，作为得到上天垂青的保证被人们戴在身上。单是献给提那勾勾宝塔的施舍所达到的总量能有多少，下面这件事情一说便知。"这篇见闻录的作者品托说："大使曾询问祭司，按照他们的估计，这些施舍的总量有多少。祭司毫不犹豫地回答道，光凭穷人的毛发，他们每年就能得到超过十万帕尔丁，也就是九万葡萄牙金币。"

(39) 一些哲学家把人定义为**会笑的猴子**，另一些则定义为**理性的动物**，再另一些则定义为**轻信的动物**。他们补充道：这种动物靠两腿站立，拥有柔韧的手指和灵巧的双手；他有很多需求，因此非常勤劳；更重要的是，他虚荣和骄傲的程度不亚于他轻信的程度；他认为大自然的整个体系是为了大地而创造的，而大地又是为了他而创造的。针对人类的这项定义或这份描述，不是公正到了极点吗？

(40) 每个人都在问：什么是真理，或者说什么是明见性？该词的词根表

(接上页)家费尔南·门德斯·品托(Fernão Mendes Pinto)在东亚和东南亚地区的旅行见闻。根据1989年芝加哥大学出版社出版的《门德斯·品托旅行记》(The Travels of Mendes Pinto)中第158章和章159章的记载，可以推测出"供奉提那勾勾神的宝塔"(Pagoda of Tinagogo)位于缅甸或泰国境内，在当地人的语言中，提那勾勾神意指"千神之神"，该宝塔中有一座贵族疗养院。在东南亚旅行途中，品托队伍中的一位大使因胸部发炎，需要在此地治疗，品托一行人便在宝塔内逗留了将近一个月的时间，期间观察到当地人"极端可怕、令人悚然"的宗教仪式，爱尔维修在此处援引的便是品托针对当地宗教仪式的叙述。——中译者注

明了我们应当将什么样的观念附加在这个词语之上。“明见性”(evidence)一词是从 videre 或 video(意为“我看见”[154])派生出来的。

对我来说,什么是显然的(evident)[155]命题?它是一项事实;我可以凭借由我的感官提供的证词让自己确信它的存在;当我带着必要的谨慎和注意去质询感官时,它是从来不会欺骗我的。

对大多数人来说,什么是显然的命题?它同样是一项事实,所有的人都可以凭借由他们的感官提供的证词让自己确信这项事实,而且他们可以在任何时候去证实它的存在。比如这就是两个事实:**二加二等于四,整体大于部分。**

譬如,如果我声称在北海有一只名为“克拉肯”的章鱼,它有一个小岛那么大。为了让自己确信它的真实性,我必须投以一定的注意;当我带着这样的注意,看见了它,对它作出了考察,那么上述事实对我来说就是显然的;但即便如此,对于一个没有看见过它的人来说,它甚至都算不上是或然的。对他来说,更理性的做法是怀疑我说的并不是实话,而不是相信有这么一种异乎寻常的动物存在。

如果我根据那些旅行家的说法,对北京建筑的真实形状作出描绘,那么,这份描绘虽然对那些居住在里面的人来说是很显然的,可是对其他人来说只具有一定的或然性。故而,真实的并不总是显然的,或然的往往又是真实的。但是,明见性和或然性之间的区别是什么呢?我已经说过:“明见性从属于我们的感官,任何人在任何时候都可以证实它的存在。至于或然性,它是建立在猜测之上的,是建立在人们的证言之上的,是建立一百个相同种类的证明之上的。明见性是单一的点,它没有程度上的分别。相反,或然性则有程度大小之别,这取决于 1)做出断言的人和 2)被断言的事实。”五个人告诉我他们在波兰的丛林里看见了熊,这个事实在没有遭到任何反驳的情况下,对我来说是很有可能的。但如果不止五个人,而是五百个人要我相信他们在同一片森林里看到了幽灵、仙子和恶魔,即便把他们的证据加在一起,这对我来说也是根本不可能的,因为在这一类事情中,更常见的是遇到五百个编故事的人,而不是看见那些奇怪的东西。

(41) 让我们在眼前摆出为了获取某条真理而有待比较的一切事实,并且,让我们在论证这条真理的过程中给词语附加上清晰的观念。那么,没有任何东西可以遮蔽这条真理,不让我们感知到它;这条真理在被还原为简单的事实之后,一经提出就会被每一个集中注意力的人捕获。那么,年轻人在科学领域中进步甚微,这是出于什么样的原因呢?有两个原因:

---

[154] 在拉丁语中,vidēō 具有“看见、观察、发现、感受、考虑”等含义,该词的人称、数、时态、语态和语气分别是第一人称、单数、现在时、主动语态和陈述语气,vidēre 则是现在时主动语态不定式。——中译者注

[155] 《尔雅》注:“显,明见也。”——中译者注

其一，导师缺乏方法；

其二，学生缺乏热情和注意力。

（42）天资不断转变为科学，这常常让我怀疑，大自然中的一切事物都在自发地做好准备，一步步走向科学。或许，艺术与科学的完善与其说是由天资造成的，不如说是由时间与必然性造成的。科学在一切国家内取得了一致的进步，这便确证了上述观点。事实上，如果一切民族都像休谟先生所观察到的那样，**只有在创作出优秀的韵文以后，才能创作出优秀的散文**，而人类理性如此持续的进步仿佛是由一种普遍的隐秘原因导致的结果，那么它至少要以一切时代、一切国家的一切人都拥有平等的知性能力为前提。

（43）既然人们彼此对话、彼此争论，那他们必定会感觉到自己被赋予了能够察觉到相同真理的能力，因而拥有平等的知性能力。不相信这一点，那政治家和哲学家的争论岂不是再荒唐不过了？如果他们没办法相互理解，那他们的讨论还有什么意义呢？但既然他们能够相互理解，那么很显然，命题的模糊性并不源自事物，而是源自词语。关于这个题材，一位最杰出的英国作家还说过：如果人们在词语的意指上达成共识，那他们立马就能察觉到相同的真理，所有人都采取相同的观点。参见休谟《论自由与必然》第八章。[156]

上述事实已经得到经验的证明，它解决了柏林科学院在五六年前曾提出过的一个难题：**一般意义上的形而上学所包含的真理，以及自然神学领域和道德领域中的首要原理，是不是和几何学所包含的真理具有同样的明见性**？请为“**正直**”一词附加上清晰的观念，并和我一样把它视为**为国效力的实践活动**。之后，为了对善举和恶行做出明确的规定，我们需要做些什么呢？指明那些对社会有益或有害的行动即可。一般来说，没什么比这更容易的了。因此，如果公共善是道德的目标，道德规范因此建立在和几何学原理一样确定的原理之上，那么可以肯定，它们就和几何学命题一样易于获得最严格的论证。形而上学也是如此。杰出的培根曾对“形而上学”下了一个定义，该定义为形而上学划定了界限，当人们恪守这一界限，把它与经院哲学区分开时，它就成了真正的科学。

---

[156] 此处指的是休谟《人类理智研究》的第八章“论自由与必然”（On Liberty and ecessity），上述观点出自该章第一节的内容。——中译者注

第三章　论知性不平等的一般原因

第一节　这些原因是什么？

它们可以被归为两类。

第一，不同的人所遭遇的一系列事件、状况和情境是不同的。（我将这一系列的事件、状况和情境称为“偶然性”。）

第二，人们想要教导自己的欲望程度不一。

偶然性并不是同等程度地有利于每一个人。不过，它在那些由天才取得的发现中所占据的分量比想象中的要大，而天才正是由于这些发现得到了我们的表彰。要想知道偶然性造成的一切影响，我们就要向经验请教，它会让我们明白：在各种技艺中，我们几乎要把所有的发现都归功于偶然性。

在化学领域，内行人[①]的大多数秘方都是在进行重要工作的过程中获得的。但这些秘方并不是他们原本要寻找的对象，因此我们不应该把它们视为天才的产物。如果把我关于化学的论述运用于其他科学领域，那么我们会看到，在每一个领域，是偶然性发现了一切。我们的记忆是化学家的坩埚。某些物质被丢进坩埚里混合在一起，虽然没有特定的计划，但有时会产生最出乎意料、最不可思议的结果。类似地，某些事实在我们的记忆中混合在一起，虽然也没有特定的计划，但也会产生最新颖的、最崇高的观念。一切

① 一些内行人曾在《创世记》中寻找哲人石，但只有神职人员在那儿找到了。

科学都平等地受制于偶然性的支配。偶然性对一切都产生相同的影响，但它却没有以同样醒目的方式将自身揭露出来。

第二节　每一个新观念都是偶然性赠予的礼物

一个全然未知的真理无法成为我沉思的对象。在我瞥见真理的那一刻，它就可以算作已经被发现了。在此形成的第一个猜想是天才之举。但我要将这第一个猜想归功于什么呢？归功于我的知性吗？不，知性对这条真理的存在甚至没有任何概念，根本无从寻找这条真理。因此，促使这个猜想形成的，是某个词语、某次阅读、某场交流[②]、某个偶然事件，简言之，是某种我称之为“偶然性”的东西。如果说我们是因为受到偶然性的恩惠而形成了第一批猜想并因此做出了发现，那么我们还能否笃定地认为，扩展并完成这些发现的手段并非缘于偶然性？

若是为我的观点寻找例证，那么科玛斯的妖女[③]就最合适不过了。如果这尊妖女在集市上展览了很长时间[④]，却没有任何人猜到

② 正是火热的对话和争论，使我们时常产生最令人愉快的观念。如果那些已经从我们的记忆中逃脱的观念不再得到呈现，而是不可避免地遗失了，那么原因则是，这些观念诞生于一组同时发生的状况，而我们几乎不会两次置身于完全相同的两组状况。因此，这样的观念应该被视为偶然性的礼物。

③ 科玛斯(Comus)，本名尼古拉-菲利普·勒德吕(Nicolas-Philippe Ledru, 1731－1807)，欧洲著名戏法大师、幻术表演家。他在欧洲四处游历，向皇室、贵族和公众表演科学实验与戏法幻术，为自己赢得了巨大的声名，而“回答问题的妖女”是他表演的戏法之一。科玛斯是古希腊神话中主司欢庆的神，勒德吕用它的名字称呼自己。——中译者注

④ 巴黎圣日耳曼集市。科玛斯也在伦敦举办过类似的展览。可以参考我撰写的《理性的娱乐》第三卷，以了解该机器的构造。不管这场表演能带来怎样的效用，它肯定不会为科玛斯博得天才之名，因为它很明显借鉴了“借助磁针的通报术”(Onomatomantica Magnetica)，基歇尔在他的第二本书《论励磁的方法》(De Art Magnet)中对此有过描述。该书于1643年印于科隆。——英译者注(基歇尔[Athanasius Kircher, 1602－1680]，十七世纪欧洲著名的百科全书式学者，在哲学、历史、磁学、力学、天文学、汉学等领域均有建树。英译者此处提及的著作，事实上是基歇尔于1641年出版的著作《磁石，或者论励磁的方法》(转下页)

它的机械原理,这是因为偶然性并没有在任何人的眼前摆出那些需要比较的对象,而科玛斯先前必定是通过这种比较才获得了该项发现。偶然性对科玛斯的垂青要多一些。但他在法国为什么没有跻身于伟大天才之列呢?因为他提出的机械原理与其说更有用处,不如说更令人感到好奇。如果它能够带来巨大的好处,那么毫无疑问,感恩戴德的公众会将科玛斯与那些最杰出之人相提并论。人要把自己的发现归功于偶然性,但能否得到天才的名号则取决于该项发现有多么重要。

从这个例子中我们能得出什么结论呢?

第一,每一个新观念都是偶然性赠予的礼物。

第二,存在确定的方法去培养有学问的人和有知性的人,但并不存在同样确定的方法去培养富于天资的人与发明家。可是,无论我们将天资视为大自然赠予的礼物还是偶然性赠予的礼物,在每一种情况下,产生天资的原因难道不都是独立于我们的吗?既然如此,为什么还要把教育的完善视为一件至关重要的事情呢?理由很简单,如果天资取决于感官的完善程度,而教导又无法改变人类天生的官能,比如给予聋子以听觉、给予哑巴以言谈[5]之类,那么教育就毫无用武之地了。相反,如果天资在一定程度上是偶然性的产物,那么,通过对偶然性造就伟大才能的手段进行反复的观察,人们就可以打消疑虑,而此后利用几乎相同的手段,就能产生几乎相同的效果,从而极大地增加那些伟大的才能。

设想一下,为了造就富于天资的人,偶然性需要和热爱荣誉的情感一起结合在他身上。再设想一下,一个人生于一个不仅不尊重才能、反而还贬低才能的政府治下;在这种情况下,很明显,富于天资的人必定完全是偶然性的作品。

(接上页)[Magnes Sive De Arte Magnetica]的第二版,书中描述了上文提及的"通报术"。此处对书名和术语的翻译参考了英国科技史家亚·沃尔夫所著的《十六、十七世纪科学技术和哲学史(上册)》[周忠昌译,商务印书馆,2010]。——中译者注)

⑤ 这并不全然正确。很多哑巴已经被训练得能够清楚地说话了。——英译者注

事实上，此人若是入世，就必须将自己对荣誉的热爱归功于特定交际圈对才能的尊崇[⑥]；若是出世，就必须将这同一种情感归功于对历史的研究，对古人献给美德与才能的敬意的追忆，以及对同胞公民彼此间的轻蔑并不知情。

相反，设想此人生于一个尊贤使能的时代，遇上了一个尊贤使能的政府。按照这一假设，他对荣誉的热爱和他自身的天资显然不会是偶然性的产物，而是国家体制的产物，因而也是他所受教育的产物，而政府形式对教育的影响总是最大的。

如果我们认为知性和天资不是机体组织的产物，而是偶然性的产物(1)，那么正如我已经说过的，通过观察偶然性在造就伟人时所采用的手段，我们确实可以根据这种观察，拟定一个教育计划，通过在民族中增加这些手段的数量，我们将极大地削弱偶然性的力量，减少它在我们的教导活动中所占据的巨大分量。

然而，如果我们的第一个猜想，继而我们对一切新观念的发现都是源自不可预见的原因或偶然的事件，那么偶然性对我们的心灵仍然拥有一定的影响，我也同意这一点。不过这种影响自有其限度。

第三节　论对偶然性的力量所设置的限制

假如所有的对象在人们聚精会神地进行考量时，几乎都不包含指向某种发现的线索；假如偶然性并不以近乎平等的方式分配自己的礼物，虽然人们可能在对某些对象的比较中产生伟大的新观念，但偶然性并不把这些有待比较的对象提供给每一个人；那么知性就几乎完全是偶然性的礼物了。

这样一来，我们就应该将知识归功于我们所受的教育，将知性归功于偶然性，而由于偶然性对每一个人的垂青有所不同，人们的

⑥　一切民族中都存在这种交际圈，甚至在最愚蠢的民族中也存在，只要它们已经开化了。

知性也就有多有少。可是，就这个问题，经验是如何教导我们的呢？知性上的不平等更多取决于我们在接受偶然性的礼物时是否抱着漠不关心的态度，而不是由于这些礼物被不平等地分配了。

所以我们应该认为，知性上的不平等主要是由于人们在观察不同对象之间的相似与差异、一致与分殊时集中注意力的程度不平等。而注意力集中程度的不平等则必然是由于我们的激情在力量上的不平等。

任何一个被追求荣誉的强烈欲望所驱使的人，总要在他所耕耘的艺术或科学领域中多多少少凸显出自己。诚然，在同样渴望成为杰出人士的两个人之间，是偶然性将需要比较的对象呈现给其中一者，而最富成果的观念和最为重要的发现都得自这种比较活动，偶然性由此决定了他的优越性。偶然性总是可以决定将什么样的对象提供给我们，因此总会对我们的知性拥有一定的影响力。当我们把它的力量限制在这般狭小的范围内，我们就已经做了自己能够做到的一切。无论教育科学可以发展到何等完善的程度，我们决不能期望把一个民族中所有的人都培养成天才。教育科学所能做的一切，就是增加天才的数量，并让该民族中的绝大多数人都成为拥有知识和分辨力的人；它的力量范围只有这么大。唤起人们的注意力，鼓励他们在科学领域中辛勤耕耘，而科学领域的不断完善一般而言将会为人类带来许多幸福，具体而言则会为耕耘该门科学的民族带来许多幸福；能做到这些也就够了。

如果一个民族的公共教育会将天资赋予一定数量的公民，并将分辨力赋予几乎全部的公民，那么这个民族毫无疑问会成为世界第一等的民族。定然能够导致这个结果的唯一方法，就是早早地让孩童适应注意力的疲乏。

偶然性呈现给我们的指向各种发现的线索，如果没有被注意力转化为累累硕果，就不会带来任何价值。注意力的稀缺导致天资的稀缺。可是，我们必须采取什么样的措施才能迫使人们去运用注意力呢？用力争上游的激情、荣誉以及对真理的热爱来激发他们。而正是这些激情在力量上的不平等，导致了人类在知性上存在严重的不平等。

第四节　论导致知性不平等的第二个原因

几乎所有的人都缺乏激情，缺乏对荣誉的热爱(2)。大多数政府的做法远不是在人们身上激发出这种情感，反而是通过卑劣而虚伪的政策(3)努力熄灭这种情感。因此，对荣誉漠不关心的人们不会在意公众的评价，也不会努力博取公众的重视。

在大多数人中间，我只能看到贪婪的商人。他们装备船只，并不是希望可以用自己的名字为某个新国家命名。他们一心只想着获利，唯一担心的就是自己的船只驶离平常的航线，而这些航线如今已经不能指引人们获得新的发现了。如果这艘船在机缘巧合或狂风暴雨中漂至某个无名的小岛，被迫滞留在那儿的船长既不会对这里的国家也不会对此处的居民做出任何探索。他补给淡水，扬帆起航，匆匆抵达另一个海岸，以便交换商品。最终，他回到自己的港口，卸下货物，用商品填满所有者的仓库，但什么发现都没带回来。

哥伦布这样的人是很罕见的。⑦ 如今人们漂洋过海，只是汲汲于荣誉、工作、财富和权力，几乎没人是为了获得科学上的发现而登船的。因此，我们又怎么能对这样的发现少之又少感到惊讶呢？

上天用手将真理四处撒播于昏暗隐蔽、无路可循的森林里，森林的周围有一条路。无数的旅人打这条路上走过，在他们中间有一些好奇的人，森林的浓密与昏暗在这些人身上激发出想要踏进森林一探究竟的欲望。他们进入了森林，可是树木妨碍着他们，荆棘刺伤了他们，他们感到厌倦了，放弃了原定的计划，重新回到那

---

⑦　假如哥伦布这样的人从未存在过，这不仅对西班牙的荣誉，而且对人类的利益反而都是一件大好事。西班牙从哥伦布的发现中获得了什么？财富。但它失去了什么？对正义和人道的所有权，这不可避免地让西班牙和基督徒的声誉蒙羞。——英译者注

条被大多数人踩出来的道路。另一些人并不是被模糊的好奇心所驱使，而是被一种对荣誉的强烈而持久的欲望驱使。虽然人数不多，但他们深入到了森林最浓密的部分，走过危险的沼泽，并且决不停下自己的脚步，直到他们在偶然性的指引下，发现了某条重要程度可大可小的真理。获得这项发现以后，他们掉转脚步，在真理和那条大路之间铺设了一条小径，每一个旅人在经过时都能感知到这条小径，因为每一个长着眼睛的人都可以看见它。因此，要想获得发现，只需拥有热忱的欲望与必备的耐心。

如果一个汲汲于声名的人想要追寻真理，那他应当用猎人般的耐心武装自己。哲学家就像印第安人，后者最轻微的动作便让他错失了猎物，而前者最轻微的分心便把他带离了真理。没有什么是比保持身体或心灵长时间处在纹丝不动或者全神贯注的状态更艰辛的了，这是强烈的激情所导致的结果。对印第安人来说，产生这种效果的是果腹的必要性，对哲学家而言，产生这种效果的则是对荣誉的欲望。

但这种对荣誉的欲望又是什么呢？就是对快乐的欲望。所以在每一个荣誉不再代表着快乐的国家里，公民对荣誉便漠不关心，该国也就成了天资与发现的荒原。然而，任何一个民族都会不时产生杰出的人物，因为在任何一个民族中都能找到这样一些人，他们如同我先前所言，被历史上献给才能的溢美之词打动，渴望赢得同样的喝彩，并为了这个目的踏上追寻真理的旅程。如果他找到了探求的对象，完成了自己的发现，他就会对自己的收获感到兴高采烈，并以凯旋之姿向国人展示这条真理。可是，从人们对它的冷漠态度中，他最终发现人们并不认为这条真理有什么重要的，此刻他会感到多么震惊啊！

之后他确信，追寻真理所需付出的辛劳与牵挂，换来的只是微弱的声誉，却会招致残酷的迫害；于是他的勇气消失了，他感到厌倦了，不再追求新的发现，而是沉湎于懒散的状态，在事业进行到中途时突然停住了脚步。

我们的注意力是很短暂的，为了把它固定住，强烈的激情是必需的。一个人为了消遣会计算一页数字，但不会计算整整一卷数字，除非荣誉或财富强烈地激励着他。这些激情使人们平等的知性能力活动起来，而离开了这些激情，这种能力只不过是一股死气沉沉的力量而已。

我们要再次询问：知性或判断力是什么？是对一定数量的对象之间，以及对象和我们之间所存在的真实关系的知识。我们要将这种知识归功于什么？归功于对对象的沉思和比较。但这种比较活动的前提是什么？一种或缓或急的利益要我们去比较。可见知性是这种利益的产物，而不是感官完善程度的产物。

可是有人会说，如果机体构造的强度决定了我们欲望的强度，如果人们认为激情孕育了天资，而脾性又孕育了激情，那么按照这种设想，天资依旧是机体组织的产物，因此也是大自然馈赠的礼物。

这个重要的问题目前被归结为对这一点的讨论，而这个问题的彻底解决恰恰取决于对这项事实的考察。

第三章注释

(1) 我见识过神学家的愚蠢和邪恶，他们中的一切都令人感到恐惧。因此我被迫要对自己的信仰再三做出同样的申明：我并不认为偶然性是某个存在者，我并没有从中制造出一个神，我只用这个字眼表示**一系列我们没有感知到原因的结果**。人们正是在这个意义上谈论偶然性，说**它决定着骰子**。不过全世界都知道，摇骰盅和掷骰子的方式是导致最后开出三点而非六点的原因。

(2) 让头脑简单的人不停地抨击激情吧。可我们从经验中学习到的是，没有任何一个伟大的艺术家、将军、大臣、诗人或哲学家是缺乏激情的。正如“哲学”一词的词源所证明的，哲学就在于对智慧的热爱与追求。既然所有的爱都是激情，因此正是激情支撑着诸如牛顿、洛克、培尔这些人去完成他们的工作。他们的发现是对沉思的犒赏。获得这些发现的前提条件是热烈持久、不屈不挠地追求真理，而展开这种追求的前提条件则是怀有激情。

如果一个人对真伪漠不关心，沉湎于一种不动心的状态，一种徒有其表的哲学式的宁静，而这种宁静让心灵一直处于迟钝的状态，阻碍心灵向真理前进，那么这个人就不是哲学家。我承认，这个状态不仅很容易就能达到，而且让人避开了那些心胸狭隘之辈的嫉妒和愤怒；因此我也承认那些懒汉可以自诩审慎，只要这些人不自称自己为哲学家。对年轻人来说，什么样的人才是最危险的损友？那些谨小慎微的人，这些人无疑扼杀了年轻人身上每一份力争上游的雄心，因为他们教年轻人把无知当作避难所，并在无知中享受无所作为的快乐。

在那些鼓吹懒惰的使徒中，偶尔会有一些拥有伟大知性的人，但他们的怠惰源自他们在追寻真理的途中感受到的厌倦与失望。剩下那批人里面，大多数都是平庸之辈，他们想让人人都一个样。正是出于妒忌，他们才去宣扬懒惰。

如果不想被他们的推理诱惑，那就要做些什么呢？要去质疑这种推理的真诚性。记住，利益总是会让人们去争辩说理，无论这种利益是卑劣的还是高尚的；记住，在那些轻视荣誉、用一种所谓"哲学式的优游"把自己包裹起来的人眼中，知性上的一切优越性都会令他们感到不适；还要记住，对于这样的人来说，那种力争上游的雄心会让太多的人都超过他，因而扼杀这种雄心总是符合他的利益。

（3）大多数专制君主的目标是骑在奴隶头上，把每个人都变成自动装置。这些专制者受到眼前利益的诱惑，却忘记了：臣民的愚笨预兆着君王的垮台，它摧毁着他的帝国。总之，治理一个得到启蒙的民族比治理这种愚蠢的民族总体上要容易得多。

第四章 拥有寻常机体组织的人容易受到同等程度激情的影响；由于偶然性把他们置于其中的情境有所不同，从而产生了能力上的不平等；每个人最初的性格（正如帕斯卡尔已经观察到的）不过是他们第一个习惯的产物

第一节　论机体组织和脾性对人类的激情和性格的微弱影响

在孩子从母亲的子宫中分娩出来、打开生命之门的那一刻，他没有任何观念，也不带有任何激情。他唯一感受到的需求是饥饿带给他的。因此，我们并不是在摇篮中就接受了诸如骄傲、贪婪、野心这样的激情，以及对声名和荣誉的欲望。这些人为的情感①是

① 在欧洲，除了上述那些人为的情感以外，我们还可以加上嫉妒。这里的人们嫉妒心强，因为他们爱慕虚荣。在那些发生于欧洲的闹得最凶的风流韵事中，虚荣几乎都占有一席之地。在亚洲，情况有所不同。在这里，嫉妒不过是肉体快乐的产物。从经验中可以得知，苏丹后妃的欲望越是受到约束，她们就越发地热情，她们给予和接受的快乐也就越多。苏丹和维齐尔（维齐尔［Vizir］是伊斯兰国家历史上对宫廷大臣或宰相的称谓。“维齐尔”为阿拉伯语音译，意为“帮助者”、“支持者”、“辅佐者”。——中译者注）的奢靡生活孕育出了嫉妒，嫉妒让他们建造宫殿，把自己的女人关起来。

在集镇与城市中产生的，产生它们的前提是：人们已经制定了彼此间的规约和法律，已经结合在社会之中了。所以，一个人若是在出生时就被暴风雨带至某个荒凉的海岸，像罗慕路斯那样被母狼抚养成人，或是在某天夜里被仙子从摇篮里偷走，放在某个孤零零的、中了魔咒的、之前居住过那么多骑士与公主的城堡里，那么他是不会知道上述那些激情的。既然我们出生时不带激情，那么也就不带性格。发生在我们身上的对荣誉的热爱是一种习得，因此也是教导的产物。可是，难道大自然没有在我们还是婴儿的时候就赋予了我们适于形成这种或那种性格的机体组织吗？这个猜想建立在什么基础之上呢？不是有人评论道：神经、体液或肌肉的某种特定的安排方式，总是会导致相同的思考方式；大自然从一个人的大脑中拿走某些纤维，又把它们给予另一个人，从而总是在后者身上激发出一种对荣誉的强烈欲望？如果性格是机体组织的产物，那么基于这种设想，教育还能做什么呢？道德能够改变肉体上的安排吗？最公正的准则能把听力给予聋子吗？一位导师开设的最富有教益的课程，能抚平驼背者的后背，拉直跛足者的腿脚或是拔高小矮人的身形吗？大自然做出的事情，只有大自然才能撤销。在幼年时期，唯一镌刻在我们内心的情感，是自爱。这种基于肉体感受力的爱是一切人都拥有的。因此不管人们接受的教育有多么不同，在他们身上，这种情感总是相同的。所以，在一切国家、一切时代，人们过去是、现在是、将来还是爱自己胜过爱他人。如果人的其他一切情感都是变来变去的，这是因为这些情感是社会风气中的原因导致的结果，既然这些原因就是变来变去的，那它们导致的结果肯定也是如此。我将首先查阅一下各个民族的历史，以便用全部经验去验证这条真理。

第二节　论在各个民族的性格中发生过的种种变异，并论产生这些变异的原因

每一个民族都拥有观看与感受的特定方式，这种方式形成了

该民族的性格。每一个民族的性格要么是突然发生改变的，要么是逐步发生变异的，这取决于其政府形式的种种变异，继而也取决于其公共教育[②]的种种变异究竟是突然发生的，还是在不知不觉中发生的。

长期以来，法国人的性格被认为是欢快活泼的，但它并非一直如此。尤利安皇帝[③]在谈及巴黎人时说："我爱他们，因为他们的性格和我一样朴实而严肃(1)。"

所以各个民族的性格确实在变化着，但在什么时候这种变异是最容易被感知到的呢？在革命的时候，此时，一个民族突然从自由状态走向奴隶制度。随后，原本勇敢而高傲的他们变得虚弱而怯懦。他们不敢正视那些当官的人。他们被人奴役着，而到底是谁在奴役他们，这个问题并不重要。这个灰心丧气的民族就好像寓言里的驴子，他们说：**不管我的主人是谁，我都无法承受更重的负担了**。自由的公民对民族的荣誉有多么热忱，奴隶对公众的福利就有多么冷漠。他的内心丧失了活力与能量，缺少美德，缺少精神，也缺少才能。灵魂的各个官能都被麻痹了。他变得冷漠，不去关心艺术、商业、农业以及其他的事情。英国人说，奴仆的手是不配耕耘土地的。西摩尼得斯[④]曾踏进一个由专制主权者统御的帝国，他在那儿没有发现人的踪迹。自由的民族是无畏的、开放的、仁爱的、忠实的(2)，奴隶的民族则是粗鄙的、不忠的、邪恶的、野蛮的。他们把轻信的心理放大到无以复加的程度。如果说，在战斗的时刻，严格的长官对受过苛待的士兵从头到脚都感到恐惧，因为

---

② 我们生活在其治下的政府形式总是在我们的教育中占有一席之地。

③ 尤利安(Julian)，全名弗拉维乌斯·克劳狄乌斯·尤利安努斯(Flavius Claudius Julianus)，罗马帝国皇帝，361 年至 363 年在位。尤利安曾在罗马帝国境内提倡多神信仰，试图改变君士坦丁大帝以来独尊基督教的宗教格局，因而被后世基督徒称为"叛教者尤利安"。他曾远征波斯，并在撤军途中受伤，最终不治身亡。——中译者注

④ 西摩尼得斯(Simonides)，爱琴海凯奥斯岛的抒情诗人，代表作有《悲歌》、《温泉关凭吊》。——中译者注

对那些卑下的人来说，战役打响的日子就是发泄怨恨的日子，那么，对那些受压迫的奴隶来说，发动暴乱的日子也就是期待已久的复仇之日。并且，恐惧把奴隶的愤怒压制得越久，他爆发的程度也就越大，两者是成比例的。⑤

由罗马史向我们展现出的一个民族的性格突然发生改变的画面，是多么令人震惊啊！在凯撒们即位之前，有什么民族比罗马人表现出更多的力量、美德、对自由的热爱以及对奴役的恐惧？当凯撒们的宝座被竖立起来之后，有什么民族比罗马人表现出更多的虚弱和堕落(3)？他们的粗鄙让提比略本人感到恶心。

他们对自由漠不关心，当图拉真⑥给予他们自由时，他们表示拒绝。他们轻视自己的祖先用热血赢得的自由。在那时，罗马的一切都发生了改变；坚毅而庄重的性格曾让罗马最早的居民蜚声宇内，可后来却被轻浮无聊的性格取代了，尤维纳尔⑦曾在他第十首讽刺诗中斥责了罗马人的这种性格。

让我们用一个新近的例子来说明这一点。对比一下当今的英国人和亨利七世、爱德华六世、玛丽女王和伊丽莎白女王治下的英国人。如今，这个民族是那么地仁爱、宽大、博学、自由、勤勉，是那么地热爱艺术与哲学，可在当时，他们不过是一个由奴隶组成的民族，冷酷无情，迷信当道，既缺少艺术的熏陶，又没有勤勉的特质。

当一个君主篡夺了不受约束的权威，并对人民行使这种权威，他定然会改变民众的性格，使他们的灵魂失去活力，把他们弄得胆小怕事、粗鄙不堪(4)。从那一刻起，他的臣民对荣誉漠不关心，失去了勇往直前、坚定如一的性格，而这种性格恰恰适合为辛苦的工

⑤ 根据《莱顿报》1761年6月23日的报道，总督贾菲儿·阿里汗的处事风格即证明了这一点。

⑥ 图拉真(Trajan)，全名马尔库斯·乌尔皮乌斯·涅尔瓦·图拉真努斯(Marcus Ulpius Nerva Traianus)，罗马帝国皇帝，98年至117年在位，罗马帝国五贤帝之一。——中译者注

⑦ 尤维纳尔(Juvenal)，全名德西慕斯·尤尼乌斯·尤维纳利斯(Decimus Junius Juvenalis)，古罗马讽刺诗人。——中译者注

作提供支持，并让人勇于面对一切危险。在专横权力的重压之下，推动人们力争上游的发条便被摧毁了。

对反对意见感到不耐烦的君主(5)，是不是给那些直言不讳的人扣上了“捣乱分子”的帽子呢？在他的民族里，他用虚伪的性格替换了原有的坦率。如果在某些紧要关头，只听信佞臣的君主发现身边的人一无是处，那他又能怪谁呢？只能怪他自己。正是他让这些人变成了这副样子。

当一个人思考过奴役带来的累累罪恶，他又怎么能相信，居然有君主会卑劣到想要统治一群奴隶，会愚蠢到不了解专制主义给臣民的性格造成的致命改变？

专横权力是什么？它是灾祸的种子，被撒播在一个国家的国土中，日后便会破土而出，结出痛苦和毁灭的果实。让我们听一听普鲁士国王是怎么说的。在一次对柏林科学院发表的讲话中，他说：**如果君主公正仁爱、道德高尚，那么专横的政府就是最好的；但如果国王不过是平庸之辈，那么专横的政府就是最坏的**。后一种国王有多少啊！诸如提图斯、图拉真和安东尼乌斯[⑧]这样的君主又有多少呢？这是一位伟人的思考。对一位君王而言，承认这一点需要多么高贵的灵魂、多么开明的知识啊！事实上，专制权力预兆着什么呢？常常预兆着专制者本人的覆灭，而且总是预兆着专制者后代的覆灭(6)。建立起这种权力的人，是将他的王国建筑在流沙之上。它把王权(亦即骄傲、懒散或是某种类似的激情)设想得短命又偏激；它更倾向于对可怜的奴隶行使不义而残忍的专制主义，却不愿对自由而幸福人民行使合法且友善的权力(7)。专横的权力就像头脑简单的小孩，总是牺牲未来以满足现在。

公共福利最可怕的敌人不是暴动也不是骚乱，而是专制主义

---

⑧ 提图斯(Titus)，全名提图斯·弗拉维乌斯·维斯帕西亚努斯(Titus Flavius Vespasianus)，罗马帝国皇帝，79 至 81 年在位。安东尼乌斯(Antoninus)，全名提图斯·埃利乌斯·哈得良·安东尼乌斯·庇护(Titus Aelius Hadrianus Antoninus Pius)，罗马帝国皇帝，138 至 161 年在位，罗马帝国五贤帝之一。——中译者注

(8),它总是朝更坏的方向改变着民族的性格,它只会导致恶行。无论印度苏丹的权力有多大,他永远都无法造就慷慨大度的臣民,他永远也不会在他的奴隶中找到自由民的美德。化学方法从混合物中提取出的黄金,不会超过该混合物蕴含的黄金量;而最专横的权力从奴隶身上获得的,不外乎是其固有的卑劣。

因此,经验证明了一个民族的性格与精神随着政府形式的改变而改变,还证明了不同的政府把高尚或卑劣、坚定或善变、无畏或懦弱等等不同的性格次第赋予同一个民族。因此,人在出生时要么没有被赋予任何倾向,要么就被赋予了对于一切美德与恶行的倾向。人只不过是自己所受教育的产物。如果波斯人对自由没有任何观念,而野蛮人对奴役没有任何观念,那么这是他们各自所受的教育导致的结果。

外国人会说,为什么我们一下子就能在所有法国人身上感知到相同的精神和相同的性格,就像所有的黑人都拥有相同的面部特征?因为法国人的判断与思考并不是独立的(9),而是跟在掌权者后面亦步亦趋。因此,他们做出判断的方式必定是千篇一律的。法国人的妻子也是一样。当她们梳妆打扮去观看公共演出,她们的面容看上去都是一样的。我明白,如果集中注意力,我们总能发现不同个体在性格和知性上的差异,但需要时间才能做到这一点。

法国人的无知,警察的不公,教士的影响,这些因素使得法国人相比其他国家的人而言更像彼此。这些都是政府形式对一个民族的行为方式和性格特质所造成的影响;至于个人的观念和性格中的种种变异,它们难道不都是由时运和境遇中的种种变异所导致的吗?

第三节　论在个人的性格中发生的种种变异

在民族层面上,以更大的规模、更引人注目的方式发生的事情,也在个人层面上,以更小的规模、更不易感知的方式发生着。个人的境遇中发生的每一次改变几乎都在他们的性格中造成相应的改变。[⑨] 一个人苛刻、暴躁、蛮横，对他的奴隶、孩子和家仆百般威胁和折磨。他在森林中意外迷失了，当夜幕降临，他躲进洞穴，发现那里有头狮子正躺着睡觉。这个人仍然保留着闷闷不乐、喜好争吵的坏脾气吗？不。他极度小心地爬进兽穴的角落，以免因最微弱的声响激怒这头狮子。

让我们把他从那头自然雄狮的兽穴转移到一头人间雄狮的洞穴里，让他为一位残忍专制的暴君服务。面对主人的时候，他驯顺而温和，也许这个人会成为所有奴隶中最奴颜婢膝的那一个。但有人会说，他的性格是被束缚了而不是被改变了，就像一棵树被外力压弯，但它天生的弹性很快会把它恢复成原样。可如果一棵树这么多年来都被弯成一个特定的形状，那我们还能想象它会恢复成最初的形态吗？不管是谁，他在说"人不会因束缚而轻易地改变自己的性格"时，只不过是说："长期建立起来的习惯不会在一瞬间就被摧毁。"

脾气差劲的人保留了他的性格，因为总是有某个地位较低的人可以让他发泄自己的邪恶天性，但如果让他长期面对一头狮子或是一位暴君，持续的约束就会被转变成习惯，而这毫无疑问会使他的性格变得柔和。一般而言，只要我们还足够年轻，足以养成新的习惯，那么除非纠正的方法得不到道德、风俗或法律的许可，否则任何缺点都是可以改正的。对教育而言，没有什么是不可能的，它可以让熊跳起舞来。

---

⑨

礼数随时运而改变，心情随气候而改变，
信条随书本而改变，原则随时代而改变。
问问人们有何看法，苏格兰人如今说道：
贸易增长真是很多，世间太平一切都好。
可在太阳落山之前，取消津贴一子不留，
大不列颠就此完蛋，甚至波及整个欧洲。

——蒲柏

——英译者注

（这几句诗引自蒲柏《道德论》[Moral Essays]的第一部分《致科巴姆勋爵的信札》，其副标题为"论人的知识与性格"。——中译者注）

我们如果反思一下这个主题，就会察觉到，我们最初的天性不过是最初的习惯，正如帕斯卡尔和经验所证明的那样。[10]

人生来不带有任何观念，也不带有任何激情，但他生来就是一个模仿者，对榜样俯首帖耳。所以说，他的习惯与性格源自他所接受的教导。那么我要问：凭什么在某个时期养成的习惯，最后不能被相反的习惯抵消呢？我们看到，有多少人的性格是随着他们地位的改变而改变啊！这种改变取决于他们在宫廷中、在机关里占据的不同位置，简言之，取决于他们的境遇中发生的改变。为什么强盗被从英格兰送往美利坚之后，常常变得诚实起来？因为他成了一个有产者，拥有可耕作的土地；简言之，因为他的境遇发生了改变。

军营里的长官缺乏同情心，对血流成河的场景已经见怪不怪了，他漠然地看着这一切。但当他返回伦敦、巴黎或者柏林，他便恢复了合乎人道的感受。当我们不能确定这种机体组织是什么的时候，我们为什么要把每一种性格视为特定机体组织的产物呢？既然自爱之情的发展对道德现象做出了如此清晰而有力的说明，我们为什么还要在玄虚的性质中寻找这些现象的原因呢？

第四节　论自爱

人对身体上的快乐与痛苦是有感觉的，因此他避苦而趋乐；而正是这种避趋活动被冠以“自爱”之名。

这种情感作为肉体感受力的直接产物，是每个人都有的，并且与人须臾不可分。我把自爱的特性视为对这一点的证明：自爱是永久性的，它不能被摧毁，甚至不会发生变异。在我们的一切情感之中，唯有自爱带有这些特性，我们要将一切欲望、一切激情都归

---

⑩ 如果《爱弥儿》的作者否认了这条准则，这是因为他没有正确地领悟帕斯卡尔的意思。

功于自爱，对我们来说，它们无非是自爱在特定对象上的运用。⑪

因此我们要将人们在激情和性格上不可思议的差异归因于自爱，这种情感会随着我们接受的教育、我们生活在其治下的政府形式，以及我们置身其中的不同境遇发生多种多样的变化。

我们是什么样的人，这完全是自爱造成的。我们为什么那么贪恋荣誉和尊严？因为我们爱自己，渴求自身的幸福，因而也渴求获致幸福的权力。因此在人身上，对权力的爱，以及获致权力的手段，必然是和对自己的爱联系在一起的(10)。人人都想发号施令，因为人人都想增加自己的福祉，都想发动同胞公民们去提升他自己的福祉。而在所有发动他们的方法中，最有把握的方法就是运用权力或强力。对权力的热爱是建立在对幸福的热爱这一基础之上的，因此它是我们一切欲望的共同对象(11)。所以，财富、尊敬、荣誉、嫉妒、影响力、正义、美德、不宽容，简言之，一切人为的激情⑫，它们只不过是伪装成不同名称的对权力的爱。

权力是人类追求的唯一对象。为了证明这一点，我将会表明，上面援引过的一切激情完全只是对权力的热爱。从这种每个人都拥有的爱中，我得出结论：所有的人都易于产生对声名和荣誉的欲望，因此也就是说，所有的人都易于产生恰好使得拥有寻常机体组织的人所共享的平等知性能力活动起来的那类激情。

---

⑪ 我们称呼自爱的种种样式为激情，
真实的善或似然的善让它们运行；
但不是每一种善我们都能作出区分，
理性便要求我们提供自己的那部分，
激情虽然自私，也有公正的手段，
列在理性之下，受到理性的照管。

——蒲柏

——英译者注

（这几句诗引自蒲柏《人论》[Essay on Man]的第二封信札。——中译者注）

⑫ 除了肉体上的需求、痛苦和快乐之外，我们的其他一切激情都是人为的。

第五节　论对财富和荣誉的爱

在基本的美德中，打头阵的是强力或权力。它是最受到尊崇的美德，或许也是唯一真正受到尊崇的美德。虚弱带来的则是轻蔑。

论勤勉程度，一些东方民族与我们不相上下，他们用自己的材料生产出的织物显然说明了这一点；论社会美德，一些东方民族甚至超越了我们；那么，我们对他们的轻视源自何处呢？我们贬低他们，仅仅是因为暴君的权力给他们戴上了残酷而耻辱的枷锁，而他们却卑贱地承受着这一切吗？这样的轻蔑也许是公正的，但并非出于这个原因。我们瞧不起他们，是因为他们萎靡不振，军备荒疏。所以，我们尊敬的正是强力，我们瞧不起的则是虚弱。然而，人人都热爱权力[13]，人人都渴望权力，但并不是人人都像凯撒或者克伦威尔那样热衷于获得最高权力。很少有人怀有这样的计划，更少有人能够将这种计划付诸实际。

那种人们普遍渴望的权力，是那种容易获得的权力。每个人都可以发财，每个人都渴望获得财富，因为这样一来，我们就可以满足自己的一切嗜好，周济受苦受难的人，对无数的人提出要求，继而向他们发号施令。[14]

---

⑬ 无欲无求的人认为自己拥有完美的幸福，他们必定不会感觉到对权力的热爱。这种人有吗？有的。但他们数量太少，不值得我们去关注。

⑭ 大量的黄金带来了自然的需要，
所以我们食用别人生产的面包。
我承认它有用，生活所需它来提供，
但它也很可怕，黑心刺客受它雇佣。
它可以促进贸易，令社会繁荣昌盛，
但也会引诱海盗，让朋友腐化沉沦。
守卫民族的军队，由它来供养，
收受贿赂的议员，让国家遭殃。

——蒲柏

——英译者注

（这几句诗引自蒲柏《道德论》的第三部分《致巴瑟斯特勋爵的信札》，其副标题为“论财富的用处”。——中译者注）

荣誉像财富一样能获致权力，我们同样追求荣誉。荣誉的获得要么凭借武力，要么凭借雄辩。众所周知，在罗马和希腊，雄辩被看得有多么重要；在那里，雄辩引领着人们走向高贵与权力。“巨大的力量与巨大的声名是相同的（**Magna vis & magnum nomen sunt unum et idem**）”，西塞罗如是说。在那些人当中，巨大的声名带来了巨大的权力。著名的演说家对众多的门客发号施令。而在每一个共和国，无论是谁，只要他后面跟着一大帮门客，他就是一位有权有势的公民。高卢的赫拉克勒斯⑮从口中源源不断地吐出金线，象征着雄辩的道德力量。但为什么之前如此受人尊敬的雄辩，现在除了在英格兰，已经不再得到尊敬和培养了呢？因为在其他地方，它不再是博得尊敬的途径了。

因此，对荣誉、声名以及影响力的热爱其实就是一种伪装起来的对权力的热爱。

据说荣誉几乎是一切伟人的情人，他们不顾一切地追求着她。为了捕获她的芳心，他们勇敢面对战争的考验、研究工作的辛劳以及众多竞争对手的记恨（13）。这些发生在荣誉能带来权力的国家；但如果荣誉不过是个虚衔，功绩也无足轻重，那么在这种地方，公民对公共声望漠不关心，不会把力气花费在获得荣誉上面。荣誉被视为一株在共和国的土壤上长出的植物，它在专制国家里却枯萎凋零，绝不会充满活力地茁壮成长，这又是为什么呢？因为我们在荣誉中寻求的实际上只是权力，而在专横的政府治下，一切权力在专制者权力的面前都消失殆尽。枕戈待旦或挑灯夜读的人认为，驱使他这么做的是想要受到公众尊崇的欲望，但他在自欺。尊崇只是他赋予追求对象的名称，权力才是追求对象的真身。

---

⑮ 高卢的赫拉克勒斯指的是奥格米欧斯（Ogmios），后者是受凯尔特人崇敬的雄辩之神。萨莫萨塔的琉善（Lucien of Samosata）曾在一份题为《赫拉克勒斯》的讽刺作品中记载了自己与一位凯尔特人之间的对话，后者解释了希腊神话中的赫拉克勒斯和凯特尔人眼中的奥格米欧斯之间的相似性，赫拉克勒斯依靠力量完成了许多事情，而奥格米欧斯则靠雄辩让许多人死心塌地地跟随着他。——中译者注

因此我观察到：显赫与权力时而围绕在荣誉旁边，使得荣誉对我们如此具有吸引力；可它们必定使我们屡屡成为不受同胞公民欢迎的人，妒忌由此而产生。

第六节　论妒忌

蒲柏说，功绩制造出妒忌，正如物体制造出阴影。妒忌意味着功绩的存在，正如烟意味着火的存在。妒忌被功绩激怒，它不尊重任何等级和地位，甚至也不尊重王权；不管是伏尔泰、卡蒂纳还是腓特烈，都是它的眼中钉。[16] 如果我们时常回想一下妒忌的怒火蔓延得有多远，也许我们将不会有勇气去获得伟大的才能，因为身负这种才能的人所面临的种种迫害令我们感到恐惧。天才坐在灯旁，对自己说：今天夜里，我的作品就要完成了；而明天将是获得酬谢的日子，满怀感激的公众将会承认他们应当对我履行的义务，明天我将戴上不朽的冠冕。他忘记了妒忌的力量。明天如期而至，作品得到发表。这部作品已经完成，然而公众并没有承认他们的义务。妒忌把甜美的颂词从作者身边赶走[17]，把它换成臭气熏天的恶评与中伤。荣誉的太阳几乎只在伟人的坟头才发出光芒。理应

---

[16] 卡蒂纳（Nicholas Catinat，1637－1712），路易十四时期的法国元帅，参加了当时法国的四次主要战争，是一位一丝不苟、有思想和献身精神的军人。——中译者注

[17] 在一切激情中，妒忌是最令人生厌的。一位我不认识的诗人曾为它绘制出一幅十分可怕的肖像。

他说：同情因人类的不幸而柔软，妒忌却从人类受到的折磨中寻欢。

任何一种激情都把某种快乐作为自己追求的对象，而妒忌唯一追求的是他人的悲惨。

功绩见不得恶人和蠢人过上好日子，嫉妒却见不得优秀而博学的人过上好日子。

爱意与愤怒在内心中点燃，会持续一小时、一天、一年，妒忌却啮噬着内心，直到生命尽头。

在妒忌的旗帜下，仇恨、中伤、阴谋与背叛大行其道。

妒忌所到之处，饿殍遍野，瘟疫肆虐，兵戎相见。

获得尊崇的人却很少享有尊崇，种植过月桂的人却很少在树阴下休憩。⑱

但妒忌存在于每个人的内心吗？没有任何人的内心是与妒忌完全绝缘的。有多少伟大人物是无法容忍竞争对手的啊！他们不愿意与自己的任何一个兄弟分享他人的尊崇；可他们忘记了，在荣誉的盛宴上，人人都有——如果我可以这么说的话——自己应得的那一份！

甚至最高尚的灵魂有时也不免听信妒忌的谗言，他们抵制它，但做到这一点并非轻而易举。大自然在人的身上安置了妒忌心。渴望人在这一方面能有所改变，就是渴望人不再爱自己，也就是渴望一件不可能的事情。因此，我们不要让立法机构试图压制嫉妒的声音，而要让嫉妒无力兴风作浪，还要建立起一套专门保护功绩的法律，以对抗大臣的记恨或者祭司的狂热。这些就是贤者为保护才能而能够做的一切。妄图做更多的事情，并自诩消灭了妒忌，这都是愚蠢的。历朝历代都声讨过这项恶行，但他们的声讨取得了什么成果呢？什么也没有。妒忌犹在，威力依旧，因为没有什么可以改变人的天性。

然而，人会在某一个时期感觉不到妒忌的发作，这就是青少年时期。年轻人不是准备超越那些已经赢得公众喝彩的人所建立的功绩，或至少能与之比肩吗？他们不是也渴望分有那些献给后者的喝彩吗？所以他们对后者充满敬意，而后者的出现也激发了他们力争上游的雄心。年轻人兴高采烈地称赞那些人，因为褒扬他们，让公众习惯于尊敬他们身上那些自己未来也会获得的才能，这符合自己的利益。因此，褒扬是年轻人自由地献给功绩的贡品，但到了更加成熟的年纪，人们便不再褒扬。

二十岁时力争上游的雄心，到了三十岁时就变成了妒忌。当迎头赶上那些我们所崇敬之人的希望破灭时，崇敬便让位于憎恶。

⑱ 如果伟大的作家在亡故之后才成为人类的导师，那么我们必须要承认，当这些导师还在世的时候，他们受尽了学生的指责。

对才能的轻蔑成了供养骄傲的资源。平庸之辈所渴望的就是不存在比他更卓越的人。有多少妒忌心强的人照着一位喜剧作家的样子，轻快地重复着：

> Je t'aime d'autant plus que je t'estime moins.[19]
>
> 我对你的尊崇越少，我对你的爱意越多

如果无法抹煞知名人士的声望，我们最后就会期待他们表现出那种最低眉顺眼的谦卑。妒忌之人甚至对狄德罗《对自然的解释》的头一句话就吹毛求疵："年轻人啊，拿起这本书，阅读吧。"人们先前可没这么苛刻。法学家杜莫林[20]曾这样评价自己："无人可与我比肩，整个世界都不如我优秀。"而现在，既然发生过那么多的侮辱性事件，这就要求作者对读者明显膨胀的骄傲心理做好思想准备。这种骄傲公然宣称对功绩的憎恶，而这种憎恶又很自然。事实上，既然渴求幸福的人追逐权力，因而也追逐权力带来的荣誉和影响力，那他们必定会厌恶一个过于杰出之人身上的那种使他们丧失权力的东西。他们为什么要散布那么多针对天才的负面报道？因为他们发现自己根本就不愿意对天才作出正面评价。当他们拿取主显节糕饼时，有一块是留给上帝的；当他们检视那些声名赫赫的人所取得的功绩时，他们总能在其中发现某种缺憾，而这一份是留给妒忌的。

当一个人无法踩在同胞公民的头上，他就努力把他们拉到和他

---

⑲ 该句摘自法国戏剧家查尔斯·科莱（Charles Collé，1709－1783）的滑稽悲剧《鸡身蛇尾怪》（Cocatrix）。科莱经常在十八世纪法国著名的文学家聚集地"小酒馆"（Caveau）展示自己撰写流行歌曲的才能，爱尔维修也曾是"小酒馆"的成员之一。——中译者注

⑳ 杜莫林（Charles Dumoulin，1500－1566），法国法学家。——中译者注

同样的水平上。他无法超越他们，至少也要与他们平起平坐（14）。[21] 人就是这样，而且永远会是这样。

在有德之士中，以及在那些对粗鄙的妒忌心理最为不屑的人中，或许还没有谁的身上不沾有一丁点儿妒忌的污斑。事实上，谁能吹嘘自己总是真心实意地赞美天才，从未掩饰过自己对天才的尊崇，从未保持过一种有害的沉默，从未在那些献给才能的褒扬里附加一些违心的“但是”？而嫉妒一次又一次向我们勒索的，正是这种“但是”。[22]

一般而言，每一种伟大的才能都是被憎恶的对象，因此我们才迫不及待地购买那些猛烈抨击这些才能的小册子。否则我们为什么要去读它们？这不可能是为了提升自己的品味（15），因为那些作家并不自诩拥有朗吉努斯[23]抑或布瓦洛的才能，甚至也没有声称要去启蒙公众。那些创作不出优秀作品的人啊，绝对不要把批评别人的作品当成一种自娱的手段。

㉑
我并不热衷求取什么名号，
但当你跌倒，我看上去就更高；
蒲柏的诗我一行也看不下去，
可是，唉，但愿这是我写的语句；
他在一组对句里表达的意义，
我就是用六组对句也追赶不及；
这让我的妒火如此猛烈地燃烧，
让他和他的智慧见鬼去吧！我哭喊道。

——斯威夫特

——英译者注

（这几句诗引自英国讽刺文学大师乔纳森·斯威夫特[Jonathan Swift，1667 - 1745]的作品《致圣帕特里克大教堂教长斯威夫特博士的悼词》[Verseson the Death of Dr. Swift，D. S. P. D.]，该诗最早于1739年发表，讽刺了拉罗什富科的箴言“从我最好的朋友所经受的苦难中，我们能够发现一些并不令我们反感的东西”。——中译者注）

㉒ 多少人褒古贬今，只是因为他们不愿被迫承认他们中间有诸如洛克、塞涅卡、维吉尔这样的人。

㉓ 朗吉努斯（Longinus），古希腊文艺批评家，可能生活于公元一世纪至三世纪，据认为是《论崇高》一文的作者。——中译者注

生产不出任何优秀的东西，这种无能造就了批评者。他们的工作不值一哂。如果诸如德方丹[24]这样的作家乐意的话，就让他们去抚慰那些愚蠢的人好了。他们嘲笑得越厉害，就越能证明天才的伟大。

充满恶意的指责是妒忌给予的表扬。这是作者所收获的第一篇颂词，也是他能够从竞争对手那里获得的唯一一篇颂词。人们的喝彩里总是带着几分不情愿，他们会认为只有自己才配得上表扬。几乎每一个人都能让自己确信自己的长处。他有常识？那相比于天才，他更看重自己的常识。他拥有某些不值一提的美德？那相比与某些伟大的才能，他更看重自己的美德。我们贬低一切不属于自己的东西。只有一种人会相信自己没有妒忌心，那就是从未审视过自己内心的人。

保护并颂扬天才的，只有年轻人(16)，以及极少数博学多识、道德高尚的人。但对一个作家来说，他们软弱无力的保护(17)既给不了褒奖，也给不了重视。可是，一般用来培育才能和美德的养分是什么？重视和褒扬。如果被剥夺了这种给养，那么两者就会衰微，甚至湮灭。灵魂的活力与能量不复存在，正如火焰在没有东西供它燃烧时就会熄灭。

在几乎一切政府中，才能就像罗马人的囚犯，被定罪之后就丢给了野兽，成了后者的猎物。天才在宫廷中受到了贬低，然后呢？妒忌包揽剩下的事情(18)，它扑灭天才的星火。当功绩不得不一直与妒忌展开搏斗时，如果获胜的一方不会得到任何赏赐，它就会精疲力尽，最终逃离战场。我们热爱研究与荣誉，并不是出于它们本身，而是为了它们所能带来的快乐、尊崇和权力。为什么？因为一般而言，我们更渴望自己能受人尊崇，而不是供人臧否。大多数作家急切盼望的只是当下这一刻的荣誉(19)，他们去迎合自己所属时代与民族的偏好(20)，所以呈现给人们的只是适合于当下的

㉔ 德方丹(Pierre François Guyot-Desfontaines，1685－1745)，法国记者、文学批评家，曾与伏尔泰发生过激烈的论战。——中译者注

以及合乎当权者胃口的观念，而从当权者那里，他们可以期待获得金钱、重视和转瞬即逝的成功。

然而，有一些人轻视瞬间的荣誉，他们把想象力延伸至未来，提前享受后世的颂词与尊敬。这些人担心自己身犹在但名已灭(21)，单单出于这个动机，他们就放弃了当下这一刻的荣誉与重视，转而希望得到更大的荣誉和更多的重视，虽然这种荣誉和重视有时比较遥远。这些人很罕见，他们只从可敬的公民那里博取喝彩。

索邦神学院对马蒙泰尔的指摘是什么(22)？他们的喝彩反而会让他感到羞愧。头上顶着用愚蠢编织成的花环，这会让天才感到不自在，就像人们在朗格多克的那间正方形房子的顶部安装的新装饰，过往的旅人会说："注意看那顶戴在凯撒头上的小丑帽子。"

虽说这些人极度渴望获得持久的声誉，但我们不要认为，他们对荣誉和真理的热爱是出于这两者本身。如果说，爱自己必然胜过爱其他一切事物，这是每个个体的天性，那么对一个人来说，对真理的热爱必定从属于对自身幸福的热爱。他爱的只是真理中那些可以增加自身福祉的手段。因而，在荣誉和真理都遭到贬低的国家之中和政府治下，人们不会追求它们中间的任何一者。

本章与上一章的结论是，对人类来说，妒忌的怒火，对财富和才能的欲望，对重视、荣誉和真理的热爱，都只不过是伪装成不同名称的对权力的热爱(23)。

第七节　论正义

正义守护着公民的生命与自由。人人都渴望享有属于各自的财产，因此人人都想要别人达到正义的要求，想让他们公正地对待自己。但谁又热衷于公正地对待别人呢？人们热爱正义，是为了正义本身，还是为了它所带来的重视？这构成了我要探究的主题。

在大多数情况下，人是不自知的。我们在人的行为和话语之间感知到那么多的矛盾[25]，所以如果要了解人，就必须考察人的行动与天性。

第八节　论自然之人所理解的正义

为了对人作出判断，让我们考虑一下处在原始状态中的人，一个凶猛的野蛮人。这个野蛮人会对公正表示热爱和尊敬吗？不。他在意的是强力。他的内心并没有任何关于公正的观念，他所使用的语言也没有表达公正的词汇。他能对正义产生什么样的观念呢？不义又是什么呢？不义就是对规约或法律的侵犯，而这种规约或法律是为了多数人的利益制定的。因此，不义不可能先于规约、法律以及共同利益的确立。在法律制定之前，不存在不义。Si non esset lex，non esset peccatum（如果没有法律，就没有罪行）。那么，法律的确立以什么为前提呢？

第一，人们在一个或大或小的社会中结合在一起。

---

[25] 就像在宗教领域中一样，在道德领域中，真诚的人很少，伪君子却一大堆。成千上万的人用不属于他们，也不可能属于他们的观点来装点自己。当我们比较他们的行为和话语，我们只能发现一些欺世盗名的无赖。一般而言，对于那些自认为一身正气，并以古罗马人自诩的人，我们要对他们的品格保留几分怀疑。大幕拉开的那一刻，确实有些人看上去真的很高尚，他们将在世界舞台上大显身手。但在幕后，有多少人依然保留着公正的品格，并总是满足正义的要求？

关于古罗马法律与风俗的知识，使我确信古罗马人对美德的热爱。如果没有这种知识，现代罗马人的品德会让我对古罗马人的品德产生怀疑。关于奇迹，枢机主教贝萨里昂（贝萨里昂［Basilios Bessarion，1403－1472］，罗马天主教会枢机主教，杰出的希腊学者，对古希腊文化在欧洲的复兴做出过巨大的贡献。——中译者注）曾说：**新的让旧的变得可疑**。我想说的也是这个。

公正而理智的人不会装出一副为了正义而热爱正义的样子。他无可指摘。我们坦率地承认：在我们的一切行动中，在意的只有自己的幸福，不过我们总是把自己的幸福与同胞公民的幸福弄混。很少有人对它做出恰当的安排。

第二，能够对一定数量的观念加以传达的语言形成了。[26]

如果有些野蛮人的语言所包含的声音或叫喊不超过五到六种，那么语言的形成必定是若干个世纪的工作，而在这项工作完成之前，他们既没有规约也没有法律，必定生活在战争状态之中。

人们会说：这是一种非常不幸的状态；作为法律的创造者，这种不幸必定迫使人们去接受法律。确实如此。不过，在法律得到接受以前，人们虽然不幸，但至少不是不义的。针对田地或果园的产权或划分尚且不存在，怎么能说他们强占了当前占有者的田地或果园，并犯下了抢劫的罪行呢？在公共利益将“先占先得”之法宣布为神圣不可侵犯以前，一个居住在林区的野蛮人被另一个更强壮的野蛮人赶走之后，又能想出什么样的办法呢？

他会说：你有什么权利把我从我占有的东西上赶走？

另一个人说：你对这些被占有的东西又拥有什么权利呢？

第一个人说：偶然性带领我一步步走向这里；它属于我，因为我居住在上面，而土地是属于第一个占用者的。

另一个人回答：第一个占用者的权利又是什么呢(24)？如果偶然性领着你第一个来到此地，它也给了我必要的强力把你从这里赶走。在这两种权利中，哪一个具有优先权呢？你想知道我的一切优势吗？仰望苍穹，老鹰向鸽子猛扑过去；远眺大地，狮子把

---

[26] 根据洛克先生的见解：“法律是对民众作出规范的规则，它具有给予奖励或惩罚的约束力，能够对民众的意志作出规定。”在他看来，对法律的遵守或违反会带来奖励或惩罚，这是一切法律的前提。

根据这个定义，在一个开化民族中，一个侵犯了规约却又不受制裁的人即便逍遥法外，他也是不义的。但在一切规约确立之前，在一种能够对不义加以表述的语言形成之前，他还会是不义的吗？并不是。因为在这种状态下，人们对财产没有任何观念，因而对正义也没有任何观念。

关于这个问题，经验是如何教导我们的呢？无论是在道德领域还是在自然领域，我们都要把那些看似最合理的理论交由经验处置，单凭经验就可以确定这些理论的真伪。经验告诉我们：人在拥有关于正义的观念之前，拥有的是关于强力的观念；一般而言，人并不热爱正义；即便是在开化民族中，人们虽然张口闭口都是公正，但没人在意它，除非一种与他的权力旗鼓相当或比之更胜一筹的权力令他感到恐惧，使他不得不在意公正。

雄鹿当做自己的猎物；凝视大海，鲷鱼被鲨鱼吞进肚子里。大自然中的一切都表明“弱肉强食”。强力是神的礼物，所以我有权利占有我能够夺取的一切。上苍既然赐予我这双不安分的手臂，就已经宣布了它的意志。要么就从这儿离开，向更胜一筹的强力屈服，要么就去勇敢地战斗(25)。

如果“先占先得”之法尚未确立，那么针对这位野蛮人的此番论说，我们又能作何回应？又能指控他做出了什么不义之举？

因此，正义以法律的确立为前提，对正义的遵守以居民的权力均衡为前提。对这种均衡的维护，是立法科学的杰作。正是由于彼此间保持着一种有益的恐惧，人们才会公正对待彼此。如果这种恐惧不再是互相的，正义虽变成了一种值得称道的美德，但一个民族的立法工作也就踏进了邪路。人们不得不遵守正义，这是完善立法的前提。

孤独的野蛮人不知正义为何物。如果开化之人拥有关于正义的观念，这是因为他们懂得法律。但他们是出于正义本身而热爱正义吗？在这个问题上教导我们的，必然是经验。

第九节　论开化之人与开化民族所理解的正义

人对于正义的热爱是什么？为了回答这个问题，我们必须让他高居一切希望和恐惧之上，让他成为一位东方的君王。

他端坐于王位，可以不受限制地向人民课税。他应该这么做吗？不应该。国家的需求是衡量一切税收的尺度，每一项超出这种需求范围的税收，都是抢劫，都是不义。这是最显而易见的真理。然而，尽管人们自诩热爱公正，但亚洲的每一位君王都做过这种不义之举，而且不知悔改。从这个事实中，我们能得出什么结论？人们之所以热爱正义，要么是因为惧怕由不义之举招致的恶果，要么是因为渴盼由尊崇和重视带来的好处，总之，渴盼由正义的实践带来的权力。

我们有必要培养道德高尚的人，实施奖励或惩罚，制定明智的法律，确立合乎规范的政府形式，而这种必要性很显然证明了上述真理。

把我有关人的论述运用于民族。两个毗邻的民族，他们在某些方面处于相互依赖的关系之中，因而他们被迫要在彼此间达成规约，并制定出民族层面的法律。他们会对此表示尊重吗？当然，只要他们相互恐惧，只要某种权力平衡在两者间持续存在。当这种平衡被打破，最强大的民族就会无所顾忌地撕毁规约(26)。它变得不义，因为即便如此它也不会受到任何惩罚。

人类对正义的尊敬受到那么多的吹捧，但它从来[27]都只是对权力的尊敬。

在战争中，没有任何一个民族不声称正义是站在自己这一边的。不过是在什么时候、什么情况下呢？当周围都是强大的民族，而它们又可以介入交战双方的争端时。它们打着正义的幌子所为何事呢？为了表明自己的敌人才是不义的，才是野心勃勃、令人畏惧的；为了挑起其他民族防备它们的戒心；为了缔结联盟，借助盟友的强力使自己更加强大。一个民族对正义发出这样的呼唤，其实是为了增加权力，确保相对于竞争民族的优势。因而，诸民族表面上热爱的是正义，但真正热爱的只是权力。

为了确证这条真理，就让我们设想一下，如果与这两个竞争民族相邻的民族都全然埋首于自身的事务，无法介入到他们的争执之中，那么会发生什么？这两个民族中较强大的一方完全不会诉诸正义，也不会在意公正与否，而是明火执仗地踏进敌人的国土。强力因此成为权利，弱小的被征服者则落入悲惨的境地。

当布伦努斯带领高卢人进攻时，罗马的大使们说：“克鲁西姆

---

[27] 也许有很多人，而且肯定有一些人，在仔细审视自己的内心之后，无法赞同作者在这里给出的强势判断。至于这些人对正义的真正热爱是源自一些得到人力提倡和长期践履的原则，亦即源自教育，还是源自天赋的原则，这个问题在这里是无关紧要的。——英译者注

人[㉘]又如何冒犯了你们?”布伦努斯嘲笑这个问题,他回答道:“他们的冒犯就是拒绝与我们分享他们的国家。这也是阿尔巴地区的人民、菲登扎人、阿尔代亚人先前对你们的冒犯,这也是威尼蒂人、法利希人、沃尔希人之后对你们的冒犯。为了报仇,你们拿起武器,用他们的血洗刷自己受到的伤害。你们征服了这些人,洗劫他们的房屋,把他们的城市与国家夷为平地。你们并没有做错什么,也没有行不义之事。你们遵循那些最悠久的法律,它要求把弱者占有的东西交给强者。至高的自然法从上帝开始,一直延伸到禽兽才结束。罗马人啊!收回你们对克鲁西姆人的怜悯吧!高卢人尚不知同情为何物,不要在他们身上激发出这种情感,以免他们同情那些被你们蹂躏的民族。”

几乎没有什么首领能像布伦努斯一样有魄力、真性情。他们的语言或许不同,但他们的行动却如出一辙。事实上,他们对正义抱有同样的轻蔑(27)。

整个世界的历史就是对这条真理的无数次的重复证明(28)。匈奴人、哥特人、汪达尔人、苏维汇人以及罗马人的侵略,西班牙人和葡萄牙人对东印度群岛和西印度群岛的征服,还有我们的十字军东征,这一切都证明了,民族在开拓事业的过程中请教的并不是正义,而是强力。这就是历史向我们呈现的图景。这条驱动着民族的原则必然以类似的方式驱动着组成民族的个人。那么,就通过民族的行动去阐明个人的行动吧。

第十节　与民族一样,个体对正义的尊崇仅仅是出于由正义带来的重视与权力

一个人相对于他的同胞公民就像一个民族相对于另一个民族,他们都处于几乎相同的独立状态之中。那么,人们对正义的热

㉘ 克鲁西姆(Clusium)是意大利中部地区的古老城市,据记载,公元391年该城遭高卢人围攻,克鲁西姆人请求罗马介入调停。——中译者注

爱(29)仅仅是出于由正义带来的权力与幸福。事实上，除了对权力的极端热爱，我们还能为我们对征服者的崇敬找到其他什么原因吗(30)？海盗德米特里乌斯[29]曾对亚历山大说过："征服者是这样的人——他率领成千上万的士兵，一下夺走成千上万个钱袋，割开成千上万个公民的喉咙；强盗以较小的规模做的事情，他以更大的规模去做；他比强盗更不义，对社会更具毁灭性。"强盗让个人感到恐怖，而征服者就像暴君一样祸害整个民族。但又是什么让我们尊敬亚历山大大帝和科尔蒂斯[30]，却贬低加尔杜什和拉菲亚[31]呢？是前者的权力和后者的无能。我们贬低的恰恰不是强盗犯下的罪行，而是强盗的软弱(31)。征服者带着强权出现在世人面前。我们也想拥有相同的权力，而且我们不可能贬低自己祈求获得的东西。

人们如此热爱权力，以至于在任何情况下，对权力的运用都是合意的，因为这让他回想起自己对权力的占有。人人都想拥有巨大的权力，但人人都明白，自己不太可能每时每刻都兼得公正与权力。毫无疑问，人们对权力的运用恰当与否，这取决于他们接受的教育。但教育做得再好，也没有哪个伟大人物从未做过某种不义之事。权力的滥用是与权力的存在联系在一起的，正如结果是与

---

[29] 此处德米特里乌斯(Demetrius)指的应是破城者德米特里乌斯一世(Demetrius I Poliorcetes)，公元前 294 至公元前 288 年为马其顿国王；海盗的名号或许缘于他与父亲安提戈努斯(Antigonus)在围攻罗德岛时曾得到过海盗的帮助。此处亚历山大(Alexander)指的应是亚历山大五世(Alexander)，公元前 297 至公元前 294 年为马其顿国王，曾被共同执政的兄弟流放，之后向德米特里乌斯求助，但当后者到达时，亚历山大与其兄之间的权力斗争已经得到了解决，德米特里乌斯的到来不再受到欢迎。根据普鲁塔克的记载，亚历山大表面上热情接待德米特里乌斯，背地里却伺机除掉他，但计划败露，他最终被德米特里乌斯暗杀。——中译者注

[30] 科尔蒂斯(Hernán Cortés, 1485－1547)，西班牙征服者。他于 1519 年率领一支探险队入侵墨西哥，1521 年征服了阿兹特克帝国并建立起西班牙殖民统治。——中译者注

[31] 加尔杜什(Cartouche)是法国有名的侠盗，据说常常劫富济贫，帮助巴黎周边的穷人。他于 1721 年受刑，被固定在轮子上打断身体。拉菲亚(Raffiat)是十八世纪的法国强盗，于 1742 年被处以和加尔杜什相同的刑罚。——中译者注

原因联系在一起的。高乃依说过：

> Qui peut tout ce qu'il veut, veut plus que ce qu'il doit.（32）
>
> 能够为所欲为的人，欲得的总是多于该得的。

这段文字是一条得到经验确证的道德公理。况且，还没有人因害怕自己会受到不义的诱惑而拒绝了高位。[32]

因此，我们对公正的热爱总是从属于我们对权力的热爱。人们心心念念的只有自己，只会去寻求自己的幸福。如果他对公正抱有敬意，那么是需求迫使他这么做的(33)。

如果权力不相上下的两个人之间出现了某种纠纷，双方由于受制于一种相互的恐惧，于是都去呼唤正义，接受正义的裁决；因为这样一来，他就可以把公众拉拢到他这一边，以此获得相对于对手的某种优势。

但让其中一个人在权力上拥有相对于另一个人的巨大优势，如此一来，他就可以肆无忌惮地洗劫后者；他对正义的声音充耳不闻，不再诉诸法律，而是直接发号施令。在强者和弱者之间作出裁决的，并不是公正，甚至连徒有其表的公正都不是，而是强力、犯罪和暴政。正因为如此，土耳其帝国的政府才把那些受其压迫的无能者发出的抱怨称作是煽动性的言论。

为了更清晰地展现出人类对权力的酷爱，我会在上述证明之外再补充一个最具说服力的证明。

第十一节　在每一种政府形式治下，对权力的热爱是人类行为的唯一动机。

孟德斯鸠先生说过："相应于每一种不同的政府形式，都会存

---

[32] 对这句话的理解必须要限制在一定的范围内。很多人由于惧怕诱惑，并且意识到自己的不足，所以拒绝了权力。

在一种不同的行动本原。专制国家中的恐惧、君主国家中的荣耀以及共和国中的美德都是推动性本原。”

但孟德斯鸠先生把这个断言建立在什么样的证明之上呢？[33]在不同的政府中，恐惧、荣耀以及对真理的热爱分别是不同的动机，这一点真的那么显然吗？难道我们不能做出相反的断言吗？也就是说，在一切帝国中，只有一个原因是活动的本原，但这个原因在应用上则有各式各样的变化。如果孟德斯鸠先生没有被上述划分方式的直观形态影响得那么深，对这个问题的探讨也采取了更加审慎的态度，那么他原本可以获得更加深刻、清晰而普遍的观念，他会从对权力的热爱中察觉到适用于每一个人的推动性本原；他原本可以在各种各样获取权力的方式中发现这种本原，我们在任何一个时代任何一个国家，都要把它视为人们各种不同行为的原因。事实上，在任何一个民族，权力要么集中于一人之手，如摩洛哥和土耳其；要么在若干个人之间分配，如威尼斯和波兰；要么在整个民族中间划分，如斯巴达、罗马和英格兰。依照这几种划分

㉝　孟德斯鸠先生说：在专制国家中，恐惧是推动性的本原。但他搞错了。恐怖并不会拧紧心灵的发条，反而会让它变得松弛。我认为，只有绝大多数居民一直渴望的对象才是一个民族的活动本原。在专制国家中只有两个：一个是对金钱的欲望，另一个则是君王的青睐。

按照那位作者的见解，在另外两种政府形式中，存在着另外两种性质迥异的推动性本原，在君主国中是荣耀，而美德则仅适用于共和国。

“荣耀”与“美德”这两个词的词义确实不完全相同，然而如果“荣耀”这个词总是能让心灵浮现出关于某种美德的观念，那么这两个词也只是在词义的范围上有所不同。因此，作为本原，荣耀与美德具有相同的性质。

如果孟德斯鸠先生并没有打算要为每一种政府形式赋予不同的行动本原，那么他原本会在一切政府形式中察觉到相同的本原。这就是对权力的热爱，因而也就是受到国家的不同构成形式以及国家的若干立法活动调整的个人利益。如果如他所言，美德是共和国的活动本原，那么这至多适用于贫穷又尚武的共和国，对那些重商的共和国，对黄金的热爱才是活动本原。

因此，似乎在一切政府中，人们都服从自己的利益，但这种利益在各个政府中并不相同。我们越是在这一方面对一个民族的习俗做更多的考察，我们就越是相信，他们的恶行或美德正是源自他们的立法活动。在我看来，孟德斯鸠先生就这个问题提出的原则表面光鲜亮丽，实则站不住脚。

权威的方式，我们发现，居民们也随之形成不同的习惯和风俗，不过所有的人都会提出相同的目标，即取悦最高权力，让自己得到它的垂青，从而获得一部分它的权威，或者沾上这种权威的光。

论单个人的政府

如果这个政府纯粹是专横的，最高权力就落在苏丹的手里，而一般而言他受到的教育很糟糕。他是不是庇护某些恶行？他是不是既不人道，也不热爱荣誉？他是不是牺牲臣民的幸福来迎合自己的心情？朝臣只顾赢得苏丹的青睐，他们模仿苏丹的行为；专制者对爱国的美德越是冷漠，他们也就越倾向于蔑视这些美德。

在这种国家里，我们不会找到诸如泰摩利昂、利奥尼达斯、雷古鲁斯这样的人。不对道德高尚的人展现出一定程度的重视和尊敬，就不可能培养出这样的公民。而在罗马和希腊，有德之士确信自己能够获得全民族的尊崇，他会发现自己处于至高无上的地位。

在专制国家，正派的人又能得到什么尊敬呢？苏丹是唯一实施奖励和惩罚的人，他把一切重视都据为己有。在那里，一个人只能靠反射苏丹的光芒才能发出光亮，而且，最卑鄙的宠臣和最伟大的英雄平起平坐。在每一个这种类型的政府中，力争上游的雄心必定会遭到扼杀。专制者的利益常常有悖于公众的利益，它必定会把任何有关美德的观念都弄得不清不楚。对权力的热爱作为每个人的推动性本原，不可能在那里培养出公正有德之人。

论若干个人的政府

在这类政府中，最高权力掌握在一定数量的大人物手中。贵族团体是专制者(34)。他们的目标是要让民众处于可耻而残酷的贫穷与奴役之中。那么，为了得到他们的保护和青睐，要做些什么呢？进入他们的视野，支持他们的暴政，不断牺牲大多数人的幸福去迎合少数几个人的骄傲。在这样的民族中，对权力的热爱也不可能产生优秀的公民。

论一切人的政府

在这种国家，最高权力在一切等级的居民之间得到了平等的划分。故而整个民族才是专制者。它要求什么？最大多数人的幸福。通过什么样的手段才能博得它的青睐？为它服务。每一个满足最大多数人幸福的行动都是公正而高尚的，因此，对权力的热爱作为这些居民的推动性本原，必定迫使他们去热爱正义和才能。

这种热爱产生了什么呢？公众的幸福。

在一切等级的居民中得到划分的最高权力，是平均分布在一切国家成员之中的灵魂。它驱使着国家，令国家健康又充满活力。

因此，这种政府形式总是被列举为最优秀的形式，对此我们无需惊讶。自由而幸福的公民只会服从他们自己建立的法律，地位高过他们的也只有公正与法律。他们和平地生活，因为和在自然中一样，在道德中，正是力的均衡产生了平静的状态。如果一个充满野心的人打破了这种均衡，先前存在于若干公民等级之间的相互依赖关系消失了。此外，如果有某个人的利益是与该民族的利益相分离的，就像波斯那样，抑或有某个团体的利益是与该民族的利益相分离的，就像波兰那样；那么，人们只能看见压迫者和被压迫者，居民被划分为两个阶级：暴君和奴隶。

如果孟德斯鸠先生深入考虑过这些问题，那么他原本会察觉到：在每一个国家，把人们统一在一起的是对权力的热爱；但获得权力的手段有所不同，这取决于最高权力是集中在单个人的手中，就像东方国家那样，还是在贵族团体中间划分，就像波兰那样，还是在国家的诸个等级之间划分，就像罗马和斯巴达那样；而导致人们作恶或行善，正是获得权力的不同方式；并且，人们对正义的热爱并非出于正义本身。

对这条真理最有力的证明之一，就是各个国王在向克伦威尔本人的不义表示尊重时所展露出的那种卑劣。这位克伦威尔凭着自己的罪行不自觉地充当了实现该国未来自由的工具，但他不过是一个无法无天、令人畏惧的强盗。可是当他得到“护国主”这个称号之后没多久，所有的基督教君主都去巴结他，并派遣代表团和使节，提议要合法化这位篡权者的罪行，只要这么做不超出他们的权力范围。根本没有人在意这种乞求与他结盟的做法有多么卑劣。因此，只有弱者的不义才会遭到贬低。如果君王和整个民族的推动性本原就是组成民族的个体的推动性本原，我们就可以放心地认为：人们只热衷于博取更多的重视，而在正义中人们所热爱的，也只是正义能够给自己带来的权力和幸福。

人们要将自己对美德的热爱归功于这同一种动机。

第十二节　论美德

"美德"一词平等地适用于审慎、勇敢和慈善㉞，因而它的意指并不明确。但它使心灵浮现出的模糊观念总是与某种裨益社会的性质有关。

当绝大多数的公民都拥有这类性质时，这个民族于内是幸福的，对外则是令人生畏的，并值得后世效仿。㉟ 美德总是有益于世人，因而总是值得尊敬的；至少在某些国家，它应当给它的拥有者带来权力和重视。可人们恰恰把这种对重视的热爱误认为是对美德的热爱。每个人都做出一副出于美德本身而热爱美德的样子。这句话人人都挂在嘴上，却没有人记在心里。出于什么动机，僧侣

㉞ 西塞罗说：virtue(美德)是从 vis(力量)一词派生出来的，它自然的含义是"**毅力**"。在希腊语中，"美德"一词拥有相同的词根。"强力"和"勇气"是人们能够最早形成的对于美德的观念。

㉟ 每个人必定既有邪恶也有美德，
人人都有一个度，极少有人太出格；
恶棍和蠢人不时也会公平和明智，
最优秀者偶尔也会被自己轻视；
我们只是部分地追随善良与邪恶，
自我引领着它，无论恶行抑或美德。

——蒲柏

——英译者注

(这几句诗引自蒲柏《人论》的第二封信札。——中译者注)

才去斋戒、穿上苦行服并鞭笞自己呢？是对永福的希冀，亦即对地狱的恐惧和对天堂的向往。

快乐和痛苦是修士美德的生成性本原，也是爱国美德的本原。对奖励的希冀让这种美德兴盛起来。无论我们把对美德的热爱表现得有多么不计利益，**但如果热爱美德无利可图，那么也就没有美德**。在这方面，为了对人加以了解，我们必须通过他的行动，而非对话去考察他。当我张口说话，我就戴上了面具，而当我做出行动，我就被迫把面具摘下。因此，并不是通过我说了什么，而是通过我做了什么，人们才会对我做出判断，而且是正确的判断。

还有谁会比教士阶层更热衷于宣扬对谦卑和贫穷的爱？还有什么会比教士阶层自身的历史更有力地证明了这种爱有多么虚伪？

据说，巴伐利亚的选帝侯在供养自己的军队、警察和法院上花费的资金，还不及教会在供养自己的司铎上花费的资金多。但在巴伐利亚，就像在其他任何地方一样，教士阶层宣扬的是贫穷带来的美德。所以说，他们提倡的是别人的贫穷。

为了了解人们对美德的尊崇到底是什么，让我们设想美德被放逐到某个君王的辖区，在这里，美德既不能期待恩惠也别指望得到垂青。在他的宫廷里，美德将会受到怎样的尊敬呢？它不会受到任何尊敬。在那里，得到尊敬的只有卑劣、阴谋和残忍，它们化名为得体、智慧和坚定。维齐尔接见来宾，贵族们拜倒在他的脚下，几乎无法对功绩表示出任何垂顾。但有人会说，这些朝臣的效忠是被强迫的，是由他们的恐惧导致的。就算是这样，恐惧得到的尊敬也比美德要多。还有人补充道，这些朝臣贬低他们崇拜的偶像。没这回事。人们憎恶有权力的人，但并不贬低他们。我们贬低的并不是巨人的激愤，而是矮人的激愤，他的无能让自己沦为笑柄。不管怎么说，我们都不会真正去贬低一个我们不敢当面贬低的人。背后的轻蔑证明的是自己的软弱，在这种情况下，人们的自我吹嘘不过是一种成不了气候的憎恨所夸下的海口(35)。当权者是人间的巨兽，他总是受到尊敬。对美德的效忠是短暂的，对强力的效忠则是永恒的。在丛林中，受到尊重的是狮子而非雄鹿。强力是大地上的一切。美德若失去了影响力，就变得无足轻重了。如果说，在受压迫的年代里，美德有时仍闪耀着最动人的光泽；如果说，当底比斯和罗马在暴政之下怨声载道时，那位无畏的佩洛皮达斯[36]和那位高尚的布鲁图仍拿起武器奋起反抗；这是因为，暴政手中的权杖仍不稳固，美德仍然可以打开一条通往光荣和权力的途径。当美德再也找不到出路，当暴政借助奢靡和卑劣的手段，稳稳坐在它的宝座之上，让民众向奴役折腰，那么就再也见不到这些崇高的美德了；而在此之前，通过榜样的影响，这些美德仍有可能裨益人类。英雄主义的星火被熄灭了。

在东方，拥有阳刚美德的人是愚蠢的，即便在那些仍自诩正派的人看来也是如此。在那里，无论是谁为民请命，他都会被当成一个煽动者。

塔马斯·古力可汗[37]率军进入印度，所到之处尽是烧杀抢掠，一时满目疮痍。一个有胆量的印度人让他停下，对他说："塔马斯啊！如果您是一位神，就像神那样做事吧。如果您是一位先知，就带领我们走上那条救赎之路吧。如果您是一位国王，就不要再做野蛮人。保护人民，不要毁掉他们。"塔马斯答道："我不是什么神，要像神那样做事；我也不是什么先知，来带领你们走向救赎；也不是什么国王，要让你们得到幸福；我是一个人，是愤怒的上天派来严惩这些民族的(36)。"这个印度人说的话被视为煽动性的言论(37)。而塔马斯的回答赢得了军队的喝彩。

---

[36] 佩洛皮达斯(Pelopidas)，古希腊名将，底比斯政治家。公元前379年，他曾带领军队击败斯巴达在底比斯的守卫军，推翻受到斯巴达支持的底比斯寡头政体。——中译者注

[37] 塔马斯·古力可汗(Thamas Kouli-Khan)，又作纳迪尔沙(Nader Shah)，于1736年至1747年为波斯国王，在位期间穷兵黩武，建立了庞大的军事帝国。1739年卡诺城一役，大破莫卧儿帝国军队，率军进入德里，抢掠大量珍宝财物。纳迪尔沙个性残暴，诛杀无度，1747年6月在呼罗珊城下军帐中被人刺杀。——中译者注

如果舞台上有一个角色博得了人们普遍的崇敬，她就是利奥蒂娜。但在弗卡斯[38]的宫廷里，这样的角色又能受到什么样的尊崇呢？她的雅量会让那些宠臣警惕起来，而最终沦为大人物传声筒的民众也会谴责她高贵的胆识。

在东方的宫廷里待上一天，就可以证明我在这里提出的观点。在那里，只有横财与权威才会受到尊敬。那里的人们怎么会尊崇美德？恐怕连美德是怎么一回事儿都不知道。为了形成关于美德的清晰观念，我们所生活的国家(38)必须将公共效用当做衡量人类行为的唯一尺度。地理学家尚不知道这样的国家。但有人会说，欧洲人至少在这一方面与亚洲人大相径庭。如果说欧洲人不自由，至少他们没有彻底陷入奴隶制的泥淖。因此，他们能够知道美德是什么，也可以尊崇美德。

第十三节　论绝大多数欧洲人考虑美德的方式

绝大多数欧洲人民理论上尊敬美德，这是他们的教育导致的结果；但他们实务上贬低美德，这是他们的政府形式导致的结果。

如果欧洲人崇敬历史上的慷慨行动，并为舞台上的这种行动喝彩，而亚洲人对此却无动于衷，那么正如我刚刚说过的，这缘于欧洲人的教导。

对希腊罗马历史的研究构成了这种教导的一部分。在研究的过程中，心灵只要不带私利与偏见，又怎么不会被驱使着远古英雄的爱国情感打动呢？年轻人无力抗拒自己对这些美德的尊崇，而这些美德在人们普遍的尊重中变得神圣了，它们得到每个时代最杰出作家的称颂。

---

[38] 弗卡斯(Phocas)，拜占庭帝国皇帝，602 年至 610 年在位。他从之前的皇帝摩里士那里篡夺了皇位，但之后在内战中被希拉克略(Heraclius)推翻并杀死。莱昂蒂娜(Leontine)是弗卡斯的妻子。作者此处似乎在引述高乃依的戏剧《希拉克略》中的情节，弗卡斯和莱昂蒂娜均为戏剧中的人物。——中译者注

由于缺乏同样的教导，亚洲人并没有同样的感受，对伟大人物身上阳刚美德也并不怀有那份敬意。如果欧洲人崇敬它们却又不照着做，那是因为几乎没有哪个政府让这些美德成为通往要职的途径，真正受到尊崇的只有权力。

当我看见希腊、罗马、不列颠或斯堪的纳维亚的伟大人物在历史中或舞台上再现，我崇敬他。自幼就被灌输的美德原则驱使我这么做。而当我不以任何方式拿自己和那位英雄比较时，我就更乐于鼓动这种情感。如果他有着坚定的美德，但我的却比较虚弱，那么我就会把这种虚弱伪装起来。我会指出自己在两者之间观察到的地点、事件和境遇上的差别。但如果这位伟大人物是我的同胞公民，我为什么不去模仿他的行为呢？他的出现击垮了我的骄傲。如果我能为自己报仇，我就会去报仇。古代人身上那些令我为之喝彩的东西，放在他身上就成了我指摘的对象。我会怒斥他那些慷慨的行动，我要贬损他的功绩，最起码也要在表面上贬低他的无能。

我的理性对逝者的美德作出判断，它要求我在沉思中尊崇那些为自己的国家作出过贡献的英雄们。古代英雄主义的图景会在每一个没有彻底堕落的心灵中产生出一种不由自主的尊敬。但在我的同时代人中，这种英雄主义令我反感。他的现身令我产生两种矛盾的情感，一种是尊崇，另一种是妒忌。听命于这两种不同的冲动，我憎恶这位活着的英雄，但在他的墓前我却又立起了一座丰碑，这样既满足了我的骄傲又满足了我的理性。当美德没有权威时，它的无能赋予我贬低它的权利，并且我也利用这种权利。软弱招致嘲笑和侮辱(39)。

当我们在世的时候，如果想要被尊敬，我们必须掌握权力(40)。因此权力是人们唯一的欲望对象。如果一个人要在恩塞拉都斯的力量和阿里斯提德[39]的美德之间做出选择，他会倾向于前

---

[39] 恩塞拉都斯(Enceladus)，古希腊神话中与奥林匹斯诸神作战的巨人之一。阿里斯提德(Aristides，公元前530年—公元前468年)，古代雅典的政治家，古希腊历史学家希罗多德称他为“雅典最优秀、最可尊敬的人”。——中译者注

者。在一切批评家看来，埃涅阿斯这个角色要比阿克琉斯这个角色更公正、更高尚。但为什么后者却激起了更多的崇敬之情呢？因为阿克琉斯更加强大，相比于公正，我们更渴望变得强大，而我们总是崇敬我们想要成为的那种人。

在美德的名义下，我们寻求的总是权力和重视。但在舞台上，我们总要让美德战胜恶行，这又是为什么？这条规则源自何处？源自我们内心中一个模糊的感受：我们在美德中热爱的只是美德带来的重视。人们真正牵挂的只是权威，而正是对权力的热爱为立法者提供了让人们变得更加高尚、更加幸福的手段。

第十四节　对人来说，对权力的热爱是最适合获得美德的倾向。

如果美德是特定机体组织的产物，或是上帝赐予的礼物，那么除了那些被大自然按照特定方式构造出来的人，或是那些被上天预定好的人以外，就不会有正派的人了。如此一来，法律无论好坏，政府形式无论完善与否，它们对一个民族的风俗几乎不会产生任何影响。主权者没有力量去造就优秀的公民，崇高的立法者一职在某种程度上也就失去了功能。相反，如果我们把美德视为人人共有的欲望（譬如发号施令的欲望）所导致的结果，如果立法者总能把尊崇和财富——总之就是权力——以某种名义附加于美德的实践，他就总能驱使人们去追寻美德。如若立法高明，那必定只有傻瓜才会去作恶。因此我们必须要承认，公民愚昧无知的程度或者背离道义的程度是大还是小，取决于法律的荒唐程度是大还是小。

上天用对权力的热爱来激励世人，把一种极其珍贵的礼物给予了我们。如果所有的人天生具有一种会让自己成为有德之士的激情，那么，至于人们是不是生来就具有美德，这个问题还有什么重要的呢？

当这条真理得到了彻底证明之后，在人们对于权力的普遍热爱中，去发现那些确保公民能够拥有美德以及确保民族能够获得幸福的手段，这就是执政官的工作了。

这里与我有关的是，如果我已经证明了：无论是现在还是在未来，人们都将自己的欲望、观念和行动导向自己的福祉；人们对美德的热爱总是建立在对幸福的欲望之上；人在美德中所热爱的是美德带来的财富和幸福；最后，人们中间的一切都是一种伪装起来的对权力的热爱，甚至对荣誉的欲望也是如此；那么我就完成了我的任务。可在这种对权力的热爱中，仍然隐藏着不宽容的本原。它有两类，一类是世俗的不宽容，另一类是宗教的不宽容。

第十五节　论世俗的不宽容

人生来就被痛苦和快乐包围。人渴求权力之剑，是要用它驱逐痛苦、占有快乐。在这一方面，人对权力的饥渴是不知餍足的。他不满足于对一个民族发号施令，还要对他们的思想发号施令。他迫不及待地要制服公民的理性，正如一个征服者要强取邻国的财富和省份。

如果他不能让他们的心灵也俯首帖耳，他就不会认为自己真的成了他们的主人。为了实现这一点，他诉诸强力，并最终制服了理性。要人们去相信自己被迫表达的某些观点，这也就把人彻底降格了。推理刚刚开始，便被暴力终结了。

君王的不宽容总是源自他们对权力的热爱。不按照他们的思考方式去思考，就意味着要获取一种与之分庭抗礼的权力。君王因此而震怒。

在某些国家，被处以最高刑罚的罪行是什么呢？异见。法国曾发明了一个用来实施东方酷刑的铁笼，这是针对何种罪行的呢？它会被用在谁的身上呢？是某个胆怯或无知的将军吗？他是发动了一场糟糕的围城战，还是对某个地点防守不力？还是他的无能、猜忌或者叛国导致了数个省份惨遭蹂躏？或者，是某个向人民征收苛捐杂税的大臣(41)吗？是不是因为他颁布的法令对公共福祉构成了严重的妨害？都不是。那个被处以刑罚的可怜虫是一家荷兰报纸的撰稿人，他或许是过于严苛地批评了某些法国大臣的计划(42)，让他们沦为整个欧洲的笑柄(43)。

在西班牙和意大利，是谁被丢在地牢里等死？是出卖正义的法官，还是滥用权力的总督？都不是。是一个靠卖书糊口的小贩，而在这些书里面，教士阶层的谦卑和贫穷受到了质疑。在某些国家，是谁被人们贴上“坏公民”的标签？是那些偷窃国家财富并将之挥霍一空的窃贼？并不是。几乎在每一个地方，这样的罪行都不会受到惩罚，因为他们到处都能找到自己的庇护人。只有那些在歌谣或短诗里嘲笑当权者的混账行为与无益之举(44)的人，才会被称为“坏公民”。

我见识过这样的国度：在那里，作恶的人并没有臭名远扬，反而是揭发作恶者的人身败名裂。房子是不是被人放火了？纵火者得到了恩宠，揭发纵火者的人却受到了惩罚。在这样的政府治下，对祖国的热爱和对当权者发布的不公正命令的抵制，就成了最常见的罪名。

一个无能的大臣为什么总是对功绩提出质疑？他对文人的憎恶源自何处(45)？因为在他眼中，文人就相当于为数众多的火把，可以让世人看清他那些极其蹩脚的疏忽(46)。

从前在君主的身边，会有一个很机灵的家伙，他虽然被称为弄臣，有时却能获得批准，把真理说出口(47)。如今这些弄臣遭人厌恶，他们的职位到处都被取消了，这也许是主权者在他们的从属者中间推动的唯一一项普遍性的变革。这些弄臣是有幸能够陪伴大人物的最后一批智者。如果我们想要得到大人物的接见，让他们对自己产生好感，我们就必须跟在他们后面鹦鹉学舌，并对他们的错误予以肯定。但一个睿智、坦率而又忠诚的人不会这么做。他会自主地思考，并将自己想到的东西说出口。大人物们知道这一点，所以很讨厌他。他们在他身上发现，自己的权威尚有界限。在一切人当中，正是这种人受到最严厉的禁止，不准去思考和书写有关政府的事情。结果就是，国王失去了明智之士的辅佐，他们出于对异见的暂时恐惧,牺牲了真正而持久的权力。事实上,如果一个君主只能依靠民族的力量才能强大起来,民族又只能依靠行政机关的智慧才能强大起来,而行政机关又必然要从群众中产生,那么在一个对思想者横加迫害,并让人民全都处于蒙昧状态的政府治下,这样的民族就不可能产生伟大的大臣。在那里,接受教导成了一项危险的活动,教导事业因此被摧毁了。一种傲慢的无知执掌着权杖,而人民在这柄权杖下怨声载道。用不了多久,它就会把暴君和他的民族推入那片共同的废墟(48)。这种无知就像一座磐石,即便是最伟大的帝国迟早也会迎头撞上、粉身碎骨。

第十六节　不宽容对君主而言常常是致命的

当下的权力和快乐常常毁掉未来的快乐和权力。一个君主想要在发号施令时表现出更多的主权者权威,他就会让他的臣民丧失观念、丧失精神、丧失品格(49),总之,把他们变成自动装置,让他们总是服从他所施加的影响。如果他们沦落至此,那么君主会在国内拥有巨大的权力,对外却软弱无能;他会成为骑在臣民头上的暴君,同时又受到邻国的轻蔑。

这就是专制君主一时的骄傲所导致的状况。他对自己说:我习惯于对我的人民行使权力,他们的反对常常让我意识到自己还没有掌握足够的权力,让我无法忍受。如果他因此剥夺了臣民的思想自由,他就相当于通过这个行为公开宣称:自己并不在乎人民的伟大和幸福;自己统治得是好是坏,这个问题对他来说并不重要,重要的是自己的统治能够不受任何约束。当强者开始说话,弱者就三缄其口,他低下头,不再去思考;既然他都不能交流自己的思想,他为什么还要去思考呢?

但有人会说,既然恐惧麻痹了人的心灵,而这会对国家造成伤害,那我们是不是可以得出结论说,思考和著述的自由就没有任何弊端呢?

夏尔丹说:在波斯,人们甚至可以在咖啡馆里大声斥责维齐尔的行为，并且不用担心受到惩罚；因为大臣渴望了解自己什么地方做错了，而他明白，要想了解这一点，自己只有倾听公众的声音。也许欧洲有些国家比波斯还要野蛮。

可是，如果人人都可以思考和著述，那么针对那些自己并不了解的题材，人们会写出什么样的书啊！会发表多少荒唐可笑的文章啊！不过这样更好，因为留给维齐尔们去做的的荒唐事反而会更少。评论家会曝光作者的谬误，公众会嘲笑他，而这些就是他理应获得的所有惩罚。如果立法是一门科学，那么它的完善必定需要时间和经验。无论什么题材，在出现一本卓越的著作以前，总归有无数本拙劣的著作。关于激情的悲剧在《希拉克略》、《费德拉》、《穆罕默德》[40]问世之前必定已经出现了。如果出版不再自由(50)，那么，对自身缺点没有自知之明的在位者就会不断犯下新的错误，做出的荒唐事情在数量上几乎不亚于作家发表的荒唐文章(51)。作家发表荒唐文章对一个民族几乎没有什么影响，这至多对他本人造成伤害；但大臣不去做荒唐的事情对一个民族会产生重大的影响，因为如果他做了，就会对整个民族造成伤害。

出版自由绝不会背离普遍利益(52)。对一个民族而言，这种自由支撑着力争上游的雄心。应当由谁守护这种雄心呢？掌权者。让他们小心翼翼地守护着这份雄心，使它延续下去，因为一旦熄灭了，就不可能再将它点燃。如果一个已经开化的民族又堕入了野蛮状态，怎样才能把他们解救出来呢？唯有征服。只有征服能够赋予一个民族新的风俗，使他们再次获得权力与声望。如果一个民族堕落了，就让他们被征服吧。这是一位正派公民的期望，他关注的是本民族的荣誉；他在民族的显赫中感受到自己的伟大，在民族的昌盛中感受到自己的幸福。专制者持有不同的观点，因为他不会把自己混同于自己的奴隶，所以他并不在乎奴隶的荣誉和幸福，除了他们唯唯诺诺的服从，没有什么能打动他(53)。

暴君对人民的盲从感到心满意足。他的臣民是不是缺乏美德，

---

[40] 《费德拉》和《穆罕默德》分别是拉辛与伏尔泰的悲剧作品。——中译者注

他的帝国是不是被削弱了国力,是不是因耗尽元气而走向没落,这些对他都不重要。只要疾病的迁延掩盖住真实的病因,人们又无法指控医生无知,这就够了。苏丹和维齐尔唯一担心的,是帝国里发生突如其来的动乱。有些维齐尔就像外科医生,他们只在乎国家或病人不会亡在他们手里。即便国家或病人因他们规定的生活方式[41]而死,大臣或医生的名誉也不会受到影响,他们对此不会表示任何关心。

专横的政府只关心眼前这一刻。他们向人民要求的不是勤勉和美德,而是金钱和屈服。为了更隐秘地吞噬自己的人民,专制者日复一日地给他们戴上新的枷锁,就像一只蜘蛛在一只已经被它当做猎物的昆虫周围不断缠绕新的蛛丝(54)。可当他出于恐惧,最终把人民的一切活动都给中止了,他哪里还能找到资源去抵抗周边强国的攻击呢?他没有预料到,用不了多久,他和他的臣民必定会因此而臣服于征服者的枷锁。不过话又说回来,专制主义不会预料到任何事情。

每一声告诫都会让专制者心生反感、恼羞成怒。他就像一个教育失当的孩子,他去殴打自己的母亲,只是因为自己在吃有毒的水果时,母亲把水果从他的手中拿走。在这样的统治下,人们如何看待一个有信仰、有胆识的公民呢?他被当成一个蠢货,并因此受到惩罚(55)。但在这样的统治下,人们对一个卑鄙又邪恶的公民作何观感呢(56)?他被当成一个智者,并因此获得酬报。人们会奉承苏丹(57),他们也确实在这么做。谁会一直拒绝苏丹的要求?在这样的政府治下,谁又会热切地关注公共福利?如果在帝国的某个地方出现了一位智者,人人都会对他的劝言充耳不闻。智者宛如墓穴中的灯火,它们发出的光线照不到任何人。专制者只会与那些年迈的近侍交心,他们拥有宫内的精神风貌,讲究宫廷的礼仪举止。这些阿谀奉承的人和那些加速斯图亚特王朝走向毁灭的

[41] 此处应是一个双关语,法语中 régime 既有“政体”之义,也有“养生法”之义。这里的翻译采取了折中的办法,姑且译为“生活方式”。——中译者注

人乃一丘之貉。一位杰出的英国作家说过："某些高级教士察觉到詹姆斯一世身上存在偏执的弱点，他们便利用这一点，向他进言：公众的安定依赖于一致的公共崇拜，换言之，依赖于某些宗教仪轨。詹姆斯接受了这种观点，并将之传授给自己的后代。结果是什么？家族的流放与覆灭。"

维莱乌斯·帕特库拉斯[42]说过："当上天想要严厉责罚一位君王，他就会鼓励他偏爱阿谀之词(58)、憎恶异己之见。自那一刻起，主权者的知性就被蒙蔽了。他远离了智者的陪伴，在黑暗中摸索，坠入无底深渊——正如那句拉丁谚语所言：离开了烟，掉进了火。"如果这些是上天震怒的标记，那么，有哪个苏丹没有激怒上天呢？他们当中有哪一个是从最忠实、最理智的臣民中间选出自己的亲信呢？据传言，哲学家阿纳卡西斯[43]曾以不入流的言辞奉承了一位西徐亚的国王，国王命令把他丢进石臼里肢解；但那个石臼现在已经不见了。

"人们如何谈论我和我的政府?"一个中国的皇帝对孔子说。孔子回答道："人人都保持着可悲的沉默。"皇帝说："正合我意。"孔子回答道："但这正是你应当担忧的。被奉承的病人是被抛弃的病人，他的死期将至。君王应当获悉自己心灵上的紊乱，正如病人应

[42] 维莱乌斯·帕特库拉斯(Velleius Paterculus，公元前19年—公元31年)，古罗马历史学家，著有《历史》。——中译者注

[43] 阿纳卡西斯(Anacharsis)，西徐亚哲学家，公元前六世纪曾游历雅典，以直率敢言闻名，据说是犬儒学派的先驱。可如果阿纳卡西斯是一位敢于直言的哲学家，他为何会去奉承西徐亚的国王呢？也许阿纳卡西斯看似是在奉承，实则是在反讽，所以才招致杀身之祸，但他因此而流芳百世，声名比惩罚他的刑具要长久得多。不过此处对阿纳卡西斯之死的叙述与史实有出入，阿纳卡西斯并非死于西徐亚国王之手，而是被自己的兄弟杀死的。值得一提的是，根据法文本，作者此处提到的并非"西徐亚的国王"，而是"塞浦路斯的国王"，英译本似有误译，抑或出于纠正原作者错误的目的而将地点改成了西徐亚。可是需要修改的或许并不是地点，而是人物：根据第欧根尼·拉尔修的记载，历史上确有另一位哲学家因遭受这种残酷的臼刑而死于塞浦路斯国王尼科克里昂之手，他就是古希腊哲学家、怀疑论者的先驱阿那克萨库(Anaxarchus)。爱尔维修或许混淆了这两个发音相似的名字，因此也混淆了两者的生平和死亡。——中译者注

当获悉自己身体上的紊乱。没有这种自由,国家和君主都将不复存在。”

孔子的回答令皇帝不悦,后者想要的是赞美。当前的利益几乎总是趾高气扬地压倒了未来的利益。在这方面,人民和君主其实一样。

第十七节　人民和主权者一样,都对阿谀的言辞感到快乐

和国王类似,人民也会被奉承和讨好。绝大多数雅典演说家只不过是迎合大众的马屁精。君主、民众以及个人(59)都贪恋赞美。我们能为这种普遍的激情找到什么样的原因呢?那就是对权力的热爱。

无论是谁,他只要去称赞一个人,就会唤醒后者关于权力的观念,而这总是与关于幸福的观念联系在一起。

相反,无论是谁,他只要去反对一个人,就会唤醒后者关于弱点的观念,而这总是与关于不幸的观念纠缠在一起。喜好赞美实属人之常情,但对赞美过分热心的人民有时把“优秀的爱国者”这个称号授给了那些奉承他们的卑鄙小人。让每一个人都兴高采烈地称赞祖国的美德吧,但不要对祖国的恶行视而不见。最受喜爱的学生并不是得到称赞最多的学生。真正的朋友绝不会是一个奉承者。

老百姓实在是太倾向于去颂扬同胞公民的美德,他们把这当成一桩共同的使命。可拍国人的马屁并不能衡量我们对祖国的热爱。一般而言,每个人都爱着那些与自己同属一个国家的人;对法国人来说,爱法国人是很自然的。要想使我成为一个坏公民,法律就必须把我的利益和公众的利益隔离开。

有德之士尽可能地想让自己的同胞变得更加杰出、更加幸福,正是这种欲望让他们闻名于世。在英格兰,真正的爱国者是那些倾尽全力对政府的渎职行为加以抵制的人。但在葡萄牙,人们将

这个称号授予谁呢？授予那些以最驯顺的姿态去奉承当权者的人，这是什么样的公民！又是什么样的爱国者！

我们要承认，无数道德问题的解决，取决于对喜好阿谀之词、厌恶异己之见等行为背后的动机做出彻底的了解，否则这些问题将无法得到解释。为什么每一条新的真理起初都难以被人们接受？因为每一条这样的真理总是反对某种已经得到普遍接受的观点，它表明无数的判断都是不严密的甚至是虚假的，因此憎恶和迫害作者对无数的人来说都是有利可图的。

科姆先生改进了用于取石手术的设备，它操作起来比其他的设备危险性更低，给病患带来的疼痛也更少。然后发生了什么？那些知名医生的尊严受到了打击，他们迫害他，要把他驱逐出法国。人们请求发布秘密逮捕令（une letter de cachet），但机缘巧合之中，他们的要求被拒绝了。如果几乎在每一个地方，富于天资的人都比刺客遭受更加严厉的惩罚，这是因为刺客的敌人只有被害者的亲属，而天才的敌人却是他所有的同胞公民。

我曾听说，有一个虔诚的女人向大臣请求释放抢劫犯，但同时也请求关押詹森派教徒和自然神论者。她的动机是什么？骄傲。她可能会坦率地说道："人们抢劫或者谋杀，这跟我有什么关系呢？只要遭殃的不是我，不是我的告解司铎。我想要的是，人人都虔敬，并且自然神论者不会用他的论证打击我的虚荣。"

我们在努力教导别人的同时也在羞辱别人。把光打进小猫头鹰的窝，它们会哭着喊着抗议你对它们造成的伤害。平庸之辈就像这些小猫头鹰一样，当你呈现给他们严密而又美妙的观念，他们却大呼小叫地把这些观念斥为虚假而又危险的，说它们理应受到惩罚(60)。

在什么样君主的治下，在什么样的国家，一个人能成就伟大而又不用担心受到惩罚？在英格兰，以及在图拉真或腓特烈的治下；在其他任何一种政府形式和主权者的治下，人们用迫害去回报才能。几乎在每一个地方，严密而伟大的观念都遭到排斥。受众最广的作者是那些把平淡无奇的观念用前所未有、异乎寻常的方式包装起来的人；他们得到褒奖，因为他们不配得到褒奖，因为他们没有反对任何人。人人都无法宽容异见，大人物尤其如此。异见不是让查理五世对路德宗教徒愤怒得无以复加吗？人们说，那位君主对曾经迫害过他们感到后悔。也许吧。但这是在什么时候？是在他放弃了帝国，过上一种隐居生活的时候。那时他对自己说：我的桌上有三十块表，没有哪两块手表指示的时间完全相同。[44] 那我又怎么能想象，在宗教事务上，我可以让每个人都想得一样呢？我多么愚蠢，多么骄傲啊！上帝啊，查理要是早些醒悟那该多好！他本可以更加公正、宽容和高尚；他本可以扑灭多少战争的星火，使多少人的鲜血免于流淌！

没有任何君王会限制自己的权力，甚至老百姓也不会这么做。对我们的同胞公民加以统治，对他们的观念发号施令，这还不够——我们还要对他们的偏好发号施令。卢梭先生并不喜爱法国音乐，在这方面他和所有其他欧洲国家一样。当他发表了自己的观点，众多的声音群起而攻之：他应当被丢在地牢里等死。他们请求发布秘密逮捕令，但幸运的是，大臣非常审慎，并没有表示同意，从而让法兰西民族免于沦为笑柄。

人类的不宽容可以导致任何一种罪行。声称在这一点上可以对人做出改正，就是渴望人应当爱他人胜过爱自己，就是渴望他改变自己的本性。明智的人从不渴望不可能的事情，他的目标是解除不宽容的武器，而非摧毁不宽容。但什么会对它构成约束呢？一种相互的恐惧。两个势均力敌的人有不同的见解，没有任何一个人会去侮辱另一个人。如果人们明知对另一个人施加伤害就会受到惩罚，他就极少会去实施攻击。

为什么军人在争执的时候会那么讲礼数？出于对决斗的恐惧。在文人当中为什么也存在同样的礼数？出于对嘲讽的恐惧，没有

[44] 一个仆人漫不经心地走进他的小房间，把桌子连同这三十块表一块儿碰翻了。查理大笑，和那个仆人说道：你比我幸运，因为你找到了让它们一齐离开的方法。

人乐意被当成学院里的老学究。从这两个例子中，我们可以判断一下，由法律施加的更具成效的恐惧会在公民中造成怎样的结果。

严苛的法律会制止住抢劫，也会制止住不宽容。如果当我无所顾忌地展现自己的偏好和见解时，法律禁止我去侮辱其他人的偏好和见解，那么我的不宽容就会受到执政官法令的制约，因而不会扩大为暴力行动。但如果政府由于疏忽大意，让我免于对决斗、嘲讽或者法律的恐惧，那么我的不宽容将会摆脱束缚，再次把我变得野蛮又残忍。不同的宗教派别在相互迫害时所表现出的那种穷凶极恶，便证明了此处的断言。

第十八节　论宗教的不宽容

这是一切不宽容中最危险的一种；对权力的热爱是它的动机，宗教是它的幌子。针对一个异端或不信教者，人们惩罚的到底是什么？是这个人的胆识：他想要自主地思考，他更相信自己的理性而不是祭司的理性，并因此宣称自己可与他们平起平坐。为上天复仇的幌子只不过掩饰着他们那被触怒的傲慢。几乎一切宗教的祭司都是一个样。

和东亚佛僧的看法如出一辙，在穆夫提[45]眼中，不信教者就是不虔诚的恶棍，他应当被天火消灭，这种人贻害社会程度那么深，被烧死都是活该。

然而，在智者的眼中，这位不信教者是一个不相信鹅妈妈童谣的人。要把童谣变成宗教，需要做些什么呢？只需要一大批人坚持童谣是确凿的就可以了。

那些身着忏悔的破烂衣裳、戴着慈善面具的人却总是最残暴的，这到底是因为什么呢？什么！？宽容还没有发出光芒？什么！？

㊺ 穆夫提（mufti）是伊斯兰教中对伊斯兰法典进行说明或阐释的学者。——中译者注

正派的人会为了一字之争，会为了这种常常是在各种错误中作出选择的争执，会因为自己被“路德宗教徒”、“加尔文宗教徒”、“天主教徒”、“伊斯兰教徒”等等不同的名称区分开，就彼此憎恶和迫害，并且不带丝毫的悔意？

当基督教的僧侣在一次宗教集会上对伊斯兰教的托钵僧加以诅咒，他们会不知道，在这位托钵僧眼中，不信仰穆罕默德的基督徒、教皇或僧侣才是真正不虔敬、真正不信教的人？而对这些注定永远愚蠢的教派来说，有些事情如果发生在别的教派，自己就会对此表示反感；但如果发生在自己的派别，自己是不是必须对此表示赞同？

让他们偶尔回想一下某位著名画家的天才寓言吧。他说：在一场梦中，我被带至天堂的大门，首先吸引我注意的是一位可敬的老人。通过他的钥匙、光头和长髯，我知道他就是圣彼得。这位使徒坐在天堂大门的门槛上，一群人向他涌来。第一个人介绍自己是教皇的信徒，他说，我终其一生都是虔敬的人，也足够正派。这位圣徒回答道，那就进去吧，坐在留给天主教徒的长凳上。下一个人是清教徒，他对自己做了类似的说明。圣徒也同样说道，坐在那些支持宗教改革的人中间吧。之后又来了巴格达、巴士拉等地的商人，这些人是道德一直都很高尚的伊斯兰教徒。圣彼得让他们和伊斯兰教徒坐在一起。最后来了一个不信教者。你属于哪个教派呢？使徒问道。他回答道，我不属于任何教派，但我一直都很正派。那你可以进去。但我应该坐在哪儿呢？就坐在你觉得最理性的那些人旁边吧。

上帝啊，但愿人们能受到这则寓言的启迪，不再妄想去对别人的见解发号施令！真理应当成为探索工作的酬报，这是上帝的旨意。就真理的获得而言，研习和努力才是最有效的祈祷。愚蠢的僧侣啊！你们可曾做出过这样的祈祷？

真理是什么？你们不知道。但你们却迫害你们口中那些不知道真理的人，还把塞文山的龙骑兵封圣[46]，还让一个多明我会修士荣膺圣徒之尊，而他明明是一个建立了宗教裁判所、屠杀阿尔比派[47]的野蛮人(61)。在查理九世治下，你们把屠杀清教徒当作天主教徒的职责；甚至在当今这样一个如此开明的时代，福音中提倡的宽容应当成为所有人的美德，仍有一些卡韦拉克人将宽容视为一项罪行、视为对宗教的冷漠，他们巴不得再经历一次那场令人毛骨悚然的圣巴托罗缪狂欢节[48]，那个血流遍地、杀戮横行的日子，在那一天，傲慢的僧侣招摇过市，下令处死法国人；就像苏丹在经过君士坦丁堡的街道时，后面跟着一个刽子手，他严惩那些身着红色马裤的基督徒。你们比苏丹更野蛮，你们把剑放在基督徒的手里，让他们自相残杀。

宗教啊(这里我指的是伪宗教)！你一直都很荒唐。如果你只是荒唐而已，那么知性敏锐的人并不会曝光你的种种荒谬(62)[49]。他之所以认为自己有义务这么做，是因为在那些装备着不宽容之剑的人的身上所展现出的荒谬(63)，是人类面临的最残酷的灾难。

在五花八门的宗教当中，哪些宗教对其他宗教最为怀恨在心？

---

[46] 此处指的应是十八世纪初由路易十四派遣镇压新教徒起义的龙骑兵。1685 年路易十四废除南特敕令后，新教徒重遭迫害。法国塞文山区和下朗格多克地区胡格诺派新教徒发动了一场由农民、贫民参加的反对宗教迫害的武装起义，史称“卡米萨起义”(Camisards Rebellion)。路易十四随后派龙骑兵围剿镇压。——中译者注

[47] 十三世纪初，多明我会曾受教皇委派主持宗教裁判所，参与镇压法国南部阿尔比派异端。——中译者注

[48] 圣巴托罗缪日(St Bartholomew's Day)是法国的狂欢节，时间是每年的 8 月 25 日。此处指的是发生于 1572 年 8 月 24 日的法国天主教暴徒对国内新教徒胡格诺派的大屠杀。该日凌晨，巴黎数万名天主教民伙同警察士兵对城内的胡格诺教徒进行血腥的大屠杀，他们根据事先画在胡格诺教徒居所门前的白十字记号闯进屋去，把多数还浓睡未醒的人尽行杀戮，然后将尸体抛进塞纳河中。继巴黎大屠杀之后，许多其他法国城镇也发生了屠杀胡格诺教徒的事件。由此又引发了一场旷日持久的宗教战争，直到 1598 年南特敕令颁布后才告停息。——中译者注

[49] 在英译本与法文本中，本章第 62 条尾注在正文中均无法找到对应的注释符号。这里根据全集本重新定位了该条尾注的位置。——中译者注

天主教和犹太教。引发这种憎恨的是它们的祭司所抱有的野心？或者是一种愚蠢而轻率的热忱？真实的热忱与虚假的热忱之间有着显著的差异，我们不可能把它们混淆在一起(64)。第一种热忱纯粹是柔和的、人道的、仁慈的；它宽恕所有人，不触怒任何人。这至少是我们根据上帝之子的言行而形成的对于热忱的观念(65)。

第十九节　神诫中并不包括不宽容和迫害

耶稣把"毒蛇的孽种"这个称呼授给谁呢？是否认灵魂不朽，甚至否认上帝存在的异教徒、艾赛尼派教徒或者撒都该派教徒吗(66)？都不是。是法利赛人[50]和犹太教的祭司。

凭着他们不宽容的怒火，天主教的司铎不是应该继承这个称号吗？他们凭什么去迫害异端？他们说，异端没有按照他们思考的方式去思考。但是，渴望把所有人都统一于完全同样的信念，就相当于要求他们拥有同样的眼睛和面容；这是一种违背自然的欲望。观点常常有所不同，但与当权者的观点抵牾时，它们就会被当权者冠以"异端"之名。异端就像正统一样，是地方性的。异端所属的教派在他们生活的国家不占据支配地位，他较少受到庇护，因而比其他人要弱小，别人可以侮辱他们而又逍遥法外。但为什么要侮辱他呢？因为强者对弱者甚至连观点都要迫害。

如果讷沙泰勒的司铎们——那些指控卢梭先生的人(67)——

---

[50] 艾塞尼派教徒(Essenes)、撒都该派教徒(Saducees)和法利赛人(Pharisees)均为形成于公元前二世纪的犹太教教派。法利赛人形成伊始教导人们严格遵守律法，不惜任何代价力求保持圣洁，后来却舍本逐末，以能遵守律法而自夸，因而遭到耶稣的斥责，可参见《马太福音》第23章：1.那时，耶稣对众人和门徒讲论，2.说："文士和法利赛人坐在摩西的位上，3.凡他们所吩咐你们的，你们都要谨守遵行。但不要效法他们的行为；因为他们能说，不能行。……29."你们这假冒为善的文士和法利赛人有祸了！因为你们建造先知的坟，装修义人的墓，30.说：'若是我们在先祖的时代，必不和他们一同流先知的血。'31.这样，你们就证明自己是杀害先知的人的子孙了。32.你们去充满你们祖宗的恶贯吧！33.你们这些蛇啊，毒蛇的孽种啊，怎能逃脱地狱的惩罚呢？"——中译者注

生而为雅典人或是犹太人，由于他们属于最强势的那一方，他们就会以类似的方式迫害苏格拉底或是耶稣。雄辩的卢梭啊！那位保护你免受这些狂热分子伤害的伟大君主垂青于你，你就把他的垂青视为对你所受侮辱的充分补偿吧。如果那些恶棍对你大唱赞歌，你一定会感到脸红，因为这就在暗示你的观念和他们的观念之间存在类似之处，从而玷污了你的天才。他们以上帝的名义迫害你，但上帝并没有迫害你。

有谁比上帝之子还更强烈地反对不宽容？他的使徒们本来想让他召唤天火烧死撒玛利亚人，但遭到他尖锐的批评。[51] 那时，这些使徒仍然被俗世的精神驱使着，还没有接受上帝的精神；而当他们刚刚变得开明起来时，旋即就成了遭受迫害的人，而不再是迫害别人的人了。

上天没有给予任何人屠杀异端的权力。约翰并没有命令基督徒武装起来对抗异端(68)。他不断重申：**彼此相爱吧，因为这是上帝的意志；遵守这句箴言，你便履行了律法。**[52]

我知道，尼禄迫害第一批基督徒当中那些持有异见的人，而尼禄是个暴君，他让人类感到恐怖。自然法和神圣法对我们颁布的命令是：**你们想要人怎样待你们，你们也要怎样待人；**[53]那些违背

---

[51] 参见《路加福音》第9章：51.耶稣被接上升的日子将到，他就定意向耶路撒冷去，52.便打发使者在他前头走。他们到了撒马利亚的一个村庄，要为他预备。53.那里的人不接待他，因他面向耶路撒冷去。54.他的门徒雅各、约翰看见了，就说："主啊，你要我们吩咐火从天上降下来烧灭他们，像以利亚所做的吗？'" 55.耶稣转身责备两个门徒，说："你们的心如何，你们并不知道。56.人子来不是要灭人的性命，是要救人的性命。"说着就往别的村庄去了。——中译者注

[52] 参见《约翰一书》第4章：7.亲爱的，我们要彼此相爱，因为爱是从上帝来的。凡有爱的都是由上帝而生，并且认识上帝。8.没有爱的就不认识上帝，因为上帝就是爱。——中译者注

[53] 参见《路加福音》第6章：27.可是我告诉你们这些听的人，要爱你们的仇敌！要善待恨你们的人！28.要祝福诅咒你们的人！要为凌辱你们的人祷告！29.有人打你的脸，连另一边也由他打。有人拿你的外衣，连内衣也由他拿去。30.凡求你的，就给他；有人拿走你的东西，不要讨回来。31.你们想要人怎样待你们，你们也要怎样待人。——中译者注

这些法律且不知悔改的人，那些和尼禄一样做出野蛮行径的人，同样应该受到上帝和人类的诅咒。

那些对不宽容的人表示宽容的人，自己也犯下了不宽容的人所犯下的罪行。当教会施加迫害的权利遭到了抵制，这时如果它抱怨自己受到了迫害，那么君主应该对它的抱怨置若罔闻。教会应当参照上帝之子的行为去规范自己的行为。但耶稣和他的使徒让人们自由运用理性。那教会为什么要禁止人们去运用理性呢？自主地做出判断，这是我的心灵所承担的高贵功能，它就像我呼吸的空气一样，不受制于任何人的权威。我是不是该把思维能力交给别人，让他替我看管呢？我拥有自己的良心、理性和宗教，我并不渴望拥有教皇的良心、理性或宗教。我不想按照别人的信仰来塑造我自己的信仰，坎特伯雷大主教如是说。每个人都要为自己的灵魂负责，所以都要对下面这些问题做出独立的考察：

我信仰什么；

我的信仰出于什么样的动机；

什么样的信仰在我看来是最理性的。

巴黎大学的校长让·格尔森[54]曾说：什么！上天赋予我灵魂，赋予我判断的能力，我却要让它听命于其他人的灵魂，让其他人指导我如何生活和死亡？

但一个人是不是应该更偏向于自己的理性，而非民族的理性？如此放肆的主张究竟合不合法？为什么不呢？如果朱庇特把他先前用来衡量诸英雄命运的天平再次拿在手里，在天平的一端放上洛克、丰特奈尔、培尔等人的见解，而在另一端放上意大利、法兰西和西班牙诸民族的见解，那么后面这一端会高高翘起，好像没有负担任何的重量。不同崇拜形式的多样性和荒谬性表明，我们几乎不应该对民众的见解抱有任何重视。圣经上说，上帝自己的智慧，

---

[54] 让·格尔森(Jean Charlier de Gerson，1363－1429)，法国学者、教育家、诗人，曾担任巴黎大学(University of Paris)校长。——中译者注

对犹太人是绊脚石，对外邦人[55]是愚拙。（Judaeis scandalum, gentibus stultitiam）在宗教问题上，我对民族的见解并没有什么尊重，只有我自己才能对我的信仰作出说明。那些直接关系到上帝的事情，只有上帝才能充任执政官。执政官本人只负担着人类的世俗幸福，他无权惩罚任何没有对社会构成危害的罪行；就算我没有按照某个君主或某个祭司思考的方式去思考，他们也无权声称这是一项罪行，并对我施加迫害。

出于什么样的原则，法律禁止我的邻居处置我的财产，却允许他处置我的理性与灵魂？我的灵魂属于我的财产。思想的权利和表达思想的权利源自我的本性。当第一批基督徒把他们的信仰以及信仰背后的动机摆在世间各个民族的面前时，当他们允许外邦人在基督教和他们自己的宗教之间作出判断，允许外邦人运用被赋予人类、让人类分辨是非善恶的理性时，他们表达观点的方式确实不带有任何罪恶的色彩。在什么时候，基督教理应受到全世界的憎恶和轻蔑呢？当他们焚烧供奉偶像的庙宇，强迫异教徒放弃他们自认为最好的宗教时（69）。这种暴力想要达到什么目的呢？强力迫使理性保持缄默，它可以禁止任何献给神明的崇拜。但它对信仰又能行使什么权力呢？信仰以信仰背后的动机为前提。强力绝不是动机。没有动机，我们就不能真正地信仰；我们最多只能自以为在信仰（70）。

我们找不到任何借口去认可某种受到理性和自然法谴责的不宽容。自然法是神圣的，它源自上帝，不容被抹煞；而且，上帝还通过他的福音对自然法做出了肯定。

以和平天使的名义煽动人们施加迫害的任何一个祭司，都不像

---

[55] 参见《哥林多前书》第1章：21. 既然世人凭自己的智慧不认识上帝，上帝就本着自己的智慧乐意藉着人所传愚拙的话拯救那些信的人。22. 犹太人要的是神迹，希腊人求的是智慧，23. 我们却是传被钉十字架的基督，这对犹太人是绊脚石，对外邦人是愚拙；24. 但对那蒙召的，无论是犹太人、希腊人，基督总是上帝的大能，上帝的智慧。25. 因为，上帝的愚拙总比人智慧；上帝的软弱总比人强壮。——中译者注

人们所想象的那样是被一种愚昧无知、闭目塞听的热忱冲昏了脑袋(71);指引他的并不是热忱,而是野心。

第二十节　不宽容为教士的显赫地位提供了基础

祭司的教条和实践均证明了他对权力的热爱。他保护的是什么?不宽容。为什么?因为不宽容和轻信的人极少运用自己的理性,他们跟着别人去思考,很容易上当受骗,被那些最低级的诡辩术玩弄于股掌(72)。

祭司迫害的是什么?学识。为什么?因为博学之士不会不假思索地就去相信。他会用他自己的眼睛去看,很难上当受骗。与学识为敌的是东亚佛僧,是伊斯兰教的托钵僧,是印度教的婆罗门,总之,是每一个宗教的每一个祭司。在欧洲,司铎对伽利略群起攻之,开除了波利多尔·维吉尔[56]和席耐尔[57]的教籍,因为他们分别发现了对跖点和太阳黑子。他们排斥培尔展示出的可靠逻辑,排斥笛卡尔提出的获取知识的唯一方法;他们强迫哲学家离开故土(73);以前,他们指控所有显赫的魔法师(74),现在魔法不再流行,他们又指控无神论者和唯物论者(75)[58],先前被他们当成巫师烧死的两种人。

---

[56] 此处英译本有误。因发现对跖点而遭受迫害的并非波利多尔·维吉尔(Polydore Vergil),这位公元十五至十六世纪的意大利人文学者,而是萨尔茨堡的维吉里乌斯(Vergilius of Salzburg),公元八世纪萨尔茨堡(今属奥地利)主教。圣博尼法斯(Saint Boniface)曾向教皇扎卡里(Pope Zachary)指控维吉里乌斯宣扬“地圆说”,即认为大地之下存在另一个人种,他们并非亚当的子民,也不受基督的救赎。事实上,圣博尼法斯无中生有地将地圆说可能蕴含的异端思想强加在了维吉里乌斯身上。法文本中此处提到的名字是 Virgile,英译者很可能因此混淆了两者。——中译者注

[57] 席耐尔(Christoph Scheiner, 1575 - 1650),德国天文学家,曾用自己设计和改良的望远镜观察到太阳黑子。——中译者注

[58] 在英译本与法文本中,本章第 75 条尾注在正文中均无法找到对应的注释符号。这里根据全集本重新定位了该条尾注的位置。——中译者注

第四章　拥有寻常机体组织的人容易受到同等程度激情的影响；由于偶然性把他们置于其中的情境有所不同，从而产生了能力上的不平等；每个人最初的性格（正如帕斯卡尔已经观察到的）不过是他们第一个习惯的产物

祭司在乎的事情一直都是让人们远离真理。一切富有教益的研究都遭到禁止。祭司把他人和自己一道禁闭在漆黑的房间里，小心翼翼地堵上每一个可能会漏光的空隙。他憎恶哲学家，并会一直憎恶下去。他惶惶不可终日，担心那些通晓科学的人会推翻这个建立在错误和昏庸之上的帝国。

他们不热爱才能，暗中与人类的各种美德作对，他屡屡否认这些美德的确切存在。根据他的看法，除了那些符合其教条的行动，亦即符合其利益的行动，就不存在其他高尚的行动了。首要的美德是信仰，以及对神职人员的权力俯首帖耳；只有奴隶才会被祭司称为圣徒和道德高尚的人。

然而，关于圣洁的观念和关于美德的观念实在是有着霄壤之别！帮助自己的同胞公民过上繁荣生活的人就是拥有美德的人，"美德"一词总是涵盖了关于某种公共效用的观念。它与圣洁并不是一回事。隐修士或僧人强迫自己遵从静修之法，每天夜里鞭笞自己，以水里煮过的蔬菜为食物，以稻草为卧榻，把自己的污秽和无知供奉给上帝，幻想凭藉过度的憔悴在天堂里大赚一笔。人们可能给他点缀上某种荣誉，但如果他在世间不做善事，他就不是正派的人。一个恶棍在弥留之际皈依了，他得救了，他很幸福，但他并不拥有美德。只有那种公正而高尚的惯常行为，才能博取美德的头衔。

虽然圣徒常常来自修道院，但一般而言僧人都是些什么人呢？游手好闲、争论不休的人，他们给社会带来危险，让人们唯恐避之不及。他们的行为证明了宗教和美德毫无共同之处。为了对美德形成公正的观念，我们必须用新的道德去取代神学的道德。神学的道德总是纵容不同的教派去玩弄那些背信弃义的花招(76)，它至今依然将詹森派教徒和摩里纳派教徒指控对方犯下的残暴罪行看得很神圣(77)；总之，它命令他们去洗劫同胞公民的财产，践踏他们的自由。

亚洲的暴君会让他的臣民尽自己的一切力量去增加他的快乐，伏在他的脚下向他献上自己的敬意和财富。教皇的司铎同样迫使

天主教徒献上他们的敬意和财富。

还有什么增加权力和财富的手段是他们没有用过的呢？如果为了实现这个目的，他们就必须要诉诸野蛮和残忍，那他们就会变得野蛮又残忍。

祭司从经验中发现，人们更在意他们恐惧的东西而不是他们热爱的东西，更多的供奉被献给了阿里曼而非奥洛马扎[59]，被献给了残忍的摩洛克[60]而不是温和的耶稣；从他们发现这一点起，他们就把自己的帝国建立在恐怖之上。司铎设法把烧死犹太人和异端、关押詹森派教徒和自然神论者纳入自己的权力范围；而且尽管宗教裁判所让每一个明智且仁爱的灵魂充满着恐惧，但那时他们依然怀有建立该机构的计划。正是通过各种阴谋诡计，他们在西班牙、意大利、葡萄牙等地完成了这个计划。

裁判所的诉讼程序越是专横，它就越是令人心惊胆战。用恐怖的东西刺激人类的想象力，这种做法可以增加神职人员的权力。察觉到这一点，司铎们很快就打定主意不回头了。僧侣们对恳求怜悯的呼喊、对悲痛欲绝的哭泣、对折磨之下的呻吟全都置若罔闻，自己却又可以逍遥法外，他们不宽恕任何美德和才能；正是通过没收财产，借助折磨和屠杀，他们最终篡夺了针对民众的权威，这种权威超过了执政官的权威，甚至常常超过了国王的权威。充满野心的神职人员敢用无法无天的手在基督教国家打下宗教裁判所的地基，而愚蠢的民众和君主又容许它最终建成。

天主教会里是不是再也找不到像费奈隆或菲茨詹姆斯[61]这样的人了？他们被自己的兄弟们遭到的不幸深深触动，胆战心惊地

---

[59] 奥洛马扎(Ohrmazd)，又作阿胡拉·马兹达(AhuraMazda)，琐罗亚斯德教中“唯一真正的造物主”；阿里曼(Ahriman)，又作安哥拉·曼纽(Angra Mainyu)，奥洛马扎的宿敌，一切罪恶和黑暗之源。——中译者注

[60] 摩洛克(Moloch)，圣经中古代迦南宗教的火神。——中译者注

[61] 菲茨詹姆斯指的可能是詹姆斯·菲茨詹姆斯(James FitzJames, 1670－1734)，第一任贝里克公爵(Duke of Berwick)，英王詹姆斯二世的私生子，在詹姆斯被废黜后迁至法国，在法军中担任军官，为法王效力。——中译者注

凝望着宗教裁判所。即便宗教裁判所要烧死一位耶稣会士,还是会有一些道德足够高尚的詹森派教徒对它深恶痛绝。但一般而言,虔敬和宽容两者不可得兼。人道是以理智为前提的。

心灵得到启蒙的人知道:强力只能造就伪君子,劝导才能造就基督徒;异端是一个对某些形而上学教条持有相异观点的兄弟;这位兄弟没有信仰的天赋,他应当受到怜悯,而非迫害(78);而且,如果没有人能够相信那些在自己看来并不成立的东西成立,那么人类的力量就无法命令一个人去相信。

宗教不宽容带来了民族的不幸。是什么庇佑了不宽容?神职人员的野心。僧侣对权力过度的热爱把他们变得过于野蛮。僧侣因体制而残忍,因教育而愈加残忍。虽然每一个天主教司铎在某些情境中可能是弱小、虚伪和怯懦的,但一般而言他们必定都是穷凶极恶的(79)。因此,在那些对他们的权力表示屈从的国家里,他们不断做出一切可以想象得到的最残忍、最不义的事情。如果司铎在公开声称自己信仰一个以提倡文雅、推动慈善为其创立宗旨的宗教时,却又成为实施迫害与屠杀的工具;如果他浑身散发着宗教审判大会(auto dafe)中的血腥气,却又在圣坛前大着胆子把沾满人命的双手伸向上天;那么请不要怀疑,这个僧人就是他应该是的那个样子:浑身沾满异端鲜血的他自认为是上帝的复仇者。但此时此刻,他还能恳求上天的仁慈吗?就因为教会公开要求他们这么做,他的双手就是纯洁的吗?当那些滔天的罪行增加了共同体的权力时,有哪个共同体没有把它们视为合法呢?

教会的赞同足以庇佑一切罪行。我已经考虑了不同的宗教,看到它们各自的追随者从彼此手中夺过火把烧死他们的兄弟;我看到一些迷信活动充当了供教会人员显示骄傲的脚凳。我自问:那真正不虔诚的是谁呢?不信教者吗?并不是,而是野心勃勃的狂热分子(80)。正是这些人迫害并谋杀了自己的兄弟们;正是这些人想要执行上天对地狱的复仇,提前在人间担任这个可怕的职务;正是这些人把不信教者视为受诅咒的灵魂,他们渴望用暴死加速他的毁灭,他们渴望实施一系列闻所未闻的残忍行径,让自己的兄弟一遭逮捕即被关押、审判、谴责、烧死并打入地狱。

第二十一节　我们不可能压制住人们身上那种不宽容的情感；但可以采取措施降低它的影响

我们无法彻底摧毁不宽容的发酵，压制它的增长与活动是唯一现实的做法。所以应当采用严苛的法律，像约束抢劫那样约束不宽容。

这涉及到个人的利益。通过制止不宽容的活动，执政官将束缚住它的双手。如果不宽容戴上宗教的面具之后会干出最残忍的事情，那为什么还要给它的双手松绑呢？

不宽容是人类的天性。如果理性的太阳一时对他作出了启蒙，他就应该抓住这个机会，用明智的法律束缚住自己，让自己享受这种幸福的无能状态；这样一来，如果他再次感受到不宽容的怒火，可能就伤害不了别人。

优良的法律同样能够束缚住怒气冲冲的信徒与背信弃义的祭司。英格兰、荷兰以及德国的一部分地区对这条真理做出了验证。不断蔓延的罪行和不幸已经让民众睁开双眼去正视这个问题。他们已然认识到：思想自由是一项自然权利；思考让人们渴望交流自己的想法；无论对民族而言还是对个体而言，以漠不关心的态度对待这件事情，便意味着愚蠢。

一个人如果没有感受到对思想的需求，他就绝不会思考。心灵与身体一样，如果某种官能没有得到运用，它们就会逐渐丧失功能。当不宽容压垮了人们的心灵，破坏了其中的发条，人们就会变得愚蠢，黑暗将笼罩在民族的头顶。

诗人们说：迈达斯的触碰将万物改变成黄金，美杜莎的头颅将万物转变成石头。类似地，不宽容将它吸引范围内的所有人都变成伪君子、愚人和白痴(81)。正是不宽容在东方撒下了愚蠢的第一批种子，自从专制主义建立以来，这些种子就在那里发芽了。正是不宽容使得所有那些迷信的国家——事实上，这些国家的居民看上去更像是畜生，而并不像人——沦为了当前和后世的笑柄。

只有在一种情况下，一个民族会因宽容受到伤害，那就是当它宽容一个不宽容的宗教时，比如天主教(82)。当这个宗教在一个国家内掌握最多的权力时，它总是会让那些愚蠢的庇护人付出血淋淋的代价；它就是那条冲着温暖它的胸脯反咬一口的蛇。让德国人警惕起来吧！他们的君主们有兴趣接纳教皇的宗教，后者又可以为前者的兄弟和孩子等人提供显赫的职位。这些君主成了天主教徒之后，会把信仰强加给臣民；而且，他们如果觉得有必要，还会让人类再一次血流成河，迷信和不宽容的火把会再一次燃烧起来。轻轻一口气就能把它吹燃，让整个欧洲处在烈焰之中。这场大火会在何处停止？我不知道。荷兰会逃过此劫吗？不列颠人居海岛之高，他们会与愤怒的天主教徒长期对峙下去吗？在面对狂热者的怒火时，海峡只能证明自己是一道无力的防线。有什么可以阻止天主教徒鼓吹一次新的十字军东征，让整个欧洲拿起武器对付英格兰，入侵这个国家，并像先前对待阿尔比派那样对待不列颠人？

不要让天主教徒的曲意巴结把新教徒给骗了。同一名祭司，在普鲁士会对不宽容深恶痛绝，认为它侵犯了那自然而神圣的法律；但在法国，他却会把宽容视为罪行和异端(83)。是什么让这同一个人在不同的国家如此地不同？在普鲁士，他居于弱势；但在法国，他掌握权力。

我们考虑一下天主教基督徒的行为：他们一开始柔弱无助好似羔羊，一旦强大起来便猛于老虎。

各个民族从昔日的不幸中汲取了教训，那么，对狂热做出约束，把骇人听闻的不宽容的教条从每一个宗教中清理出去，这些做法的必要性它们还会认识不到吗？此时此刻，是什么在动摇土耳其的王位，并蹂躏着波兰？狂热。正是这种狂热让信奉天主教的波兰人不容许持异见者分享他们的特权，让他们宁愿选择战争而不愿选择宽容。人们把这些国家当下的悲惨状况仅仅归咎于贵族阶层的骄傲，但这只是白费力气；因为如果没有宗教，那些大人物绝不可能让整个民族武装起来，他们的骄傲成不了气候，国内的和平因此得到保存。教皇的宗教才是导致波兰陷入悲惨境地的隐秘原因。

在君士坦丁堡，正是伊斯兰教徒的狂热让希腊的基督徒背负奇耻大辱，逼着后者秘密地拿起武器，去对抗他们本应守卫的帝国。

在眼前的这两个例子里，昭彰的罪恶因宗教不宽容而起。上帝啊！但愿它们是同类事例中的最后一批吧！但愿从此以后，各个政府对各种类型的崇拜都保持漠然的态度，他们会以人们的行动而非见解作为判断人的依据。但愿各个政府只会把美德和天才举荐给公众，让它们博得公众的垂青。但愿他们能确信，我们在购买钟表时，不应该看对方是不是罗马的、土耳其的还是路德宗的技工，而应该看对方是不是技术最精湛的工匠。总之，但愿他们能确信，职位应当被授给卓越的才能，而非坚定的信仰。

只要不宽容的教条持续存在，道德世界的心脏地带就会埋下引发新一轮灾难的火种。正是那种熄灭一半的火山，有朝一日会更猛烈地喷射出火焰，制造出新的大火与毁灭。

这些是一位公民心中的担忧，他作为人类的挚友，热切盼望着人类能获得幸福。

在本章，我想我已经充分证明了：一切人为的激情一般不过是伪装起来的对权力的热爱，具体到世俗的和宗教的不宽容也是如此。对这条真理的各项证明已经让我陷于冗长的细节，这无疑让读者忘记了迫使我对此作出探讨的动机。

我的目的是要展示：对人来说，如果上面援引的一切激情都是人为的，那么所有的人都易于产生这些激情。为了让这条真理更加显然，我将在这里描绘出激情的谱系。

第二十二节　激情的谱系

人被一种生命的本原所驱使，该本原即为肉体感受力。这种感受力是由对快乐的热爱和对痛苦的憎恶产生的。这两种感受在人的身上得到统一，总是参与到心灵的运作之中，而我们所谓“自爱的激情”正是源自它们（84）。对自己的爱产生了对幸福的欲望，对幸福的欲望又产生了对权力的欲望，对权力的热爱又导致了妒忌、贪婪、野心以及一般而言所有那些人为的激情[62]（85），这些激情虽然拥有五花八门的名称，但不过是一种伪装起来的对权力的热爱，这种热爱在各种获取权力的手段中都得到的运用。

这些手段是不同的；我们看到，由于置身其中的情境或政府形式是不同的，人们通过财富、阴谋、野心、荣誉、才能等等不同的途径向权力迈进；不过，他们的脚步所趋向的地点是完全一致的。

如果我们回想一下本书第二、第三与第四章的内容，亦即：

1. 所有的人都拥有平等的知性能力；

2. 如果没有激情去把它激活，这种平等的能力就是一种被废置的力量；

3. 对荣誉的激情是最常见的让人活动起来的激情；

4. 在荣誉能带来权力的国家里，所有的人都易于产生对荣誉的激情。

那么我从这里得出的一般性结论是：拥有寻常机体组织的每一个人都可以受到这种激情的驱使，从而摘得至高的真理。

---

[62]

激情就像元素，交战是它们的宿命，
但经过混杂与缓和，统一于上帝的作品。
爱、希望、愉悦，快乐的欢笑随员，
恨、恐惧、悲伤，痛苦的家族成员。
巧妙地将他们混合，在恰当的界限内约束，
达到心灵的平衡，并且一直保持住。
光线和阴影，构成恰到好处的龃龉，
生活的力量和色彩，一切都由它们给予。

——蒲柏

——英译者注

（这几句诗引自蒲柏《人论》的第二封信札。——中译者注）

我需要回答的最后一个反驳如下。有人会说，也许人人都热爱荣誉(86)，但是不是每一个人都能为这种激情注入足够的力量，从而让他们平等的知性能力活动起来呢？

为了解决这个问题，我要设想我已经把我所有的幸福都集中在对荣誉的占有上面，那么在我身上，这种激情就和对自己的爱一样地鲜活，它必然会和后一种情感混同在一起。因此需要证明：人人共有的自爱之情，在每个人身上都是相同的；它至少可以将某种程度的能量与注意力赋予每一个人，而这种程度的能量与注意力是为了获取那些最伟大的观念而必须满足的前提。

第二十三节　论自爱之情的力量

自爱之情虽然在不同的人身上会经历不同的调整，但本质上都是相同的。这种情感独立于器官或高或低的完善程度。一个人可以耳聋、眼盲、跛足、体弱，但一样关心自己的存活，一样会避开痛苦、热爱快乐。

脾性是刚烈还是柔弱，器官是完善还是不完善，这些都不会在我们身上提高或降低自爱之情的力量。女人和男人一样爱自己，但两者并没有相同的机体组织。如果有一种方式可以衡量这种情感的力量，那就是通过它的**恒常性**，它的**统一性**，以及——如果我可以这么说的话——它**惯常的出现**。在所有这些方面，自爱之情在所有的人身上都相同的。

正是这种情感有时给人们装备上一种顽强的勇气，就像装备上一把剑一样，让他们得以克服最艰难的障碍；这种情感也在其他时候赋予人们一种对于他人的谨慎的恐惧，这就像一面盾牌，让他们得以避开危险。总之，这种情感一直忙着提高每一个个体的幸福，它不断关注着个体的存活。既然在这一方面，对自我的热爱在所有的人身上都是相同的，那么所有的人都易于产生同等程度的激情，包括程度恰好可以让人们平等的知性能力活动起来的激情。不过，姑且承认自爱之情的活动在一个人身上并不像在另一个人身上那样强烈，但可以肯定的是，这种尚未被经验察觉到的差别必定非常小，故而对心灵产生不了任何影响。

推动河岸上的机轮和器械必须用到多少水，机械师就从河流中引流多少水，他不会引流更多，而是让其他的河水汇入大海。类似地，为了让每个人都拥有的平等的知性能力活动起来，我们只需要投注一部分必需的自爱之情即可，无需投入更多。这个部分比想象中的要少得多。如果我们就这个事情向经验请教，那么经验会告知我们，对棍棒的恐惧，甚至是对更轻微惩罚的恐惧，就足以在孩子身上激发出为习得语言所必需的注意(87)。而这种类型的注意已经是一切注意活动中最辛苦、最耗神的那一类，至少也是其中之一。[63]

经验也告诉我们：我们的一切发现都是偶然性的礼物；我们要将针对每一条新真理的第一份暗示归功于偶然性；这一类真理——如果我可以这样说的话——都是在无意中捕获的；出于这个原因，真理的发现一直被看作是灵光一现；因此，任何一个诗人或哲学家在表达的和谐、美妙、明确和精准上所耗费的时间与辛劳，都要比他在最愉快的观念上所耗费的时间与辛劳要多。

因此可以得出：任何人要想获得至高的真理，就必须要投注某种程度的注意，而拥有寻常机体组织的每一个人都易于产生这种程度的注意；并且，即便假设自爱之情在所有人身上并不都是一样的（这无疑是一个不可能的假设），人们在这一方面发现的微小差异对他们的知性也产生不了任何影响。

事实上，即使我们设想自爱在某些人身上比在其他人身上更为强烈，但正如经验所证明的，这种激情也会同样惯常地发生在他们

---

[63] 如果对孩子们来说，学习母语一般不像学习几何学那么辛苦，因为孩子们更习惯于认为，与比较几何图形相比，说话是一项更有必要的活动。如果察觉到某项注意活动的必要性，就总会觉得它没那么令人反感，也没那么辛苦。

身上；而如果知性的一切优越性[64]都更多取决于惯常的而非强烈的注意；那么基于上述设想，所有的人必定还是被赋予了程度恰好可以让他们平等的知性能力活动起来的那种激情，这一点便很明显了。

第二十四节　持续的注意导致了伟大观念的发现

澎湃的欲望常常让心灵做出非凡但不够持久的努力，而获致伟大才能的前提是不懈的勤勉工作，以及对教导抱有一种惯常的而非澎湃的欲望。

无论世人在获取财富和快乐上表现得有多么积极，他们间或还是会感受到对荣誉的欲望。但对他们来说，为什么这种欲望被证明是结不出果实的呢？因为它不够持久。巨大的成功依赖的正是持久的欲望。如果阿格妮丝总是欺骗阿诺尔夫[65]，这是因为，一个

---

[64] 当我提到知性或者判断力时，读者如果想要清晰地理解我的观念，那就应该回想一下：知性是注意的产物，注意又是任何一种激情的产物，但尤其是荣誉的产物。在阅读、对话等活动中，由偶然性或教育提供给我们的，让我们加以比较的对象，是产生新观念的源泉；但如果没有注意力去让那些有待比较的对象产生结果——换言之，如果我们没有兴趣或者说没有一种强烈的欲望去对它们作出比较，去对这些对象之间以及对象和我们之间所存在的相似与差异、一致与分殊做出观察——那么偶然性或教育也只是白白提供给我们这些对象，对我们而言，这些对象只是不会发芽的种子而已。

之所以人们常说伟大人物生于忧患，是因为一般而言，如果一个人被迫一直与逆境抗争，他就会变得更加深思熟虑，更具有洞察力；因此，人总是他所经历的境遇造就而成的。但逆境确实如同设想中的那样有益吗？在人生尚值青春，思考和反思的习惯仍有待习得时确实如此，但过了这个年纪，折磨人的不幸几乎不会给人带来什么教益。某条苏格兰谚语说：**“不幸在早餐时有益健康，在午餐时无足轻重，在晚餐时夺人性命”**。除此之外，逆境在我们身上不断激发出的只是一种充满活力的沸腾之感，但这种感觉总是转瞬即逝的。对荣誉的激情则更持久，因此也更适合造就伟大的人、孕育伟大的才能。

[65] 阿格妮丝(Agnes)和阿诺尔夫(Arnolph)是莫里哀的喜剧《太太学堂》(L'École des femmes)中的角色。阿格妮丝自小就接受阿诺尔夫的培养。阿诺尔夫为了让阿格妮丝对他保持忠诚，日后可以嫁给他，就采取了一种蒙昧主义的教育方针。但当阿格妮丝长大之后，遇到了阿诺尔夫朋友家的儿子贺拉斯。两人坠入爱河。虽然阿诺尔夫频频阻挠，但故事的最后终归是有情人终成眷属。——中译者注

女人想要与情人幽会的欲望，比起看守她的那些人想要阻止她这么做的欲望，要更加惯常。

勘察加的居民在一些事情上比其他人都要笨，但在另一些事情上却出奇地勤快。他们的历史学家说：在制作服饰上，他们超越了欧洲人。[66] 为什么？因为他们居住在地球上气候最恶劣的地区之一，从而最惯常地感受到蔽体的需求。而一种惯常的需求总是导向勤劳。一个人如果意识到重视的价值在于它能带来权力（人们共同的欲望对象），他就会竭尽全力去得到重视。正是对这种尊崇的占有，汇集了他所有的快乐，对荣誉的欲望因此与对自己的热爱等同起来了。而正如经验所证明的，这最后一种情感惯常地出现在所有的人身上，它必定将某种类型的注意力赋予了所有的人，而知性上的优越性所依赖正是这种注意力。

因而，拥有寻常机体组织的每一个人不仅易于产生激情，而且易于产生程度足以让自己获致最高观念的惯常的激情。

那么，知性上极端的不平等又源自何处呢？因为没有人会看见完全(88)相同的对象，处于完全相同的情境(89)；也没有人接受过相同的教育；最后，因为偶然性掌管着我们的教导，它不会把所有人都带进同样丰富、同样多产的矿井。

让我们在最大的范围内去理解“教育”一词，其中也包括关于偶然性的观念[67]，而这种教育就是我们要为知性上的不平等指出的

---

[66] 如果勘察加的居民在某些活动中超越了我们，他们就可以在一切活动中与我们平分秋色。才能不过是同样的知性在不同题材上的不同运用。能举起一磅羽毛或一磅羊毛的人，也能举起一磅铁或一磅铅。因而，我们在勘察加居民的勤劳和我们的勤劳之间察觉到的差别，源自野蛮民族和开化民族在不同的气候中必然感受到的不同需求。

[67] 既然偶然性总是我们所受教导的一部分，我们是不是可以从中推论出教育是无用的呢？不。虽然教育绝不会让一个民族的所有居民都拥有卓越的知性，但是如果我们能够对教育做出改善，能够发明新的手段来激发我们对荣誉的欲望，并且能够常常让人们经历一些偶然性极少让他们经历的情境，那么无疑可以极大地削减偶然性的势力范围。

罗马有一些音乐学院（conservatory），或者说为音乐事务而设的学（转下页）

原因。

某些人在这个问题上采纳的原则与我提出的原则并不相同，我只需要在下述章节中将这些人犯下的错误和矛盾展示出来，便可完成对这条真理的证明。

我将以卢梭先生为例，他在他的作品中以无与伦比的敏锐和雄辩处理了这个问题。因此，我将探讨他主要的观点；而如果我论证了这些观点中存在的谬误和矛盾，那么我可以想象，不那么执着于陈旧偏见的公众将会对我的原则作出公正的判断，并将发现自己也处在那种引导人们采纳一切公正观念的冷静而幸福的倾向中，无论第一眼看上去它会有多么地不合常理。

第四章注释

(1) 一些人把在战斗中急于发动攻击的倾向视为法国人的性格特征之一，但土耳其人以及一般而言所有对更加严格的纪律感到不习惯的民族，和法国人一样都存在这种倾向。不过，法国人易于接受这种更严格的纪律。普鲁士国王的军队里有一些法国人，在那里，他们都是按照普鲁士的方式接受训练。

(2)“忠实”一词与“文雅”一词并不相同。一个由奴隶构成的民族可以是文雅的。习惯性的恐惧让他们保持恭敬。比起自由的民族，这样的民族常常斯文有余，但总是忠实不足。一切民族的商人都证实了英格兰商人的忠实。自由的人一般来说是正直的人。

(3) 在一个堕落的民族中，我们甚至在第一流的公民中也找不到一种高尚的性格。在那里，自由而无畏的灵魂与其他的灵魂格格不入。

(4) 在东方，谁是最受颂扬的人？最大的暴君。他是最令人恐惧和反感的人。这位暴君在世的时候受到那么多的褒扬，总可以认为自己是民众的偶像与福音。如果历史要对他做出真实的描绘，就必须等他死了很久以后才可以。东方的君王怎样才能知道他是不是真的可以把臣民的尊崇与悼念带进坟

(接上页)校，一直都有优秀的音乐家从这里走出来，它们每年都能培养出一些天才人物。波斯也有一些为桥梁和公共道路方面的事务设立的学校，它们培养有文化的匠人，其中还能发现一些具有卓越才能的人。

因此，杰出的教育可以增加一个民族的才能，可以把那些最卑劣的人改造成讲道理、有文化的人。所以，得到改善的教育所具有的这些好处足以鼓励人们去研习这样一门科学，它的完善在一定程度上是与全人类的幸福联系在一起的。

墓里？只有一个方法：反观内照，检视自己是不是一直忙于提升民众的幸福，自己的一切行动是不是仅以民族利益为指导。他总是不把这些放在心上吗？那他大可放心，不管人们给他唱了多少颂歌，他的名字终将被后世贬得一文不值。死亡是伊斯瑞尔之矛[68]，它驱散了虚伪与奉承的魅惑。

死亡以什么样的方式作用于苏丹，耻辱就以相同的方式作用于维齐尔。当后者在任时，所有的颂词都献给他，所有的才能都加在他身上；可当他被免职以后，他常常是最卑微的人之一，和他高升之前一样卑微。

(5) 一个总是轻视外敌的专横君主可不可以认为，虽然人民习惯于在他肆虐的权力面前瑟瑟发抖，并且卑贱到足以对财产、生命和自由被夺走一事逆来顺受，但他们还是会保卫他不受强敌的攻击？君王应当明白：切断联系着个体利益和普遍利益之间的链条，他也就摧毁了一切美德；而帝国的美德一旦被摧毁，它将很快被推向毁灭；专制者宝座的支撑物必然会被它的重量压垮；如果只有力量强大的军队，一旦军队被打败，他的臣民便会从恐惧中解脱出来，不再为他战斗；在东方，两三场战役决定了最伟大帝国的命运。看一看大流士、提格拉尼斯和安条克吧。[69] 罗马人战斗了四百年的时间，征服了当时尚处于自由之中的意大利；但为了征服充满奴性的亚洲，他们只需要出现在它面前即可。

(6) 为了荣誉和安全，专制者应当与那些被他憎恶的哲学家为友，而与那些被他恩宠的朝臣为敌，这些朝臣厚颜无耻地奉承专制者的恶行，鼓动他犯下那些会将自己引向毁灭的罪行。

(7) 我们通过什么样的特征去区别专横权力与合法权力？两者都制定法律，两者都对违法的人处以**死刑**或更轻的刑罚。两者都利用共同体的权力，亦即民族的权力，去维持它们的法令，抑或驱逐入侵的敌人。都没错。但洛克说：两者的不同之处在于，前者利用公共权威去满足自己反复无常的念头或者去奴役居民，后者则利用它去让自己获得邻国的尊敬，去保护居民的财产、法律和自由。简言之，将民族的强力用于除了普遍福利之外的任何其他目的，都是犯罪。因此，正是对民族强力的不同利用方式，将专横权力与合法权力区别开。

---

[68] 伊斯瑞尔(Ithuriel)是弥尔顿的长诗《失乐园》(Paradise Lost)中一位天使的名称，他只要用矛轻轻一碰，就能揭穿伪装和骗局。——中译者注

[69] 此处大流士指的应是大流士三世(Darius III)，波斯帝国末代君主，公元前 336 年至公元前 331 年在位，最终被马其顿国王亚历山大大帝击败。提格拉尼斯(Tigranes)，亚眠国王，公元前 97 年至公元前 56 年在位，曾被古罗马统帅庞培击败。安条克指的应是安条克三世(Antiochus III)，塞琉古国王，公元前 222 年至公元前 187 年在位，曾于公元前 190 年被罗马人击败。——中译者注

(8) 专制主义向高尚的图利乌斯[70]显露出如此清晰的面目，以至于这位罗马第七任国王勇敢地为自己规定了王权的界限。

(9) 在上一场战争中，法国几乎没有取得任何胜利；究其各种不同的原因，当我们注意到将领们嫉妒心重、缺乏经验，他们对公共福利又漠不关心，也许我们不该忘记因宗教的奴役而产生的腐败，它在当时开始在所有的心灵中蔓延。如今，法国人再也不敢自主地思考。日复一日，他们思考得更少了，也更不值得尊敬了。

(10) 人们那么热爱权力，即便是在英格兰，也几乎没有哪个大臣不愿为自己的君主披上专横权力的衣袍。对高位的痴迷让他们忘记了，如果这种由自己建立起来的权力重得让自己和后代无法承受，他们就可能会沦为这种权力的第一批受害者。

人们为什么想要承担伟大的职务呢？是想要做好事吗？不受这项动机驱使的人，必定会将它们视为包袱。人们渴求这类职务，更多是为了他们自己的效用，而非公共的效用。因此，人生来并不像某些人声称的那样好。好是以对他人的爱为前提的，但只有在我们自己身上，才集中了我们所有的爱。

(11) 对权力的热爱是普遍的，但并不是每一个人都会冒着同样的危险去获得权力，因为对绝大多数的人来说，对自我存活的热爱与对权力的热爱是旗鼓相当的。

(12) 几乎在每一个国家，强力都比正义更受偏爱。在法国，人们向律师课税，却不向中尉课税。为什么？因为前者在某种程度上代表正义，而后者则代表权力。

(13) 谁是杰出人物的敌人？他的竞争对手，以及几乎所有的同时代人。他的出现是对他们的羞辱。他又受到谁的褒扬呢？外国人。外国人并不妒忌，他算是一位在世的后人——空间上的距离相当于时间上的距离。如今，对一个文人来说，他可以期盼的回报几乎只剩外国人的称赞了。

(14) 当我们不得不在内心中承认另一个人拥有更为优越的知性时，我们就会憎恶他，他的出现令我们反感。我们会伺机报复，把他除掉。为了达到这个目的，我们像对待笛卡尔、培尔、莫泊丢[71]等人那样迫使他离开祖国，或是像对待孟德斯鸠、狄德罗等人那样对他加以迫害。

人们说，妻子或家仆的眼中是没有伟人的。我深以为然。对于一个大多数时间我们都不得不去仰慕的人，我们怎么能和他一直生活在一起呢？在这

---

[70] 图利乌斯(Tullius)，全名塞尔维乌斯·图利乌斯(Servius Tullius)，公元前578年至公元前534年为罗马国王。但他并非罗马王国第七任国王，而是第六任；作者此处的叙述与史实有出入。——中译者注

[71] 莫泊丢(Pierre Louis Moreau de Maupertuis, 1698－1759)，法国数学家、哲学家，曾在腓特烈大帝的邀请下担任普鲁士科学院第一任院长。——中译者注

种情况下，我们必须要么离开他，要么停止对他的尊崇。虽然财富和地位可以一时封上妒忌的嘴，但之后它会怒火暗烧。我们不愿意看到一个在出身和地位上已然比我们优越的人还要在才能上超越我们。有人像腓特烈那样写作吗？我们会对他写作的才能加以嘲讽，虽然如果换作是凯撒、西塞罗这样的人，我们就会对他表示敬仰；我们不情不愿地看着他用一份优秀的作品建立了自己的功绩。可是，单凭他的对话不足以证明他的天资吗？不。在对话中，观念的接续非常之快，我们根本没时间一个个单独考虑，也没时间检查它们到底是不是妥当。除此之外，说话者的语调和手势以及听话者的倾向，都可以对我们造成干扰。因此，我们总是可以对这一类的功绩提出质疑；我们确实在这么做，并以此自慰。

也许，要想博得他人的喜爱，我们就不应该获得任何尊崇。一切过人之处都会招致畏惧与反感。为什么一个人若是平易近人，他的功绩便能得到包容呢？因为人们可以因他这种态度而在一定程度上鄙视他。

严肃的功绩倾向于同时得到人们的尊敬与憎恶，友善的功绩则倾向于同时得到人们的喜爱和轻蔑。一个人若是想要得到周围人的宠爱，就应该满足于得不到什么尊崇。对功绩的遗忘让我们原谅了功绩。伟大的才能有一些仰慕者，但几乎没什么朋友。大众隐秘而普遍的欲望不是天才活跃，而是愚蠢蔓延。

(15) 人们出于什么样的动机去购买讽刺性的小册子呢？抹黑伟大人物，褒扬无能之辈。在这一点上，人性并没有改变。普鲁塔克说：如果雅典人匆忙之中就将年轻的西蒙擢升至最高的职位，这是为了侮辱泰米斯托克利[72]，他们厌倦了那么长时间对同一个人表示尊崇。我们为什么要过分吹捧那些崭露头角的才子呢？经常是为了打击那些已经获得尊崇的人。普鲁塔克说，当我们穿透人心、看见它最基本的动机时，我们会发现，施人恩惠的欲望与其说来自从为人效劳中感受到的快乐，不如说来自在贬低他人时妒忌心所获得的满足。

(16) 看到自己的儿子常常与文人为伴，比起所有其他的社团他们更愿意参加文人的社团，那些为人正派但愚昧无知的父亲一般会感到很焦躁，因为他们父性的骄傲受到了伤害。

(17) 如果确如人们所说的那样，在法国，文学和哲学没有自己的保护人，那么就算我们不是先知，我们也可以确定下一代人将缺少学识与天资，而在所有的艺术中，只有那些奢侈的艺术才会得到培养。

(18) 一般来说，暴力和迫害与受迫害者的功绩成正比。杰出的人在每一

---

[72] 西蒙（Cimon）与泰米斯托克利（Themistocles）均为公元前六世纪至公元前五世纪的雅典政治家和军事家，两人都担任过雅典的首席将军，指挥过雅典人打败波斯侵略军，但也都遭受过政治放逐的命运。——中译者注

个国家都遭受过羞辱。英格兰人在成为大人物的同时不用担心受到惩罚，这也只有不到一百五十年的时间而已。

（19）极少有作者自主地思考，绝大多数的书都是跟风之作。但是一个人若是没有自己的风格，就不要期待后世的尊崇。

（20）先前，所有的人都对古人五体投地；不管是谁，就算他暗中更加偏爱塔索，而非维吉尔或者荷马，他也不会承认这一点。可是，既然我们并没有制定这样一条法律，我们为什么要隐藏自己的观点呢？还有什么会比观点的参差多态更能提升公众的品味呢？

（21）当君主或执政官在意后世的看法时，他们通常会博得后世的尊崇；他们会公正地制定法令、宣读判决。作家亦然。当一位作家在心灵中浮现出后世，他比较对象的方式就会变得崇高。他发现重要的真理，确保自己能获得普遍的尊崇，因为他是为一切时代和一切国家的人写作。

（22）神学家的毁谤以“对《贝利萨留》的谴责”[73]为标题，借助野蛮而残忍的论断制造恐慌。它总是让我的心灵浮现出拉辛那句巧妙的诗句：

> Eh quoi! Mathan! d'un prétre est cela le langage?
> 什么，马坦！这是司铎的语言吗？

（23）我们应当致以最多尊敬的公民，首先是那些以自己的骁勇或睿智保卫了帝国的荣耀或福祉的将领和大臣。其次是那些在改进艺术与科学、满足人民的需求或为人民排忧解难等事务上做出最多贡献的公民。可是我们为什么会对有钱或有权的人比对伟大的数学家、诗人或哲学家致以更多的尊敬呢？因为我们首先尊敬的是权力或财富，我们总是把这些东西与有关幸福和快乐的观念联系起来。

年轻人把权力奉为偶像，甚至那些到了成熟年纪的人也是如此，只要他们能把爱神木缠绕在他们的桂冠[74]上面。

如果权力有时会受到老年人的轻视，这是因为它不能再给他带来之前那些好处了。

---

[73] 贝利萨留(Belisarius)是公元六世纪拜占庭帝国的将领。1767年马蒙泰尔曾发表同名小说，该小说以贝利萨留的生平为题材，杜撰了这位将领被查士丁尼一世不公正地贬为乞丐的不幸遭遇。小说关于宗教宽容的段落曾遭到索邦神学院和巴黎大主教的抨击。——中译者注

[74] 在古希腊神话中，爱神木(myrtle)是爱神维纳斯眼中的圣物。在地中海地区，爱神木象征着爱与不朽。而月桂则象征着军事和诗艺上的荣誉。作者此处提及这两种植物，应该是在暗喻：只要一个人的年纪仍然允许他在军事或诗歌领域斩获荣誉，那么他就会对权力表示崇拜。——中译者注

第四章　拥有寻常机体组织的人容易受到同等程度激情的影响；由于偶然性把他们置于其中的情境有所不同，从而产生了能力上的不平等；每个人最初的性格（正如帕斯卡尔已经观察到的）不过是他们第一个习惯的产物

（24）由于人口的增长，人们被迫为土地施肥，在这一时期，人们意识到必须确保劳动者得到他收获的作物，以及他对于所耕种土地的财产权。难怪在耕种出现以前，最强大的人会认为，对于某片贫瘠的土地，自己和第一个占用者拥有同等的权利。

（25）甚至在开化民族中，抵抗掌权者的行为也会被视为叛乱和罪行。一位英国商人在下议院里发的牢骚再清楚不过地证明了这一点："先生们，你根本想象不到那些黑人对待我们的方式是多么地背信弃义。他们恶毒到这种地步，以至于在非洲的某些海岸，他们宁愿选择死亡也不愿接受奴役。我们已经把他们买下了，他们还要捅死自己或者跳进海里，这对买方来说是多大的损失啊！根据这个可怕的种族干出的变态行径，给出你们的评判吧。"

（26）一个民族何时会打破诸民族之间的法律呢？当他们可以这么做而又不用担心受到惩罚时。弱小的罗马公正又高尚。当它征服了马其顿之后，没有任何民族能够抵抗它；当它变得更强大了，它就不再是公正的了。从那时起，罗马的居民失去了名誉，也失去了信赖。强大的人总是不义的。诸民族间的正义总是建立在相互恐惧之上的，所以才有那句政治上的公理：**如果你渴求和平，那就为战争做准备**。（Si vis pacem，para bellum.）

（27）亚里士多德把抢劫和不同的狩猎方式归为一类，梭伦认为偷窃也是一项职业，他只认为我们不应该抢劫我们的同胞公民和共和国的盟友。罗马在它的第一个国王治下，就是个强盗窝。凯撒说，日耳曼人把破坏和洗劫视为唯一适合年轻人的活动，只有这些活动才能让年轻人免于游手好闲，把他们造就为完整的人。

（28）人们说，在英格兰、法兰西、日耳曼、意大利等民族之间存在万民法。这点我相信。对报复的恐惧会在强力不相上下的各个民族间建立起法律，但当他们免于这种恐惧，与一个蛮族打交道时，诸民族之间的法律此时在他们眼中不过是个怪诞的念头。

基督徒有资格谈论诸民族之间的法律，谈论自然法，谈论美德吗？他们没有受到来自东印度人的任何伤害，却入侵他们的海岸，摧毁他们的城市，驱逐当地的居民；他们带着欧洲的商品，在非洲的各个市镇之间挑拨离间，利用自己点起来的战火，把那些在战争中被征服的人买来充当奴隶；他们没有受到来自西印度人的冒犯，甚至连表面上的冒犯都没有，却登上美洲，摧毁蒙特祖玛和印加的宫殿，屠杀他们的臣民，攫取他们的领地，全然不顾那条"先占先得"之法（primo occupanti）。

教会吹嘘自己使那些被偷窃的财富物归原主了，但它把墨西哥和秘鲁的帝国归还给了那些合法拥有它们的人吗？恰恰相反，难道它不是和君主们狼狈为奸，洗劫了那片新世界吗？难道它不是用这些战利品自肥，以此表明自己对自然法中的那些规范嗤之以鼻吗？而按照教会的说法，自然法的规范是被上帝之手镌刻在每个人的内心之中的。

还有什么能比教会的道德更荒诞、更可鄙呢？如果一位君主找了一个情

妇，在他们看来这是一件无关紧要的事情，只要她不与教会的计划作对，否则司铎就会激烈声讨这种不虔诚的行为。但如果这个君主把战争和毁灭带给一个并没有冒犯他的民族，如果他在一场远征中导致四十万人丧生，用苛捐杂税压弯人民的脊梁，司铎们对此却不置一词。这种天主教会的道德真是奇怪啊！

(29) 人们说，人热爱正义，而执政官是正义的工具，执行正义是国家赋予他的职责。因此，他们首先应该做的就是保护无辜的人。但他们真的保护了吗？在西班牙和英格兰，刑事诉讼是以两种不同的方式进行的。那个为被告指派律师，并对他做出公开审判的国家，无疑是最能保护无辜的人不受法官的腐败与偏袒侵害的国家，因而是最好的国家。但这套方式为什么没有被采纳呢？为什么执政官不要求引进呢？因为他们觉得，他们的审判越是专横，他们就能引发越多的恐惧，对人民也就拥有越多的权威。因此，对公正的热爱虽然被捧上了天，但它既不是自然的，也不是人类共有的。既然他们都不能与正义为友，我们怎么还能把他们称为人道之友呢？

(30) 在心灵中，关于幸福的观念与关于权力的观念是如此紧密地联系在一起，以至于把它们分离开是一件很棘手的事情。我们对表面上的权力甚至都抱有尊重，或许正是由于这种情感，我们才对自杀产生某种敬仰之情。在我们的想象中，自杀者是一个掌握巨大权力的人，他对生命的轻视已经到了可以把自己杀死的地步。除了对权力的热爱，我们还能为那些拥有某种倾向的男人过分厌女找到什么样的原因呢？亚历山大、苏格拉底、梭伦以及卡蒂纳[75]都是英雄、值得信赖的朋友以及值得尊敬的公民。因此，一个男人有这种倾向，但仍可以对他的家庭和国家作出贡献。那么，是什么导致了那些疑似带有这种倾向的男人极其厌恶女人呢？因为他们对女人拥有较少的权力，他们无法忍受这种权力上的缺憾。至少在他们的帝国中，有那么多人都是这种倾向的奴隶，以至于只有死亡才能赎清这类男人犯下的罪行。

(31) 正是权力让一位君王受到另一位君王的尊重。菲利普二世在他的小房间里忙碌地工作，他召唤一个仆人，但没人过来。他的弄臣哈哈大笑。你在笑什么？国王问道。想一想，您让整个欧洲何等敬畏和恐惧，但如果您没有权力，您其余的臣民并不比您的家仆更好地为您效劳，他们又会对您何等轻蔑。

(32) 君主极少对公正抱有热情，他们当中几乎没有几个人会因崇尚人道而充满活力。在整个古代，只有吉罗[76]为我们提供了这方面的一个例子。他

---

[75] 所谓这些男人真的沉溺于这种倒错的倾向，这似乎只是猜测而已。毫无疑问，这在希腊是十分常见的，所以觉得每一个古希腊人都感染上了这种倾向，就像我们认为每一个荷兰人都是金钱的情人，每一个法国人都爱好献殷勤一样。——英译者注

[76] 吉罗(Gelo)，公元前五世纪的叙拉古国王，曾在公元前480年希米拉战役中决定性地击败了迦太基人。——中译者注

对人祭感到恐惧。他举兵进入非洲，要求被征服的迦太基人废除这种可憎的风俗。叶卡捷琳娜二世同样采取武力迫使波兰人走向宽容。在一切战争中，也许只有这两场战争是为了民族的幸福。就此而言，吉罗与叶卡捷琳娜二世将分享后世的尊崇。如果我们要对主权者的功绩作出判断，那么判断的根据不应该是那些可能在他们的家族中发生的琐碎纷争，而应该是他们给人类已经带来的，或者本会带来的巨大好处。做好事的欲望在他们中间是很罕见的。公共的善只有在君主的利益和人们的利益恰好重合的时候才会实现。在什么时候，法国国王放宽了臣民的自由，并削弱了贵族的权力？当王国里那些趾高气昂的封臣们与主权者分庭抗礼的时候，此时君王的雄心才将自由给予人们。

让东方的君主们不要吹嘘自己对公正的热爱了。一个把自己的臣民变成野兽的人是不可能爱他们的。认为这样会让人民更加驯顺、更加易于统治，这是愚蠢的。一个民族越是启蒙，就越是乐于听从由公平的行政机关提出的公正要求。让臣民陷于盲目的人会肆无忌惮地行不义之举。一般而言，人就是这样；可他们却胆敢称呼自己是正义之友。真是不自知又虚伪！

(33) 真的有人会像某些人断言的那样，为了正义而牺牲自己最珍贵的利益吗？并不会。但有些人把正义看得比什么都要珍贵。在这些人当中，这种慷慨的情感是优秀教育的产物。怎样才能把这条原则镌刻在每个人的心中呢？一方面，要把不义之人描绘为卑劣可鄙的人，所以也是无能的人；另一方面，要把公正的人描绘为受尊崇的、有声誉的人，所以也是有权力的人。

通过这种方式，关于正义的观念在心灵中就和关于权力和幸福的观念联系在一起，它们会互相混同、合二为一；当我们习惯于同时回想起两者时，很快就不可能再把它们区分开了。这个习惯一旦养成，我们就会对那副公正而高尚的模样感到骄傲，之后，为了这种高贵的骄傲，我们可以牺牲一切。

因而，正是对权力和重视的热爱产生了对正义的热爱。确实，后一种热爱对人类而言更为陌生；与之相反，人自然而然地热爱着权力，这种热爱是人人共有的，不管是正派的人还是恶棍，是野蛮民族还是开化民族。

对权力的热爱是肉体感受力的直接产物，对正义的欲望则是教导的产物；因而，一个民族的美德恰恰取决于法律的贤明。试问：在一个尊重正义的民族中，会有多少有德之人，当他们置身于一个把公正视为软弱和怯懦的残暴民族中时，会变得不义？因此，人们不是出于公正本身而热爱公正。一切民族的风俗习惯以及一切专制者的行为举止已经完全解决了这个问题。

(34) 在封建政府的治下，谁是暴君？地主。有人会说，那么这里暴君的数量比专制政府治下的要多。我对此表示怀疑。苏丹下面有维齐尔、帕夏、贝伊[77]和税吏，以及无数的下级官员和小暴君。比起封建领主，这些人更不在乎臣仆的幸福。

(35) 在英格兰，如果大人物的不公正会遭到底层人民的贬低，这是因为这些人在法律的保护下对大人物没什么好恐惧的。如果在所有其他国家，大人物的恶行反而受到尊敬，这是因为在那里，权力是恶行的后盾。我们能够憎恶权力，但不能贬低权力。

(36) 和塔马斯一样，阿提拉[78]以自己是全能者给予世人的惩罚为荣。

(37)“煽动者”和“叛乱者”是有权力的压迫者安在无能的被压迫者头上的侮辱性称呼。

(38) 在君主一时的欲望便可构成法律的每一个帝国，一切法律都是矛盾的，而且不管是在统治者当中还是被统治者当中，都看不到道德原则的影子。

(39) 轻蔑是归于弱者的。这也许是君主们唯一明白的真理。如果一位君王失去了一个省份或一个市镇，他甚至会自己都瞧不起他自己。但如果他从邻国那里不公正地攫取了一个市镇或省份，他会认为自己是值得尊敬的。他总是看到，人们尊敬那些有权势的人做出的不义之事，在权力面前，全世界都闭上了嘴巴。

(40) 一位英国诗人说，强大而邪恶的人只惧怕那些比自己更强大、更邪恶的人；但公正而高尚的人应当惧怕所有的人，他要把所有的同胞公民，甚至自己的朋友都视为迫害他的人；每个人都攻击他。他的美德让他们不用担心会遭到报复；在别人看来，他的人道等同于软弱；在一个恶毒的政府治下，善良而软弱的人生来就是献给邪恶而强大之人的牺牲品。

(41) 英格兰的一个贵族登上了意大利的土地，他遍历罗马周围的乡野，便匆匆忙忙地坐船回英格兰了。人们问他：你为什么要离开那个美好的国家？他说：“我再也受不了目睹罗马农民悲惨的样子了。他们的不幸折磨着我。他们甚至一点儿人样都没了。”这位贵族或许夸张了，但他并没有说谎。

(42) 谋杀克雷塔斯是亚历山大的污点[79]，惩罚那位荷兰报纸撰稿人是那

---

[77] 帕夏(pacha)是奥斯曼帝国行政系统里的高级官员，通常是总督、将军及高官；贝伊(bey)泛指各省区执政者，次于帕夏。——中译者注

[78] 阿提拉(Attila, 406－453)，古代欧亚大陆匈奴人的领袖和皇帝，被史学家称为“上帝之鞭”。他曾率领军队两次入侵巴尔干半岛，包围君士坦丁堡；亦曾远征至高卢(今法国)的奥尔良地区，在沙隆之战停止向西进军。然后他又攻向意大利，并于公元452年把当时西罗马帝国首都拉文纳攻陷，赶走皇帝瓦伦提尼安三世(Valentinian III)，使西罗马帝国名存实亡。——中译者注

[79] 克雷塔斯(Cleitus)是亚历山大大帝最信赖的护卫之一，他曾在格拉尼库斯战役中救过亚历山大大帝的命，但在数年后的一次争吵中被亚历山大大帝一怒之下杀死。——中译者注

位法国大臣的污点。这两个不幸的人犯下的罪行是一样的，他们都不小心把真相说出来了。在上个世纪，人类对报纸撰稿人的遭遇感到愤慨。在一些更糟糕的时代，对正派的人实施惩罚会赢得人们的喝彩。

(43) 当我们关注这位报纸撰稿人，并把他的罪行和惩罚加以比较时，我们仿佛踏进了那位印度苏丹的领地，他把自己的维齐尔吊死，只是因为后者在奶油果馅饼里加了三粒胡椒。据说，那位杰出但不幸的德·拉夏洛泰先生也差一点要忍受相同的命运，因为他在一封写给财政大臣的信里面放进了三粒盐。

(44) 在法国，我们为什么不敢在舞台上把大人物表现得一无是处？人们说，因为这一类喜剧不会导致任何改革。确实如此。自诩对法国人的琐碎无聊有所纠正的诗人其实是上当了。往达那伊得斯的容器里装东西只是白费力气。[80] 如果女人和司铎对政府拥有强大的影响力，那在这个政府治下，理智健全的人是不会出现的。那里只能培养出轻浮无聊的精神，因为只有这种精神才能让人发迹。

(45) 无知之人对富于才能之人的庇护并不缘于后者的天资，而总是缘于某些特殊事件。如果说丑陋的人想要盲人陪伴自己，那么无知的人则从目光敏锐之人的身边逃离。

(46) 一个无知的维齐尔总是用恶毒的眼光看待那些去民众博学、君主睿智的国家游历的人，他担心这个旅行者回来之后会贬低他。他与有才能的人为敌，吹嘘自己对他们的轻蔑，而外国人恰恰把这种轻蔑当成判断他的依据。伟大的大臣与伟大的君主总是文学的保护者，布伦瑞克亲王、叶卡捷琳娜二世、普鲁士的亨利亲王[81]等人便是这方面的例证。

(47) 先前，弄臣虽然拥有偶尔向君主说出真相的特权，但还是要谨小慎微、找准时机才行！他们当中有个人说过：让我们像猫那样审慎吧，它们在闻遍宅子的每一个角落之前，不会认为自己是安全的。

(48) 之所以欧洲还剩下为数不多的自由，是因为英国人和荷兰人享有他们的自由。除了他们，几乎所有的民族都在无知和专制的束缚下苦苦呻吟。

---

[80] 达那伊得斯(Danaides)是希腊神话中埃及国王达那俄斯(Danaus)五十个女儿的总称，她们被咒语要求在新婚之夜杀死她们的丈夫，但只有一个女儿完成任务，其余的因此被惩罚不断打水倒入一个漏水的容器中。——中译者注

[81] 此处布伦维克亲王(the prince of Brunswick)指的应是查尔斯·威廉·费迪南大公(Charles William Ferdinand, 1735－1806)，他仿效腓特烈大帝，是当时施行开明专制的代表人物；他赞助艺术与科学，其中最著名的被赞助人就是年轻的数学家高斯。普鲁士的亨利亲王(Prince Henry of Prussia, 1726－1802)，腓特烈大帝三弟，普鲁士将军；亨利亲王的宫廷常常招待业余的与专业的法语剧团去演出。——中译者注

因此,每一个高尚的人,每一个优秀的公民,都应该关切这两个民族的自由。

(49) 专制主义命令的只是自动装置而已。人格仅存在于自由的民族之中。英国人有,但东方诸民族则没有,恐惧和奴性抹杀了他们的人格。

(50) 政府禁止有关行政事务的著述,就等于发誓要变得盲目,这种誓言可谓屡见不鲜。"只要我的财政管理良好,我的军队纪律严明,"一位伟大的君主说,"那就随便谁去写东西反对我的纪律和行政吧。但如果我疏忽了两者之中的任何一个,谁知道我身上会不会有那种强迫这些作者闭嘴的毛病呢?"

(51) 当一个人当上了大臣,他就不再制定原则了,而是要运用原则。他在事务的洪流中脱不开身,此时获悉的也都是些不在其位便不会了解的细枝末节。

(52) 对出版的钳制就是对民族的侮辱,禁止阅读某些书籍就是公开宣称居民非奴即傻,这种禁令应受到人们的轻视。但有人会说,一本书是得到赞许还是遭到谴责,这几乎总是取决于当权者的观点。一开始确实是这样,但最初的判断是无关紧要的,它是偏见发出的声音,无论表示的是支持还是反对。真正令作者感兴趣的判断是民众在反思后给出的判断,它几乎总是公正的。

(53) 一个人登上高位的年纪常常也是一个人集中注意愈益困难的年纪。在这个年纪,催促我学习的人就是我的敌人,我要他受到惩罚,想让他死。我完全可以原谅一个诗人写下了优美的诗句,我可以心不在焉地读这些句子;但我不能原谅一个道德家犀利的推理,因为题材的重要性会要求我去反思,如果他击中了我的偏见,他就伤害到了我的骄傲,把我从懒惰中拽出来,迫使我去思考;而每一种约束都会引发憎恶。

(54) 专制主义的土地盛产不幸和怪物。专制主义是权力的奢侈品,对主权者的幸福无关紧要。关于这种权力的观念会让罗马人浑身发抖。它让英国人感到恐慌。针对这个问题,普拉特法官[82]说过:"让我们当心,不要让以意大利人和法国人为对象的研究贬损了一个自由的民族。"

在英国人眼中,欧洲贵族都是些什么人呢?他们融人民压迫者的特征与奴隶的特征于一身,法律本身并不能保护这类公民免受当权者的侵害。葡萄牙的贵族既不拥有自己的生命和地产,也不拥有自由。他们是本国产的黑奴,自己在主人的直接命令下受到鞭笞,却贬低那些在种植园监工的命令下受到鞭笞的黑奴。在欧洲所有的宫廷里,这几乎就是卑微的公民和傲慢的贵族之间唯一的区别。

(55) 我们必须要么在宫廷中匍匐,要么就远离宫廷。把宫中的恩宠当做唯一生计的人,必须贬抑自己的天性,否则就会死于饥饿。没几个人倾向于选

---

[82] 普拉特(Sir John Pratt, 1657 - 1725),英国法官、政治家,1718 年至 1725 年任英格兰高等法院首席法官。——中译者注

择后者。

(56) 前不久去世的普鲁士国王曾与一位英国大使共进晚宴，国王询问大使对君王的看法。他回答道："一般而言，我觉着他们是一个毫无价值的族群。他们无知，又受到阿谀之词的腐蚀。他们唯一成功做到的事情就是骑马；与此同时，在所有接近他的人或物中，只有马不会奉承他们，因为如果他们不把马驾驭好，它就会摔断他们的脖子。"

(57) 一个政府越是专制，人民的心灵就越是堕落，他们也就越是吹嘘自己对暴君的热爱。在摩洛哥，当君主屈尊俯就，亲手割开奴隶的喉咙时，这些奴隶还在为他们的命运和君主祈福。

(58) 被阿谀奉承腐蚀的主权者们是一些被惯坏的孩子。由于习惯了对奴隶发号施令，他们常常试图以同样的方式对待自己的同类，有时会遭到惩罚，丧失一部分领地。当提格拉尼斯、安条克这样的暴君胆敢与罗马人平起平坐时，这个自由的民族给予前者的正是这样的责罚。

(59) 一个人若是有钱，他就会因自己的财富受到仰慕；一个人若是地位高，他就会因为自己的等级受到仰慕；一个人若是体态优美，他就会因为自己的身形受到仰慕。褒扬并不难。每个人都有一些被人们认为是值得称赞的地方。

(60) 富于天资的人自主地思考，他的见解有时与那些被广为接受的见解相悖，因此他伤害了大多数人的虚荣心。要想不冒犯任何人，我们就应该只持有那些流俗的见解，这样的人既没有天资也没有敌人。

(61) 阿尔比派和瓦勒度派[83]有着相同的遭遇。很难想象不宽容的怒火对他们的打压到底有多么过分。关于针对瓦勒度派的野蛮行径，英格兰驻萨瓦大使萨缪尔·莫兰为我们留下了一副骇人的画面，他当时在该地定居。他说："基督徒从未对基督徒做过这么残忍的事情。他们割下巴伯(人民的讲道者)的脑袋，煮了以后再把它们吃掉。他们用碎石剖开一些女人的腹部，直到肚脐。他们割下另一些女人的乳房，把它们烤着吃掉。他们用火烧一些人的私处，把另一些人的四肢打断，让他们被烈火吞噬。他们用钳子拔掉另一些人的指甲。他们把半死不活的男人和马的尾巴拴在一起，就这样在岩石上拖拽他们。对他们实施的最轻微的惩罚就是从陡峭的山岩上丢下去，被丢下去的人常常掉在树丛之中，他们就这样被悬吊在那里，直到因饥饿、寒冷或受伤而丧生。他们把这些人剁成许许多多的碎块，将他们的四肢和肉随处抛撒在乡间。他们用尖桩刺穿处女的私处，就像扛军旗一样扛着它们四处走。其余的先不

---

[83] 瓦勒度派(Vaudois)，十二世纪晚期发源于法国里昂的基督徒运动，该运动宣扬自愿贫穷和对圣经的严格遵守。他们很快便与罗马天主教会产生冲突，教会把瓦勒度派的领导人和追随者开除教籍并宣布他们为异端，随后对他们施加了严重的迫害。——中译者注

论，他们还把一个名叫贝兰琼的年轻人拖上卢塞恩的街道，这里到处都洒满了尖利的碎石，如果他疼得昂起了头或是举起了手，他们就当场把它们打下去；最后，他们割下他的私处，塞进他的嘴里把他憋死，之后再割下他的脑袋，把躯干丢进河里。天主教徒把婴儿从摇篮里抓出来，用手把他们撕成碎片。他们把年轻女孩儿活活烤死，割下她们的乳房，把它们吃掉。他们割下另一些人的鼻子、耳朵和身体上其他的部分。他们在一些人的嘴里填满火药，再用火点燃。他们把其他人的皮活剥下来，再把这层皮悬吊在卢塞恩各家各户的窗户前面。他们把另一些人的脑子打出来，烤了或煮了以后再把它吃掉。最轻微的惩罚是把他们的心脏剜出来，将他们活活烧死，或是把他们的脸毁容，切成一千多块，然后再淹死他们。他们在加里格利亚诺燃起了一座火炉，强迫十一个瓦勒度派教徒把对方丢进去，剩下最后一个，则由这些凶手亲自把他丢进去，但这时他们表明了自己是真正的天主教徒，是值得尊敬的罗马人。在所有的山谷中，只能看到死尸或垂死的人。阿尔卑斯山的雪被他们的血玷污了。这儿能看到一颗脑袋，那儿能看到一条躯干，小腿，手臂，拉扯出来的肠子，仍在跳动的心脏。”

在他们口中，瓦勒度派到底犯了什么样的罪行，需要受到这么野蛮的惩罚？他们说这是为了惩罚他们的叛变。这些人受到责备，因为他们没有在加斯塔尔德[84]和教皇发布第一道命令时就背井离乡，离开这个自己已经居住了一千五百年的国家，在这里他们总是享有宗教崇拜的自由。温和的天主教，它温和的司铎和圣徒在一切时候都是这样对待人类的。恶魔的使徒还能做出什么更邪恶的事情吗？

（62）如果一个人不对一般意义上的人类——具体也包括他自己——表示最大的轻蔑，那么他就不能看穿各种伪宗教。他会说：什么！必须要用几千年的时间才能让一个理智如我的人确信异教的愚昧吗？犹太人和拜火教徒仍然固执于他们的谬误吗？伊斯兰教徒仍然信仰穆罕默德吗？估计还要再过几千年他们才会明白古兰经的谬误吧！人类必定是一种非常软弱和轻信的动物，总之，正如一位智者所言，我们的星球必定是宇宙间的疯人院。

（63）为什么教士在英格兰一般会受到人们的尊崇？因为他是宽容的，法律束缚住他的手脚，不让他参与到行政事务中；因为他不会，也不能伤害到任何人；因为对国家来说，供养英国教士的费用不如供养天主教士的费用那样庞大；最后，因为在那个国家，宗教完全只是一种哲学观点而已。

（64）我关于热忱的论述也适用于谦卑。无论我们设想一位枢机主教属于哪一个教派，当他在罗马以诸如法国这样的王国的保护者自诩，他都绝不会

---

[84] 加斯塔尔德（Gastald）是对伦巴第地区某类行政官员的称谓，他们拥有民事、军事和司法权力，负责管辖一部分王室领地。——中译者注

真心实意地认为自己是谦卑的。真正的谦卑会拒绝如此浮夸的头衔。不过，虽然我并不想否认一些高级教士是愚蠢的，但他们充满野心的主张更多证明了民众的愚昧，而非教士的能力。一位旅行家曾对我说：当我待在日本时，无论什么时候我听到 Donoo-Sury-Sama 这些词，也就是"鹤大人"，它们总是迫使我回想起某个主教的名字。

(65) 耶稣对尘世并不行使权威。如果他曾渴望让神职人员的权力发号施令，他首先就会向自己的使徒交代这道命令。但他们的后继者尚未向我们表明他们的嘱托，也没有表明自己拥有获得这份遗产的资格。

(66) 撒都该派教徒被认为是犹太人中道德最高尚的人。在希伯来语中，saduc 一词与"公正的"同义。因此，比起法利赛人，撒都该派确实更少，也应当更少受到上帝的嫌恶：前者要求处死耶稣基督并流尽他的鲜血。比起不人道与弑神，不虔信与福音精神之间的抵触更少，往后也都是这样。

(67) 令法国蒙羞的是，卢梭先生在巴黎受到的迫害和在讷沙泰勒一样多。索邦神学院的那批人无法原谅他那段"在推理的人和通神意的人之间展开的对话"[85]。他们说，这段对话实在是太大胆了。对此能给出什么回应？卢梭先生的推理要么成立要么不成立；运用暴力拒斥正当的理由是不义，采用同样手段拒斥糟糕的理由则是愚行；这等于暴露自己的愚蠢，妨害自己的使命。诡辩是自相矛盾的，而真理则很容易得到辩护。

此外，针对卢梭先生的反驳是什么？是一切东方佛僧、伊斯兰教托钵僧或满大人在劝说某个僧人改宗时会提出的反驳。这些反驳是不是让人不知所云？僧人想在中国做些什么？他们为什么请求君主给予资助、施舍和赏钱，去为一场无法让任何人皈依的传教活动买单？那些在东方游历的和尚只有一个目的，即通过商业聚敛财富。他们花费人民挥霍在他们身上的财富，只是为了剥夺人民从合法的商业活动中获得的利润。在这种情况下，各个民族都可以对他们做出一切公正的斥责。他们对卢梭先生的指控又是什么呢？他们说卢梭宣扬自然宗教，可是这并不与天启宗教相悖。卢梭先生态度诚恳地提出了自己的批评，他可不是那个以"教会报"(Gazette Ecclesiastique)为题写一些无耻谰言的人，可是他被驱逐了，那个写小说的却得到了宽容。杰出的卢梭啊！谁是你的法官呢？狂热分子。这些人如果有足够的权力，就会毁禁马可·奥勒留、安东尼乌斯和图拉真的回忆录，并对欧洲最伟大的君主提出指控，将他们卓越的才能宣布为罪行。对这样的判决要给予什么样的关注呢？根本不用

---

[85] 卢梭在《爱弥儿》第四卷中借"萨瓦牧师"之口虚构了一段发生在"推理的人"和"通神意的人"之间的对话。卢梭倡导用内心的权威取代外在的权威，认为我们不应当轻信由任何人给出的奇迹或具有神秘色彩的教义，而应当运用上帝赋予我们的理性对教义进行分析，随后方可更加牢固地建立自己的信仰。——中译者注

关注。让我们诉诸后世，并贬低一切非理性的、不公正的判断。后世将会对这些法官作出裁决，那些最不宽容的人就算不是最大的恶棍，至少也是最无可救药的蠢货。

司铎集团把卢梭先生树立为攻击的靶子，他们在这个世纪对待他的方式，就像圣德尼的僧侣在十二世纪对待阿贝拉尔的方式。后者否认圣德尼大教堂的创建者是新约里提到的亚略巴古的丢尼修。[86] 从那一刻起，他们就公开宣称他与法国的荣誉和国王为敌；同时代的圣徒随后便对他加以中伤，实施迫害，并将他驱逐。

无论是谁反对僧人的主张，他都会沦落到不虔诚的悲惨境地之中。所以，对渎神和无神论的指控如今才变得那么荒唐幼稚。为了人类知性的尊严，我希望那些显贵、君主、大臣和执政官有一天会因为自己曾经当过修士泄怒和复仇的工具而感到脸红，我希望他们会担心那些遭到流放和惩罚的人所立下的功绩把这些惩罚变成了一种光荣。

雅典人为了保障他们的自由，有时会放逐一个太受欢迎的公民。对主人的恐惧让他们驱逐一位伟大的人物。欧洲的诸民族不会遭受这种危险，所以他们没有同样的借口去做出这种不正义的事情。

(68) 卡西奥多鲁斯[87]的想法和圣约翰类似。他说：宗教是不能被命令

---

[86] 亚略巴古的丢尼修(Dionysius the Areopagite)，又可称为“大法官丢尼修”，因为亚略巴古(Areopagus)是雅典卫城西北部一处审判故意杀人罪的法庭，其中的成员则被称为 Areopagite。亚略巴古的丢尼修是生活于公元一世纪的希腊雅典人，听从使徒保罗在亚略巴古的讲道而皈依，此事在《使徒行传》第 17 章中有记载：“34. 但有几个人贴近他，信了主，其中有亚略巴古的官丢尼修，并一个妇人，名叫大马哩，还有别人一同信从。”圣德尼(St. Denis)是公元三世纪的巴黎主教，基督教殉道者，圣德尼大教堂就是为纪念他而建。自公元九世纪起，人们经常将亚略巴古的丢尼修、圣德尼以及伪亚略巴古的丢尼修(公元五世纪至六世纪的基督教神学家和哲学家，曾托名亚略巴古的丢尼修撰写《丢尼修文集》，这些作品由虔诚者路易[Louis the Pious]于大约公元 814 年带至法国)弄混淆，而最早做出这种混淆的即为圣德尼修道院院长伊尔杜安(Hilduin)，将教堂的创建者追溯到亚略巴古的丢尼修成为让该修道院的修士团体引以为豪的一件事情。彼时居住于圣德尼修道院的经院哲学家阿伯拉尔(Pierre Abelard, 1079－1142)在其著作《受难史》(Historia calamitatum)中对此事表达了不同的看法，激怒了圣德尼的修士团体，最终不得不离开该修道院。——中译者注

[87] 卡西奥多鲁斯(Cassiodorus)，公元五世纪至六世纪的古罗马政治家、学者、修士，曾在东哥特王国任要职，之后退出政界，在意大利南部建立了维瓦留姆修道院，保存和发扬罗马文化。此处圣伯纳德指的是克莱沃的伯纳德，作者在第二章第十六节对他有所提及；意味深长的是，正是这位圣伯纳德承担了宣讲第二次十字军东征的任务。拉克坦提乌斯(Lactantius)，公元三世纪至四世纪的(转下页)

的，因为没人能被强迫去相信。（Religio imperari non potest, quia nemo cogitur ut credat）圣伯纳德说：应当劝说信仰，而非命令信仰。（fides suadenda, non imperanda）拉克坦提乌斯说：没有什么像宗教那样出于自愿，如果一个精神对它反感，它就被取消，什么也不是。（Nihil est tam voluntarium quam religio in qua, si animus aversus est, jam sublata, jam nulla est.）德尔图良说：想要强迫信仰是背离宗教的，它应该自愿地被接受，而不是通过暴力。（Non est religionis religionem cogere velle, cum sponte suscipi debeat, non vi.）

（69）有人会说，异教徒相信那些冒牌的祭司。就算是这样，这种信仰赋予了他们施加迫害的权利吗？成百上千的人相信江湖游医或是老妇人，而不是医生；但后者有权要求把这些不相信医学的人处死吗？无论是肉体上的还是精神上的疾患，每个人都应该选择自己的医生。

（70）普鲁士的朗伯先生[88]在其《新工具》一书中写道：经常发生的是，我们思考，相信我们思考的，并相信多于我们真正思考和相信的。这是导致众多错误的根源。譬如，如果一个人克制自己不去阅读那些被禁止的书籍，那么他虽然认为自己信仰，但又暗中怀疑信仰中存在着谬误。他就像一个虚伪的抗辩人，不敢阅读对手的辩护词。

（71）操控迷信之舰的舵手有着精湛的技艺，至于那些水手，绝大多数什么都不懂。进行统治的教士只要求那些被统治的教士拥有极少的知性，出于这个原因，我们对后者也没什么好责备的。有人曾经问丰特奈尔：你的司铎兄弟都在忙些什么？这位哲学家回答：早上他做弥撒，到了晚上他就不知道自己说的是什么了。

（72）英国人说，为了向无知的天主教徒证明教皇制的正确性，神学家给出的论据已经晦涩到了最离谱的程度。这些论据同样可以很好地证明古兰经、《一千零一夜》或是鹅妈妈童谣的真实性，为了确认这一点，就让他们把那些学派提出的各种诡辩和区分用在这些故事上面，人们将会发现，这里面的一切在神学上都是可信的。

（73）笛卡尔在遭受迫害时离开法国，像埃涅阿斯一样把他的珀那忒斯[89]一同带走，也就是说，把贤者对他的尊崇以及为他感到的遗憾一同带走。彼时

（接上页）早期基督教作家，曾任首位基督教罗马帝国皇帝君士坦丁一世的顾问，对其宗教政策做出指导。德尔图良（Tertullian），公元二世纪至三世纪基督教著名的神学家和哲学家，他有关三位一体和基督神人二性的论述在神学历史上影响深远。——中译者注

[88] 朗伯（Johann Heinrich Lambert, 1728－1777），德国数学家，天文学家，物理学家，曾于1764年接受腓特烈大帝的邀请，进入柏林科学院。——中译者注

[89] 珀那忒斯（Penates），古罗马神话中保护家庭食品贮藏处的神祇，与其他家神一同受到崇拜。——中译者注

信奉亚里士多德学说的高等法院发布了一道针对笛卡尔主义者的裁决(Arret),后者的学说在其中受到谴责,此后《百科全书》、《论心灵》与《爱弥儿》提出的学说同样受到谴责。除了日期不同,其他没什么两样。既然当下的高等法院嘲笑之前的高等法院,那未来的高等法院也将嘲笑当下的高等法院。

(74) 参见诺德[90]为那些被指控为魔法师的伟大人物所作的申辩。作者认为自己有必要在这份申辩中证明,荷马、维吉尔、琐罗亚斯德、俄耳甫斯、德谟克利特、所罗门、教皇西尔维斯特、恩培多克勒、阿波罗尼乌斯、阿格里帕、大阿尔伯特、帕拉塞尔修斯等人从来都不是巫师。[91]

(75) 神学家对"唯物主义者"一词从未能够给出一个清晰的观念,但他们对该词的误用之多,使它最终与"清晰的知性"成了同义词。人们现在用这个词指称那些作品被人们如饥似渴地阅读着的知名作家。

(76) 什么样的可恶诋毁,是天主教徒没有强加在新教徒身上的呢?为了激怒君主去反对值得他们信赖的臣民,僧侣们真是不择手段!究竟是什么样的技艺让他们完全呈现出一副反叛者的模样,心中燃着怒火,手里持着武器,时刻准备登上王位!僧侣啊,这就是你们的正义和慈善!你把你的毁谤建立在什么基础之上呢?罗马教会和新教的教会,哪一个最频繁地妄称自己拥有权利废黜国王、同时剥夺他们的权杖与生命?哪一个又最频繁地将这种权利

---

[90] 诺德(Gabriel Naudé,1600-1653),法国著名学者,图书馆学家。诺德著述颇丰,此处爱尔维修指的是诺德于1625年发表的作品《为所有被不公正地怀疑为魔法师的伟大人物而作的申辩》(Apologie pour tous les grands personages faussement soupçonnez de magie)。——中译者注

[91] 所罗门(Solomon),古代以色列王国第三任国王,公元前970至前930年在位,是圣经中被歌颂的贤王;中世纪术士曾相信用以驱赶魔鬼的《所罗门之书》即为所罗门王撰写。教皇西尔维斯特指的是西尔维斯特二世(Pope Sylvester II, 945-1003),他是一位优秀的学者和教师,支持和推动针对阿拉伯与古希腊罗马时期数学与天文学的研究,并将算盘和浑天仪重新引入欧洲;当时关于他有一些奇怪的流言,其中之一是他曾于西班牙期间偷到一本阿拉伯人的魔法书,在飞回法国的途中为了躲避失主的追捕而躲在木桥底下,因为这里是不受魔法控制的地方;这位教皇曾有"魔法师"的绰号,与这些流言不无干系。阿波罗尼乌斯指的是提亚那的阿波罗尼乌斯(Apollonius Of Tyana),公元一世纪的古希腊新毕达哥拉斯主义哲学家;直到公元二世纪,他是一位可与耶稣分庭抗礼的精神领袖,历史学家甚至称其为"异教基督";而在启蒙时代以前,教会认为阿波罗尼乌斯是一个与魔鬼合作、与基督教为敌的邪恶魔法师。阿格里帕指的是亨利·科尼里乌斯·阿格里帕(Henry Cornelius Agrippa, 1486-1535),文艺复兴时期具有神秘主义传统的著名作家,著有《神秘哲学三书》。帕拉塞尔修斯(Paracelsus, 1493-1541),文艺复兴时期著名的医生和炼金术师,其思想十分庞杂,是科学史上颇具争议性的人物。——中译者注

付诸实践？如果我们查阅一下历史，计算一下两者做过的尝试各有多少次和多少种，那么问题将很快得到解决。

人们会说，清教徒也对君主发动过战争。并不是，而是君主对清教徒发动过战争。当我遭到不公正的攻击，防御就是大自然规定的法律，无数受迫害的人总是可以利用这条法律。正是通过激怒主权者去反对他们值得信赖的臣民，僧侣们才将武器放进了清教徒的手里。如今在荷兰、英格兰和德国，所有不同的基督教教派都得到了宽容，它们有没有在这些地方惹是生非呢？在这些帝国里，宽容的计划奠定了和平；只要政府对神职人员的野心加以约束，那么和平无疑会一直延续下去。

结论：正如我已经说过的，如果政府不参与到神学争论里，那么在人民眼中，这些争论就和有关古代作家和现代作家的争论一样无关紧要。

(77) 耶稣会士屡次以反叛罪和煽动罪指控高等法院，并在国王面前指出法院成员的名字，这就像一个学生在其导师面前的所作所为，谁看了不会发笑呢？人们会说，法国是一个由奴隶构成的民族，彼此都以煽动罪指控对方。

(78) 僧侣们一直忙着在《圣经》中寻找一些段落，他们对这些段落的阐释可以为不宽容提供支持；可是谁不知道，虽然《圣经》是属于上帝的，但对经文的阐释则是属于人的。

(79) 坦率而勇敢的武士通常是仁慈的，他的自由与胆识让他抛却了一切恐惧，相反，祭司是残忍的。为什么？因为他软弱，虚伪，怯懦。蒙田说，在所有的创造物中，如果女人是最残忍的，这是因为她们一般都很软弱，并缺少胆识。**残忍一直是恐惧、软弱和怯懦的产物**。

(80) 没有什么比“不虔诚”一词的意指更加不确定，人们只把关于恶行的模糊而混乱的观念附加在这个词语之上。人们用这个词指称无神论者吗？他们把它用在那些对神性只有朦胧观念的人身上吗？如果是这样，那所有的人都是无神论者，因为没有人能够对不可领悟者有所领悟。他们把它用在那些自称是唯物主义者的人身上吗？但如果我们对于物质尚且没有任何清晰而完备的观念，我们对唯物主义的不虔诚之处也就无法拥有任何清晰的观念。我们要把那些与天主教徒拥有不同上帝观念的人视为无神论者吗？那我们必须用这个名称去称呼异教徒、异端和不信教者。最后，无神论者与恶棍也不是同义词，它意指的是那些就某些形而上学或神学问题与僧侣和索邦神学院的那批人持有不同见解的人。既然“无神论”或“不虔诚”这样的词可以让心灵浮现出关于恶行的某种观念，那它应该被用在谁的身上呢？迫害者。

(81) 最近几年，不宽容把发生在法国的白痴行为增加到了无法想象的程度。一个明白事理的人告诉我，在上一场战争期间，有一百个白痴和他们的告解司铎一起指控百科全书派的财务状况混乱，天晓得他们当中有没有任何一个人参与过财务管理。另一批人指责哲学家几乎不爱我们的将领所获得的荣誉，可在当时，只有对于荣誉和公共福利的爱才能承受起这些哲学家所遭受的迫害。还有一些人把法国军队失利的原因归咎于《百科全书》的出版和哲学精神的进步,但正是普鲁士的哲人王和英格兰富于哲思的民众在各地把法军击溃。哲学在当时就是故事里面那个小妖精,所有的恶作剧都是他干的。

关于这个问题,一位伟大的君主曾说过:任何一个把哲学和健全的理智从自己身边赶走的民族,既无法保证自己能在战争中取得伟大的胜利,也无法保证自己能在和平中迅速地重建。

(82) 如果没有天主教君主的帮助,愚蠢堪比犹太人,而不宽容可能比之更甚的教皇党徒们会受到同样的轻蔑。

(83) 在法国,不宽容从没有像现在这样严重,或许他们现在不会在不加删减的情况下出版弗勒里先生[92]的《教会史》,也不会允许印刷拉封丹的寓言。在有关雕刻家和朱庇特神像的那几行诗里,又有什么样的不虔诚是他们可能发现不了的呢?[93]

雕刻家确实很脆弱,
在这一方面古代的诗人也不示弱。
面对着自己创造出来的神的怒和恨
他真吓得六神无主掉了魂!
从这一点来说,
雕刻家也是孩子,
孩子老在担心,老一个劲地想:
别人千万别来惹怒自己玩的娃娃。[94]

(84) 我们的每样东西都是习得的,甚至自爱也是;我们学会爱自己,学会仁慈或残忍,学会高尚或恶毒。道德之人完全是教育与模仿的结果。

(85) 我们多种多样的性格是人为激情的产物,而不是机体组织或特殊脾性的结果,从它们对于特定职业的依附关系中可以明显看出这一点。根据休谟先生的看法,这方面的例子有士兵的性格和圣坛祭司的性格,它们在一切时代、国家和宗教中几乎都一样。

(86) 对荣誉的热爱让一个人超越自己,并扩展了心灵和灵魂的能力;但一个人若是将这种激情视为特定机体组织的产物,那就是在自欺了。对荣誉

---

[92] 弗勒里(Claude Fleury, 1640 - 1723),法国教会史学家。——中译者注

[93] 雕刻家对自己创造出来的神所表现出的愤怒和憎恶感到畏惧,诗人之前认为这几乎不能归因于雕刻家的软弱,因为在这一方面他还是个孩子,而孩子只在意自己的娃娃不会被触怒。——英译者注

[94] 此处的诗句在英译本中是缺失的,现根据法文本补齐,翻译参考《拉封丹寓言诗选》(远方译,人民文学出版社,1998)——中译者注

的欲望确实是一种人为的激情，并依赖于政府的形式，因此立法机构总是可以在一个民族中随心所欲地点燃或熄灭它。

(87) 任何一种艺术或科学都有其特殊的语言，正是对这种语言的研习使我们上了年纪之后没有能力再学习新的科学。

(88) 每个国家都有一定数量的对象，教育把它们平等地提供给所有的人。居民的观念和情感之间的相似性，亦即我们所谓的民族精神与民族性格，正是由这些对象给人带来的一致印象造成的。

此外，偶然性和教育向每一个个体呈现一定数量的不同对象，这些个体在观念和情感上的多样性，亦即我们所谓的特殊精神与特殊性格，正是由这些对象给人带来的不同印象造成的。

(89) 我猜想，一个人如果不把自己的时间分为入世和归隐两个部分，就不可能成为杰出的文人。他必定是在独处之时搜集钻石，入世之后对它们进行切割、打磨和安装。很显然，比起其他因素，偶然与时运惠我更多，因为它们允许我在城市和乡村轮流居住。

译后记

我想通过这个后记作一些简单的说明，并向一些人表示感谢。

本书是根据1810年由阿尔比恩出版社（Albion Press）出版的英译本翻译的，校对的时候参考了1778年于伦敦出版的法文版《论人的理智能力及其教育》和1818年于巴黎出版的《爱尔维修全集（第二卷）》，修正了英译本中的一些错漏和误译。《论人的理智能力及其教育》分为上下两卷，本书只是上卷。

"没人是一座孤岛。"虽然在翻译的绝大多数时间里，译者只是一个人守在书桌前，跟作者的思想、异国的语言还有酸痛的肌肉展开较量，但囿于知识储备的限制，以及意志不时的疲惫，总归要借助于他人之力，才能让这项工作顺利完成。在此向他们一一表示感谢。

首先必须感谢我攻读硕士学位期间的指导老师林晖教授，是他让我有机会参与到这次的翻译工作中来；感谢他对我的信任，以及对我的拖延的极大宽容。感谢我的好朋友国生，正是他的不断叮咛，使我一直记得还有翻译工作要完成。感谢译稿的第一位读者王陆凝，她为译稿中某些地方的文法与措辞提出了一些宝贵的修改意见。感谢黄冠理在若干拉丁文和法文翻译上对我的帮助，感谢方晋清在其中一首蒲柏诗歌的翻译上对我的指点。最后，我要深深感谢译稿的合作校对者徐重骏，他耐心而细致的阅读纠正了译稿中许多不恰当或不准确之处，可以说，正是他的工作使得这份译稿成为了一份合格的译稿。

在翻译的过程中，我在自己认为必要的地方均加上了长短不一的注释，以帮助读者理解文意。大部分注释所参考的资料来源于网络，尤其是谷歌图书、维基百科与百度百科。因此，我必须要感谢互联网上那些愿意分享知识的人们，尤其是那些坚持推动各种电子化图书计划的团体与个人，以及在维基百科和百度百科上把自己的知识无私地贡献出来的人们。我一直笃信，知识的分享是一种快乐；我相信那些无名的词条编写者必定和我抱有同样的信念。

翻译工作有多辛苦，也许只有译者本人才能够体会；但即便如此，这也决不能为拙劣的译本开脱。译者对自己的译本应当抱有的伦理态度，恰如政治家对自己的政治行动应当抱有的伦理态度，此即马克斯·韦伯所谓的“责任伦理”。译者只对翻译的结果负责，个人的良好愿望抑或翻译的艰苦过程，这些都是无关紧要的。因此，作为译者，我必须，也愿意对该译本的一切翻译上的错误负责，并诚心期望得到读者的指正。读者如果发现任何翻译上的错误，可以到豆瓣网的书评页发表书评并指出错误，待以后有机会修订时，我将一一参考并做出改正。在此也提前向这些耐心的读者表示感谢。

译者

上海三联人文经典书库

已出书目

1.《世界文化史》(上、下) [美]林恩·桑戴克 著 陈廷璠 译
2.《希腊帝国主义》 [美]威廉·弗格森 著 晏绍祥 译
3.《古代埃及宗教》 [美]亨利·富兰克弗特 著 郭子林 李凤伟 译
4.《进步的观念》 [英]约翰·伯瑞 著 范祥涛 译
5.《文明的冲突:战争与欧洲国家体制的形成》 [美]维克多·李·伯克 著 王晋新 译
6.《君士坦丁大帝时代》 [瑞士]雅各布·布克哈特 著 宋立宏 熊莹 卢彦名 译
7.《语言与心智》 [俄]科列索夫 著 杨明天 译
8.《修昔底德:神话与历史之间》 [英]弗朗西斯·康福德 著 孙艳萍 译
9.《舍勒的心灵》 [美]曼弗雷德·弗林斯 著 张志平 张任之 译
10.《诺斯替宗教:异乡神的信息与基督教的开端》 [美]汉斯·约纳斯 著 张新樟 译
11.《来临中的上帝:基督教的终末论》 [德]于尔根·莫尔特曼 著 曾念粤 译
12.《基督教神学原理》 [英]约翰·麦奎利 著 何光沪 译
13.《亚洲问题及其对国际政治的影响》 [美]阿尔弗雷德·马汉 著 范祥涛 译
14.《王权与神祇:作为自然与社会结合体的古代近东宗教研究》

（上、下） [美]亨利·富兰克弗特 著 郭子林 李岩 李凤伟 译
15.《大学的兴起》 [美]查尔斯·哈斯金斯 著 梅义征 译
16.《阅读纸草，书写历史》 [美]罗杰·巴格诺尔 著 宋立宏 郑阳 译
17.《秘史》 [东罗马]普罗柯比 著 吴舒屏 吕丽蓉 译
18.《论神性》 [古罗马]西塞罗 著 石敏敏 译
19.《护教篇》 [古罗马]德尔图良 著 涂世华 译
20.《宇宙与创造主：创造神学引论》 [英]大卫·弗格森 著 刘光耀 译
21.《世界主义与民族国家》 [德]弗里德里希·梅尼克 著 孟钟捷 译
22.《古代世界的终结》 [法]菲迪南·罗特 著 王春侠 曹明玉 译
23.《近代欧洲的生活与劳作（从15—18世纪）》 [法]G.勒纳尔 G.乌勒西 著 杨军 译
24.《十二世纪文艺复兴》 [美]查尔斯·哈斯金斯 著 张澜 刘疆 译
25.《五十年伤痕：美国的冷战历史观与世界》（上、下） [美]德瑞克·李波厄特 著 郭学堂 潘忠岐 孙小林 译
26.《欧洲文明的曙光》 [英]戈登·柴尔德 著 陈淳 陈洪波 译
27.《考古学导论》 [英]戈登·柴尔德 著 安志敏 安家瑗 译
28.《历史发生了什么》 [英]戈登·柴尔德 著 李宁利 译
29.《人类创造了自身》 [英]戈登·柴尔德 著 安家瑗 余敬东 译
30.《历史的重建：考古材料的阐释》 [英]戈登·柴尔德 著 方辉 方堃杨 译
31.《中国与大战：寻求新的国家认同与国际化》 [美]徐国琦 著 马建标 译
32.《罗马帝国主义》 [美]腾尼·弗兰克 著 宫秀华 译

33.《追寻人类的过去》 [美]路易斯·宾福德 著 陈胜前 译
34.《古代哲学史》 [德]文德尔班 著 詹文杰 译
35.《自由精神哲学》 [俄]尼古拉·别尔嘉耶夫 著 石衡潭 译
36.《波斯帝国史》 [美]A.T.奥姆斯特德 著 李铁匠等 译
37.《战争的技艺》 [意]尼科洛·马基雅维里 著 崔树义 译 冯克利 校
38.《民族主义:走向现代的五条道路》 [美]里亚·格林菲尔德 著 王春华等 译 刘北成 校
39.《性格与文化:论东方与西方》 [美]欧文·白璧德 著 孙宜学 译
40.《骑士制度》 [英]埃德加·普雷斯蒂奇 编 林中泽 等译
41.《光荣属于希腊》 [英]J.C.斯托巴特 著 史国荣 译
42.《伟大属于罗马》 [英]J.C.斯托巴特 著 王三义 译
43.《图像学研究》 [美]欧文·潘诺夫斯基 著 戚印平 范景中 译
44.《霍布斯与共和主义自由》 [英]昆廷·斯金纳 著 管可秾 译
45.《爱之道与爱之力:道德转变的类型、因素与技术》 [美]皮蒂里姆·A.索罗金 著 陈雪飞 译
46.《法国革命的思想起源》 [法]达尼埃尔·莫尔内 著 黄艳红 译
47.《穆罕默德和查理曼》 [比]亨利·皮朗 著 王晋新 译
48.《16世纪的不信教问题:拉伯雷的宗教》 [法]吕西安·费弗尔 著 赖国栋 译
49.《大地与人类演进:地理学视野下的史学引论》 [法]吕西安·费弗尔 著 高福进 等译 [即出]
50.《法国文艺复兴时期的生活》 [法]吕西安·费弗尔 著 施诚 译
51.《希腊化文明与犹太人》 [以]维克多·切利科夫 著 石敏敏 译
52.《古代东方的艺术与建筑》 [美]亨利·富兰克弗特 著 郝

海迪　袁指挥　译

53.《欧洲的宗教与虔诚:1215—1515》　[英]罗伯特·诺布尔·斯旺森　著　龙秀清　张日元　译

54.《中世纪的思维:思想情感发展史》　[美]亨利·奥斯本·泰勒　著　赵立行　周光发　译

55.《论成为人:神学人类学专论》　[美]雷·S.安德森　著　叶汀　译

56.《自律的发明:近代道德哲学史》　[美]J.B.施尼温德　著　张志平　译

57.《城市人:环境及其影响》　[美]爱德华·克鲁帕特　著　陆伟芳　译

58.《历史与信仰:个人的探询》　[英]科林·布朗　著　查常平　译

59.《以色列的先知及其历史地位》　[英]威廉·史密斯　著　孙增霖　译

60.《欧洲民族思想变迁:一部文化史》　[荷]叶普·列尔森普　著　周明圣　骆海辉　译

61.《有限性的悲剧:狄尔泰的生命释义学》　[荷]约斯·德·穆尔　著　吕和应　译

62.《希腊史》　[古希腊]色诺芬　著　徐松岩　译注

63.《罗马经济史》　[美]腾尼·弗兰克　著　王桂玲　杨金龙　译

64.《修辞学与文学讲义》　[英]亚当·斯密　著　朱卫红　译

65.《从宗教到哲学:西方思想起源研究》　[英]康福德　著　曾琼　王涛　译

66.《中世纪的人们》　[英]艾琳·帕瓦　著　苏圣捷　译

67.《世界戏剧史》　[美]G.布罗凯特　J.希尔蒂　著　周靖波　译

68.《20世纪文化百科词典》　[俄]瓦季姆·鲁德涅夫　著　杨明天　陈瑞静　译

69.《英语文学与圣经传统大词典》　[美]戴维·莱尔·杰弗里(谢大卫)主编　刘光耀　章智源等　译

70.《刘松龄——旧耶稣会在京最后一位伟大的天文学家》　[美]斯坦尼斯拉夫·叶茨尼克　著　周萍萍　译

71.《地理学》 [古希腊]斯特拉博 著 李铁匠 译
72.《马丁·路德的时运》 [法]吕西安·费弗尔 著 王永环 肖华峰 译
73.《希腊化文明》 [英]威廉·塔恩 著 陈恒 倪华强 李月 译
74.《优西比乌:生平、作品及声誉》 [美]麦克吉佛特 著 林中泽 龚伟英 译
75.《马可·波罗与世界的发现》 [英]约翰·拉纳 著 姬庆红译
76.《犹太人与现代资本主义》 [德]维尔纳·桑巴特 著 艾仁贵 译
77.《早期基督教与希腊教化》 [德]瓦纳尔·耶格尔 著 吴晓群 译
78.《希腊艺术史》 [美]F·B·塔贝尔 著 殷亚平 译
79.《比较文明研究的理论方法与个案》 [日]伊东俊太郎 梅棹忠夫 江上波夫 著 周颂伦 李小白 吴玲 译
80.《古典学术史:从公元前6世纪到中古末期》 [英]约翰·埃德温·桑兹 著 赫海迪 译
81.《本笃会规评注》 [奥]米歇尔·普契卡 评注 杜海龙 译
82.《伯里克利:伟人考验下的雅典民主》 [法] 樊尚·阿祖莱 著 方颂华 译
83.《旧世界的相遇:近代之前的跨文化联系与交流》 [美] 杰里·H.本特利 著 李大伟 陈冠堃 译 施诚 校
84.《词与物:人文科学的考古学》修订译本 [法]米歇尔·福柯 著 莫伟民 译
85.《古希腊历史学家》 [英]约翰·伯里 著 张继华 译
86.《自我与历史的戏剧》 [美]莱因霍尔德·尼布尔 著 方永 译
87.《马基雅维里与文艺复兴》 [意]费代里科·沙博 著 陈玉聃 译
88.《追寻事实:历史解释的艺术》 [美]詹姆士 W.戴维森 著 [美]马克 H. 利特尔著 刘子奎 译

89.《法西斯主义大众心理学》 [奥]威尔海姆·赖希 著 张峰 译

90.《视觉艺术的历史语法》 [奥]阿洛瓦·里格尔 著 刘景联 译

91.《基督教伦理学导论》 [德]弗里德里希·施莱尔马赫 著 刘平 译

92.《九章集》 [古罗马]普罗提诺 著 应明 崔峰 译

93.《文艺复兴时期的历史意识》 [英]彼得·伯克 著 杨贤宗 高细媛 译

94.《启蒙与绝望：一部社会理论史》 [英]杰弗里·霍松 著 潘建雷 王旭辉 向辉 译

95.《曼多马著作集：芬兰学派马丁·路德新诠释》 [芬兰]曼多马 著 黄保罗 译

96.《拜占庭的成就：公元330～1453年之历史回顾》 [英]罗伯特·拜伦 著 周书垚 译

97.《自然史》 [古罗马]普林尼 著 李铁匠 译

98.《欧洲文艺复兴的人文主义和文化》 [美]查尔斯·G.纳尔特 著 黄毅翔 译

99.《阿莱科休斯传》 [古罗马]安娜·科穆宁娜 著 李秀玲 译

100.《论人、风俗、舆论和时代的特征》 [英]夏夫兹博里 著 董志刚 译

101.《中世纪和文艺复兴研究》 [美]T.E.蒙森 著 陈志坚 等译

102.《历史认识的时空》 [日]佐藤正幸 著 郭海良 译

103.《英格兰的意大利文艺复兴》 [美]刘易斯·爱因斯坦 著 朱晶进 译

104.《俄罗斯诗人布罗茨基》 [俄罗斯]弗拉基米尔·格里高利耶维奇·邦达连科 著 杨明天 李卓君 译

105.《巫术的历史》 [英]蒙塔古·萨默斯 著 陆启宏 等译 陆启宏 校

106.《希腊-罗马典制》 [匈牙利]埃米尔·赖希 著 曹明 苏婉儿 译

107.《十九世纪德国史(第一卷):帝国的覆灭》[英]海因里希·冯·特赖奇克 著 李娟 译
108.《通史》[古希腊]波利比乌斯 著 杨之涵 译
109.《苏美尔人》[英]伦纳德·伍雷 著 王献华 魏桢力 译
110.《旧约:一部文学史》[瑞士]康拉德·施密特 著 李天伟 姜振帅 译
111.《中世纪的模型:英格兰经济发展的历史与理论》[英]约翰·哈彻 马可·贝利 著 许明杰 黄嘉欣 译
112.《文人恺撒》[英]弗兰克·阿德科克 著 金春岚 译
113.《罗马共和国的战争艺术》[英]弗兰克·阿德科克 著 金春岚 译
114.《古罗马政治理念和实践》[英]弗兰克·阿德科克 著 金春岚 译
115.《神话历史:现代史学的生成》[以色列]约瑟夫·马里 著 赵琪 译

欢迎广大读者垂询,垂询电话:021-22895540

图书在版编目(CIP)数据

论人的理智能力及其教育/(法)爱尔维修著;汪功伟译. —上海:上海三联书店,2021.12
(上海三联人文经典书库)
ISBN 978-7-5426-6921-6

Ⅰ.①论… Ⅱ.①爱…②汪… Ⅲ.①爱尔维修(Helvetius, Claude Adrien 1715-1771)—教育哲学—思想评论 Ⅳ.①B565.291②G40-02

中国版本图书馆CIP数据核字(2019)第282653号

论人的理智能力及其教育

著　　者/[法]爱尔维修
译　　者/汪功伟

责任编辑/黄　韬
装帧设计/徐　徐
监　　制/姚　军
责任校对/王凌霄

出版发行/上海三联书店
(200030)中国上海市漕溪北路331号A座6楼
邮购电话/021-22895540
印　　刷/上海展强印刷有限公司

版　　次/2021年12月第1版
印　　次/2021年12月第1次印刷
开　　本/640mm×960mm　1/16
字　　数/300千字
印　　张/17
书　　号/ISBN 978-7-5426-6921-6/B·665
定　　价/68.00元

敬启读者,如发现本书有印装质量问题,请与印刷厂联系 021-66366565